닦으면, 스스로 빛난다

닦으면, 스스로 빛난다

람 다스의 "깨어남" 이야기

람 다스 & 라메슈와 다스 지음

유영일 옮김

올리브나무

닦으면, 스스로 빛난다: 람 다스의 "깨어남" 이야기

펴낸날 ‖ 2023년 8월 4일 초판 발행

지은이 ‖ 람 다스 & 라메슈와 다스

옮긴이 ‖ 유영일

표지화 및 디자인 ‖ 김천정

펴낸곳 ‖ 올리브나무 출판등록 제2002-000042호

　　　　경기도 고양시 일산동구 정발산로 82번길 10, 705-101

　　　　전화 031-905-8469, 070-8274-1226, 010-7755-2261

　　　　팩스 031-629-6983　　E메일 yoyoyi91@naver.com

　　　　인스타그램 olive.tree.books

펴낸이 | 유영일　대표 | 이순임　기획이사 | 유지연

ISBN 979-11-91860-29-0　03190

값 18,000원

님 카롤리 바바께 바칩니다

태양 같은 당신의 빛에 비하면
이 책은
깜박이는 촛불처럼 당신의 희미한 반영에 지나지 않습니다.

사랑 속에서 그대 자신을 잃어버려라

이 인생을 버티고 살 만하게 해주는 가장 큰 원동력은 무엇일까요? 두말할 나위 없이, '사랑'일 것입니다. 사랑에 웃고 울고 넘어지고 피 흘리면서도 우리는 지칠 줄 모르고 사랑을 찾아 헤매는 방랑자들입니다. 때로는 오아시스 같은 사랑의 시간이 주어져서 잠시 갈증을 채워주곤 하지만, 어디까지나 잠시의 시간일 뿐, 다시 또, 다시 또 허기증에 시달려 또 다른 사랑을 찾아서 여기저기를 기웃거리고 다닙니다. 사랑 허기증은 우리로 하여금 삶의 수레바퀴를 돌리게 만드는 원초적인 힘이고 본능입니다. 사랑은 사실, 우리의 바탕 살림입니다. 아주 적은, 한 스푼의 사랑밖에 없다고 할지라도, 그것만으로도 우리는 버텨가면서 살아갈 수 있습니다. 그것조차 없다고 절망할 때마저도, 어딘가에 오아시스가 기다리고 있으리라는 희망이 있기에 우리는 삶을 계속 이어갈 수 있습니다.

삶에서 삶으로 이어지는 수천 수만 년의 긴 여정이라도, 사랑이 없으면 죽음으로 가는 행진에 지나지 않고, 아무리 공허한 삶이라도 사랑의 문이 열리면 힘차게 맥박치기 시작합니다.

사랑이 인생에서 막대한 비중을 차지하는데도 불구하고, 현실의 사랑이 충분하고도 지속적인 만족감을 선물하지 못하는 까닭은, 서로가 서로에게 조건을 붙이기 때문인 듯합니다. 가슴이 떨리고 심장이 쿵쾅거리는, 그래서 그 사람 앞에만 서면 나는 한없이 작아져 버리고 도리 없이 무장해제 상태가 되어 버리는 눈 먼 사랑이라 할지라도, 점점 더 구체화되어 실현되기 시작하면, 상황이 급속도로 변하기 마련입니다. 상대가 원하고 기대하는 것을 온전히 충족시켜 주기가 힘들다는 것을 서로가 알아갑니다. 어느 지점에선가 타협하면서 살아가지 않으면, 사랑이라고 이름 붙이기조차 힘들 정도로 사랑이 아닌 영토 싸움이 되어 버립니다. 해가 갈수록 발효되어 더욱 더 맛깔스러워지는 사랑은 참으로 보기 드물고, 발효는커녕 부패의 냄새가 갈수록 더해지는 경우가 많은 것 같습니다. 그렇다고 해서, "사랑은 짧고 생활은 길다."는 현자의 말을 가슴에 새기며, 사랑에 대한 기대를 다 내려놓고 살아간다는 것은, 지루하게 반복되는 너절한 인생을 그저 견디면서 통과하겠다는 의지의 표현에 다름 아닙니다.

물론 사랑은 옮겨 다닙니다. 부모가 되면, 부부보다는 자식 쪽으로 사랑이 가게 마련이지만, 그 사랑 역시 조건이 따라붙게 마련입니다. 부모 사랑은 본래 무조건적이지만, 자식이 행복하게 잘 살기를 바라는 마음에서 부모들은 자신의 경험과 생각들을 고스란히 자식에게 투사하여 자식을 자기가 만든 틀 안에 가두려고 합니다.

이 세상을 살아가면서 우리는 과연 우리 자신을 아무런 조건 없이, 있는 그대로 다 받아들이고 사랑해 주는 누군가를 한 사람이라도 만날 수가 있을까요? 나에게 그 무엇도 바라거나 기대하지 않고, 내가 어떻게 변하더라도 그의 사랑은 변하지 않을 것이라는 믿음을 갖게 하는 그런 사랑을, 우리는 과연 일생에 단 한 번만이라도 만날 수가 있을까요? 누구나 개성을 지니고 있는 만큼 아름다움과 장점은 물론 수많은 허점과 약점을 안고 살아가야 하는 인생이고, 개성이 곧 우리의 운명이기에, 걷고 달리고 넘어지고 피 흘리고 다시 일어서고 또 넘어지는 우여곡절의 파도와 더불어 살아가야 하는 목숨이지만, 그 모든 것들을 아무런 조건 없이 안아 주고 사랑해 주는 그런 존재가 있다면, 우리 인생은 어떻게 달라지게 될까요? 그런 사랑을 정말로, 진짜로 만나서, 그 사랑이 삶의 중심부에 자리잡게 된다면, 우리의 삶은 어떻게 달라지게 될까요? 그런 무제한의 영원한 사랑에 접속될 수 있는 길이 있기만 하다면, 우리는 저마다 자신이 가진 것을 남김없이 탈탈 털어서 몽땅 다 바쳐야 하지 않을까요?

저자 람 다스는 바로 그런 사랑의 바다에 빠져서 자신의 인생이 획기적으로 바뀌게 된 이야기를 풀어놓습니다. LSD를 이용한 의식확장 실험으로 사회적 파문을 일으키고 파면당한 하버드대학교 심리학 교수 리처드 앨퍼트. 인도에 갔다가 만난 스승으로부터 '람 다스'('신의 종')라는 이름을 받고 새 사람이 되어 미국으로 돌아온 그는, 예전과는 전혀 다른 일을 하기 시작합니다. 어떻게 그렇게 되었을까요? 스승의 무조건적인 사랑에 감염되었기 때문입니다. 몇만 볼트보다 더 강력한 스승의 큰 사랑 앞에서 그의 알량한 지성은 순식간에 깨끗이 지워졌고, 존재 전체가 속절없이 무너져 내렸습니다. 엄청난 파도처럼 사랑이 그를 덮쳤지만, 그 사랑은 거친 풍랑을 일게 하기는커녕 '잔잔한 바다' 같은 그런 사랑이었습니다.

아무리 오래 안겨 있어도 편안하고 좋은 사랑. 그저 사랑 자체만으로 모든 것이 다 충족되는 사랑. 자기 자신은 흔적도 없이 사라지고 사랑만이 홀로 흘러넘치는 황홀경은, LSD보다 수만 배나 더 강력한 흡입력을 지니고 있었습니다. 스승의 큰 사랑에 흠뻑 적셔져서 전혀 다른 존재가 되어 돌아온 그는, 미국의 방방곡곡 가슴 가슴마다에 사랑의 불을 지르고 돌아다닙니다.

람 다스가 만난 스승은 도대체 어떤 존재였을까요? 그의 스승이 그에게 어떤 짓을 저질렀길래, 그는 큰 사랑 속에서 자기 자신을 송두리째 잃어버렸을까요? 그와 스승 사이에는 도대체 어떤 일이 있었던 것일까요? 둘 사이에는 어떤 신호, 어떤 교류가 오갔던 것일까요? 사랑 안에서 과거와 미래를 다 잃어버리고도 조금도 섭섭한 마음이 없이, 사랑을 숨쉬면서 사랑의 빛과 향기를 전하는 일에 자기 자신을 다 바치게 된 그의 사연은, 오늘을 살아가는 우리에게 "영원히 목마르지 않을 사랑법"을 강력하게 암시하면서, 이리로 들어오라고, 이 문을 열고 지금 즉시 들어오라고 유혹합니다.

그 사랑에 몸마음을 담그기만 하면, 사랑은 저 스스로 갈 길을 가면서 자기를 비춥니다. 사랑은 자기 스스로 빛을 뿜으면서, 그 빛으로 다른 존재들을 물들입니다. 사랑은 무수히 많은 아기들을 낳고, 번식을 멈출 줄 모릅니다. 자기 존재가 있는 그대로 사랑받고 있다는 느낌에 접속된다는 것은, 사랑의 프리 에너지에 몸-마음을 싣는 일입니다. 그 사랑 안에 있기만 하면, 우리는 모든 일을 '함이 없이 하게 되어' 전혀 힘이 들지 않는 삶을 구가하게 됩니다. 넘쳐나는 자유이고 충만한 사랑입니다. 우리는 애초에 이런 무한대의 프리 에너지를 가지고 태어났으나 사회화에 의해 그 에너지를 흐르지 못하도록 가두어 버렸습니다. 그렇게 내내 스스로 만든 창살 없는 감옥에 갇혀 살아왔습니다.

오늘도 어제와 별반 다를 것 없이 '길들여진 삶'을 이어간다면, 죽을 때에도 우리는 여전히 어딘가 마음 한구석 채워지지 않은 허기와 갈증을 끌어안은 채 죽음 저편으로 여행을 떠날 것입니다. 어찌어찌 다시 태어나더라도 전생의 전생부터 안고 지내온 우리 안의 '정체를 알 수 없는 허기와 갈증'은 여전할 것입니다. 우리 안에 이미 내장된 사랑의 빛을 지금 여기에서 밝히지 않는다면!

람 다스의 인생 역정과 그가 가리켜 보이는 "거울 닦는 법"은, 지금 여기에서 사랑의 바다 속으로 다이빙하는 길입니다. 여러 수행법들을 소개하고 있는 것 같지만, 그가 가리키는 것은 오직 한 가지, "큰 사랑의 품에 안겨 살아가는 법"입니다. 그 사랑에 전염된 사람은 그 길을 가리켜 보일 수밖에, 다른 길이 없습니다. 그는 그 길이 결코 멀지 않다고 속삭입니다. 우리 스스로 더럽혀 온 몇천 몇만 년의 더러운 먼지라도, 지금 여기에서 닦기만 하면 그 즉시 존재 전체가 온통 사랑의 빛으로 밝아지게 된다고 속삭입니다.

람 다스는 세상을 떠났지만, 그와 그의 스승 마하라지가 전하는 "영원히 목마르지 않을 사랑법"은 지금 이 순간에도 여전히 유효합니다. 우리가 가슴을 열고 받아들이기만 한다면.

2023년 어느 무더운 여름날

유영일

차 례

구루의 연꽃발*에 묻은 꽃가루 같은 먼지로
내 마음의 거울을 닦고,
생명의 네 가지 열매를 주신
람 신의 순수한 광명을 노래합니다.
나는 아무것도 모르니, 바람 신의 아들이신
당신을 묵상합니다.
제게 힘과 지혜와 총명을 주시고
저의 눈물과 불결함을 거두어 주소서.

"하누만 찰리사"의 기도문 중에서

---

* 성자의 몸의 모든 부분은 그 초월적 특성 때문에 연꽃에 비유되곤 한다. 구루나
  영적 스승의 발을 만지는 것은, 자기를 온전히 내려놓고 신성한 존재를 맞아들임으로써
  내 안의 신성에 불을 켠다는 의미가 있다.

시작에 앞서

람 다스의 『지금 여기에 살라 Be Here Now』가 처음 출판된 해인 1971년은 격동의 시기였다. 베트남 전쟁을 반대하는 시위가 곳곳에서 일어나고 있었다. 사이키델릭 약물, 애시드 록*, 성해방의 새 물결, 페미니즘, 환경주의, 다시 땅으로 돌아가자는 히피 공동체 운동의 격렬한 파도가 실존의 풍경에 지각 변동을 일으키고 있었다. 의식의 사이키델릭한 확장은 불교, 힌두교, 뉴에이지 영성과 교배되어 내면의 자유와 해방에 희미한 빛을 제공하기 시작했다.

이상주의적 비전은 얼마 지나지 않아 경험에 의해 단련되었다. 좋은 일도 있었고, 나쁜 일도 있었다. 켄트 주립대학 학생 시위대를

---

* acid rock. LSD(Lysergic Acid Diethylamide)에서 유래한 장르 이름으로, 사이키델릭 하위문화를 형성하는 데 도움이 되었다. (이하 각주는 모두 옮긴이)

향한 발포 사건과 로큰롤의 영웅인 지미 헨드릭스, 재니스 조플린, 짐 모리슨의 갑작스런 죽음은 큰 충격이었다. 우드스톡 페스티벌*은 끝났다. 큰 파티가 끝나고 다음 날 아침 커피 향기 속에서 깨어난 참가자들은 진정한 변화의 토대를 마련해야 했다.

리처드 앨퍼트는 티모시 리어리의 하버드대학교 교수 동료이자 사이키델릭 동료로서, 하버드대학교는 1963년 이 두 사람을 해고했다. 그 이후, 그들은 뉴욕 북부의 밀브룩에서 반문화 탐험관을 운영하기도 했다. 1966년, 유능한 사이키델릭 심리학자 앨퍼트는 인도로 갔다. 그는 람 다스Ram Dass라는 새 이름을 얻어 미국으로 돌아왔고, 동양 영성을 서양 전역에 전파하는 조니 애플시드**가 되었다.

1970년부터 1972년까지 인도에 두 차례 다녀온 람 다스는, 진리를 찾는 여정을 계속하면서 한편으로는 25년 동안 지치지 않고 강연을 했다. 그는 유머와 예화, 명언 들을 통해, 무엇인가를 '행하는 것'에 역점을 두는 서양식 성취 모델에서 마음을 고요하게 하고 현재 순간에 주의를 기울이고 사랑하는, 그저 '존재하는' 것으로의 대전환을 전파했다. 그는 과거 자신의 경험들과는 전적으로 다른, 인도의 스승에게서 배운 다른 존재 상태를 설명하고 스스로 그렇게 살고자 했다. 영적인 씨앗들이 발아하기 시작했다. 수천 명의 사람들이 메시지를 받아들이

---

* Woodstock Music and Art Fair, 1969년 8월 15일부터 3일간 뉴욕주 북부의 한 농장에서 열린 록 음악 잔치로, 히피들만의 공화국이자 해방구였다.
** Johnny Appleseed. 스베덴보리, 에머슨 같은 사상가들로부터 영향을 받은 그는, 미국 곳곳을 다니며 사과를 보급했다.

고, 자신들의 삶을 변화시켰다.

그는 손그림이 많이 들어간, 초월에 대한 매뉴얼 『지금 여기에 살라』를 출간하여, 불협화음으로 가득 찬 70년대 문화에 새로운 음표를 그려 넣었다. 뉴멕시코 북부 산악지대에 있는 그래픽 아티스트들의 공동 창작실에서 제작되어 갈색 포장지에 인쇄된 이 책은, 텍스트 위주가 아니라 그래픽 소설이자 예술 작품에 가까웠다. 『지금 여기에 살라』라는 한 권의 책은, 존재의 새로운 방식에 대한 강력한 선언이었다. 어느 날 갑자기, 주류 출판계에 반문화적인 의식 사용 설명서가 등장한 것이다.

이 책은 인기를 끌었다. 사람들은 이 책을 친구들에게 나눠주었고, 이 책은 뉴에이지 성경이 되었다. 『지금 여기에 살라』의 메시지는 의식의 문화라는 호수에 조약돌을 떨어뜨린 것과 같았고, 동시대의 요가 문화나 NPR*의 Here and Now 같은 라디오 쇼 프로 등에서 볼 수 있는 바와 같이, 영성계 전체에 흐르는 뉴에이지 문학 분야에서 물결을 일으키며 계속 퍼져 나가고 있는 중이다.

『지금 여기에 살라』는 단순한 미디어 현상이 아니라 의식의 문화적 대이동이라 할 수 있다. 날이 갈수록 더 많은 사람들이 통합적이고 종교를 넘어선 영성에 공감하고 있다. 고령화된 베이비붐 세대는 삶과 죽음에 대해 더 개방적인 자세를 갖고 살아가고 있다. 요가는 동양의 이국적인 수입품에서 국가를 초월한 서브컬처로 자리매김되었다. 인터

---

* National Public Radio: 미국의 공영 라디오 방송.

넷 시대에, 지금 여기에 산다는 것은 시간과 공간의 초월을 뜻한다. 우리는 가상의 순간 속에서 서로 얽혀 살고 있다. 우리가 푸른 구슬 같은 지구 위에서 공간을 뛰어넘어 함께 여행함에 따라, 지구가 하나라는 자각은 날로 커져가고 있고, 그에 따라 분리감이 사라져가고 있다. 람 다스가 말하듯이, "**그들**은 **우리**가 되고 있다."

『지금 여기에 살라』는 수백만 명의 우리들에게 '더 깊은 자기 자신'에게로 향하는 문을 열어주었다. 가치관의 대격변 시기에 이 책은 소란을 진정시키고 우리 모두가 걸어야 할 길을 명확하게 보여주었으며, 자신의 가슴으로 향하는 순례의 첫 걸음을 내딛도록 많은 사람들을 도와주었다. 60년대부터 시작된 내면 탐색의 구불구불한 길은 우리를 수많은 휘어진 길들과 막다른 골목들로 인도해 왔다. 내면의 비전은 계속해서 우리를 끌어당기고, 오늘날에도 우리는 여전히 저마다 나름대로 구도의 길을 걷고 있다.

『지금 여기에 살라』는 저마다 자기 생각대로 살아가는 인생을 영적인 여정으로 보는 것으로 우리의 관점을 전환시켜 주었다. '영적인 삶을 위한 요리책'이라는 섹션에서는, 서양인을 위한 영성 수련과 요가를 위한 실용적인 레시피를 제공했다. "빛을 보았으니, 이제는 그 빛 속에서 사는 법을 배우라."는 간결한 메시지가 담겨 있었다. 이 요리책은 여전히 필독서로 자리잡고 있으며, 책 제목이 담고 있는 영원한 명제인 '그 순간에 온전히 존재하라', 곧 '그냥 존재 자체로 있으라'라는 메시지는 여전히 유효하다.

그냥 지금 여기에 현존하기 위해 마음의 잡동사니들과 집착을 지우는 과정은 복잡하고 벅찬 일이다. 마치 멀티레벨 게임과도 같다. '의식의 조각그림 맞추기'에서 한 부분에 집중하게 되면 바로 그 순간, 다루기가 더 어려운 다른 무언가가 우리의 주의를 사로잡기 마련이다. "마음은 훌륭한 하인이지만, 끔찍한 주인이기도 하다."는 람 다스의 말처럼.

이처럼 다양한 수준의 마음과 감정을 고려할 때, '거울 닦기'(원제)라는 이미지는 다층적인 은유다. 의식 자체가, 여러 개의 거울이 있는 홀이다. 인간 영혼의 핵심적인 특성은 자신의 존재를 돌아보고 성찰하는 능력이다. 자기 반성, 성찰, 자기 탐구 등, 뭐라고 부르든, 그것은 우리의 내적 존재라는 양파의 여러 껍질을 뚫고, 가장 일상적이고 반복적인 생각들에서 우리를 이끌고 나와 순수한 각성과 무조건적인 사랑, '하나임', 곧 '신 의식'의 고양된 상태로 데려다준다.

이러한 내적 성찰은 관용과 사랑으로 우리 자신의 행동, 생각, 감정을 관찰하거나 단순히 지켜보는 일련의 과정으로도 볼 수 있다. 지켜보기는 외적 현상과 감각적 경험뿐만 아니라 우리의 정신적 내러티브들, 즉 우리의 주의를 철저하게 사로잡는 우리 개인의 스토리 라인으로부터 우리를 분리시키는 데 도움이 된다.

지켜보기는 우리 자신의 정체성을 미묘하게 변화시킨다. 우리는 생각과 경험의 혼란 속에서 살아가는 개인의 내러티브의 주인공에서, 그러한 생각과 경험을 우리들 내면의 고요한 거울에 비친 현상으로 바라보는 자로 전환된다. 우리 자신의 쇼의 주인공이었던 우리가, 그 연극을 사랑의 시선으로 바라보는 관찰자가 되는 것이다.

우리 자신에 대한 내적 정체성이 변화되는 것과 함께, 우리는 우리의 내면이 외부 세계의 모든 경험으로 반영되고 투영된다고 보게 되어, 내면을 바꿈으로써 외부 세계를 바꾸려고 하게 된다. 인내심을 가지고 영성 수련을 계속하면, 우리는 경험을 내면의 존재 상태와 더욱 긴밀하게 일치시킬 수 있다. 요가에는 몸의 요가만이 아니라 마음의 요가(즈냐나 요가), 가슴의 요가(박티 요가), 이타행의 요가(카르마 요가) 등이 있다.

환상의 베일이 투명해지기 시작하면서, 생각과 경험, 소위 객관적인 현실만을 인생과 동일시하는 것의 한계를 인식하게 되면, 우리는 더 순수한 존재 상태를 삶에 반영하기 시작한다. 가슴-마음*의 거울에서 불순물들과 집착의 먼지들을 제거하면 영spirit의 빛이 발산되기 시작한다. 우리를 가리고 있었던 껍질의 층들이 더 투명해지면, 그 빛은 우리를 비추게 되고, 우리는 더 가볍고 더 맑은 의식 상태에 머무르기 시작한다. 가슴의 자각은 사랑, 연민, 지혜로 꽃을 피운다.

거울을 닦는 것, 즉 지켜보면서 우리의 외적 삶을 우리의 참자아와 조화시킴으로써 우리 자신을 성찰하는 이 과정은, 우리가 자신을 자신의 영혼과 완전히 동일시하고, 그래서 이러한 존재의 층들이 우리의 영적인 가슴으로 합쳐질 때 일단 마무리된다. 아마도 그 다음 단계는

---

* heart-mind. 뇌와 심장이 통합된 마음자리. 동양에서는 머리와 심장의 작용을 통칭하여 '마음'이라 하지만, 서양에서는 mind와 heart를 구분한다. 이 책에서 '마음(Mind)'은 생각, 기억, 판단, 분별 등을 담당하는 '머리(뇌)에서 일어나는 작용'을, '가슴(heart)'은 직관이나 감성을 담당하는 '심장에서 일어나는 작용'을 지칭하기로 한다. 파스칼은 "신은 가슴으로 체험하는 것이지 이성으로 하는 것이 아니다."라고 하였다.

우리 자신을 분리된 존재로 경험하는 것을 멈추고, 주체와 객체의 역설적인 관계가 '하나'로 합쳐지는 단계일 것이다. 마지막 단계는 오직 '은혜'라고 부를 수 있는 것으로 충만해지는 삶이다.

이러한 자기 성찰 과정을 위한 가이드나 구루가 있다면, 우리 자신의 정신적 우회로들뿐만 아니라 아스트랄 및 기타 미묘한 차원에 의해 산만해지는 것을 방지하고 집중력을 유지하는 데 필요한 중요한 피드백을 제공받을 수 있게 된다. 진정한 구루는 우리의 참자아를 반영하며, 그 자리에서 살고 계시기 때문이다. 우리가 어느 단계에 있든, 구루의 '사랑의 의식'은 우리가 가는 길 위에 항상 존재하는 귀환 신호등이다.

람 다스의 가르침이 담긴 이 책은 마음을 고요하게 하고, 가슴을 열고, '하나임'으로 들어가기 위한 도구이다. 이 가르침은 지금 여기에 현존할 수 있는 실용적인 방법을 제시한다. 이 책은 내면의 평화와 영적 재결합의 소중한 감각을 찾기 위한 안내서이자, '지금 여기'로 가는 '길 없는 길'에 대한 여행 가이드이다.

방법은 간단하지만, 그 길은 미묘하다. 그 길은 너무도 가까이에 있어서, '한 생각의 차이'일 뿐이다!

거울을 닦는 것이 효과가 있는지 여부는, 여러분 자신만이 알 수 있다. 내면이 더 고요해지고, 더 사랑이 넘치고 자비로워지며, 더 평화로워지고, 현재에 더 충실해지고, 삶에 더 만족하게 된다면, 확실히 그 길 위에 서 있는 것이다.

어떤 내면 작업이나 마찬가지이지만, 자기기만의 기회는 늘 널려 있게 마련이다. 에고는 "와, 난 정말 영적인 사람으로 변하고 있어!"라고 새롭고 영적인 에고로 쉽사리 자리바꿈을 한다. 람 다스는, 유머와 함께 자신이 걸어온 길과 걸어가야 할 길에 대해서, 그리고 그 함정에 대해서 솔직하게 이야기해 준다. 우리도 그와 마찬가지로 연민과 인내심으로 자신을 대하고, 우리 자신을 너무 심각하게 여기지 않게 되기를! 결국, 성취할 수 있는 것은 아무것도 없다. 우리는 그저 우리 자신으로서 현존하도록, 스스로 허용하게 될 뿐이다.

사랑 안에서,
라메슈와 다스

지금 여기에 살기

"지금 여기에 살기"는 간단한 말로 들리기 쉽지만, 이 짧은 어구에는 한 생애가 걸릴 수도 있는 내면의 작업이 포함되어 있다. 지금 여기에서 산다는 것은, 과거에 대한 후회나 미래에 대한 걱정과 기대가 없다는 것이다. 존재의 매 순간에 온전히 현존한다는 것은, 평화와 사랑 속에서 충만하게 사는 것이다. 이 현존에 들어가는 일은 존재의 다른 상태, 시간을 초월한 순간, 영원한 현재에 거주하는 것이다.

이 순수한 존재 상태와 접속하면, 당신은 그것을 결코 잊을 수 없게 된다. 당신은 당신의 생각들이 어떤 방식으로 자신을 그 순간에 있지 못하게 하는지를 알아차리기 시작한다. 그러나 존재는 항상 여기에 있으며, 한 생각의 차이일 뿐이다. 해야 할 일도 없고, 생각해야 할 일도 없다. **그냥 지금 여기 있으라.**

생각하는 마음이 가라앉으면, 가슴-마음이라는 것이 제 자리를 잡고, 그러면 우리는 사랑 안에서 살기 시작할 수 있다. 사랑이란 다른 존재와 합쳐지기 위한 열림이다. (대상이 다른 사람이든 신이든, 사랑은 결국 다 같은 사랑이다.) 사랑은 만물과 하나가 되기 위한 문, 온 우주와 조화를 이루는 가운데 있기 위한 '열린 문'이다. 이러한 '하나임'에로의 귀환, 그저 '있음'의 단순성, 무조건적인 사랑의 단순성에로의 귀환은, 우리 모두가 열망하는 일이다. 이렇게 하나가 된 상태가 진정한 요가, 즉 합일이다.

이 책은 삶을 바라보는 새로운 관점을 제공해 줄 것이다. 이 책을 통해 독자 여러분이 세상에서 더 의미 있고 초월적인 존재 방식으로 살아가는 길을 발견하게 되기를! 우리 자신과 다른 존재들과 함께 충만하게 살아간다는 것은 삶에서 진정으로 중요한 것에 집중하는 일이며, 그렇게 함으로써 우리는 더 깨어 있는 의식으로 사랑이 넘치는 존재가 된다.

온전해지기 위한 수련

당신이 만약 유일자와 아주 얇은 베일로만 분리된 진화된 영혼이라면, 깨달음은 거의 즉각적으로 일어날 수 있다. 하지만 당신은, 여기저기에 마음을 주고 끌려다니는 잠정적인 구도자로서, 자신의 참자아가 어디에 있는지 지속적으로 상기시킬 필요가 있는 사람일 수도 있다. 당신의 카르마적 상황이 어떻든, 이 의식의 입문서가 당신을 본향으로 인도하는 데 도움이 되는 유용한 로드맵이 되기를 바란다. 본향은 심장이 있는 자리에 있다.

우리들 대부분에게는, 매일 일정한 시간을 따로 떼어 영성 수련에 바치는 것이 도움이 될 것이다. 바쁜 생활 속에서도 따로 시간을 내야 한다. 가슴의 길이 어렵거나 쉬운 것은 아니지만, 시간과 의도가 필요하다. 전통적으로 가장 좋은 시간은, 세상이 아직 조용할 때의 이른 아침과 하루의 활동이 끝나는 저녁이다.

일정한 시간을 따로 정해두고, 자신의 내면을 탐구하고 삶의 의미를 찾는 시간이라고 생각하라. 영성 수련은 우리들 가슴의 타고난 연민적 자질과 직관적인 지혜로 돌아갈 수 있는 기회를 제공한다. '영적인 옷'을 새로 구입한다고 생각하고, 자기 성찰과 영적인 가슴 열기, 이타적인 봉사 등 여러 수행법을 시도해 본 다음, 어떤 것이 자신에게 맞는지 확인해 보라. 그런 후엔 거울을 보고, 당신이 지금 누구인지, 어떤 효과가 있는지를 알아보라.

우리들 각자는 따라야 할 자신만의 길, 자신만의 카르마가 있다. 자신만의 고유한 길을 존중해야 한다. 다른 사람의 여정을 흉내 낼 필요가 없다. 자기 자신에게 필요한 것을 듣기 위해 가슴의 소리에 귀를 기울이고, 이러한 수련 중에서 당신이 사용할 수 있는 방법을 취하라.

본향으로 가는 길

1961년, 나는 서른 살이었고 학문적 경력의 정점에 서 있었다. 나는 스탠포드대학교에서 박사 학위를 받았고, 하버드대학교에서 사회 관계학 교수였다. 나는 직업적으로, 사회적으로, 경제적으로, 마땅히 그렇게 되어야 한다고 생각했던 인생의 정점에 도달했다. 그러나 그 안에는 공허함이 남아 있었다. 내가 가진 모든 것에도 불구하고, 여전히 무언가가 빠져 있다는 느낌이었다. 나는 지성의 메카인 하버드에 있었다. 그러나 내가 "너희는 진짜로 무엇인가를 알고 있는 거야?"라는 물음을 갖고 동료들의 눈을 들여다보았을 때, 그들의 눈 속에서는 그런 것을 발견했다는 징조를 어디에서도 읽을 수가 없었다.

사회적, 가족적 배경 속에서, 사람들은 내가 하버드대학교 교수라는 이유 때문에 나를 우러러보았고, 내가 한 모든 말에 매달렸다. 그들은 분명 내가 **알고 있다**고 생각하는 것 같았다. 그러나 나에게 생명의 본질은 수수께끼로 남아 있었다. 나는 많은 지식을 가지고 있었지만, 지혜가 부족했다. 이런 불만 속에서, 나는 내가 원하는 문화적 욕구들로 내 삶을 채웠다. 나는 너무 많이 먹고, 마셨다. 나는 물질적 소유물과 높은 지위를 상징해 주는 것들을 수집했다. 나는 트라이엄프 모터 사이클과 경비행기를 가지고 있었다. 나는 첼로를 연주했다. 나는 왕성한 성적 욕구를 지니고 있었고, 제어할 필요성을 느끼지 않았다. 그러나 이러한 외적 즐거움은 내가 갈망하는 해답을 주지 못했다. 속 깊은 곳에서는 만족스럽다거나 충족된 느낌이 전혀 없었다.

동료 심리학자인 티모시 리어리Timothy Leary가 가까운 연구실로 이사했다. 티모시를 만난 것은 내 인생의 중요한 전환점이었다. 우리는 술친구가 되었다. 나는 곧 그가 총명한 두뇌의 소유자라는 것을 알게 되었다. 그냥 영리한 정도가 아니었다. 그는 나보다 훨씬 더 열려 있는 관점으로 세상을 바라보고 있었다.

어느 학기엔가 티모시는 멕시코의 산악지대에서 돌아오면서, 테오나나카틀teonanácatl, 즉 '신들의 살 flesh of the gods'이라는 뜻을 지닌 환각 버섯을 가지고 왔다. 그는 심리학 분야에서 자신이 갈고 닦은 모든 것보다 그 경험을 통해 더 많은 것을 배웠다고 말했다. 나는 흥미를 느꼈다. 1961년 3월, 나는 마법 버섯의 합성 물질인 실로시빈 psilocybin을 복용했는데, 모든 것이 바뀌었다. 나는 실로시빈이 나로 하여금 나의 영혼이라는 것이 무엇인지를 맛보게 해주었다고 느꼈다. 내 영혼, 그것은 몸과 사회적 정체성과는 상관이 없었다. 그 경험은 내 의식을 확장시켜 주었고, 현실을 보는 나의 관점을 바꾸어 주었다.

사이키델릭에 대한 우리의 탐구와 그로 인한 하버드에서의 해고는 나의 가치관과 국가관에 혼란을 야기했고, 우리에게 악명을 가져다주었다. 그 시점에는 내가 탐험하고 있는 세계가 학문 세계보다 훨씬 더 흥미로웠기 때문에, 나는 학위와 동료들의 평가에 대해 그다지 신경을 쓰고 있지 않기는 했다. 사이키델릭은 나로 하여금 전통적인 성장 배경을 차단하고, 다른 방법으로는 접근할 수 없을 마음과 영의 영역에 발을 들여놓을 수 있게 해주었다. 약에 취했을 때, 나는 평화롭고 자유로운 사랑 속에서, 이것이 바로 나 자신의 본래 모습이라고 느꼈다.

나는 5~6년 동안 계속해서 환각제를 사용하면서 깨달음의 자리, 사랑으로 존재하는 자리에 머물려고 노력했다. 나는 높이 올라갔다 내려오고, 높이 올라갔다 내려오면서, 사랑으로 존재하지만 거기에 머물 수 없는 그 상태에 접속되곤 했다. 나는 자유로워지고 싶어 했지만, 그렇다고 해서 지고의 상태에 계속해서 머물기를 원한 것은 아니었다. 결국 나는 이 방법이 나에게 통하지 않는다는 것을 깨닫고, 깊은 절망으로 가라앉기 시작했다.

돌이켜보면, LSD와 마찬가지로 실로시빈이 나 자신의 깨어남에 결정적인 역할을 했지만, 사이키델릭*이 참자아로 들어가는 과정에 반드시 필요한 것은 아니다. 그것들은 당신에게 한 가능성을 보여줄 수 있지만, 가능성을 맛본 후에 계속해서 다시 반복하는 것이 반드시 변화를 가져다주는 것은 아니다. 앨런 와츠가 말하곤 했듯이, "메시지를 얻었다면, 수화기를 내려놓을" 일이다. 결국, 당신은 세상에서 살면서, 그 안에서 계속 변화해야 한다.

올더스 헉슬리는 우리에게 『티벳 사자의 서 The Tibetan Book of the Dead』를 한 권씩 선물로 주었고, 우리가 기준점 없이 직관적으로 탐색하고 있는 이러한 내면의 지도가 동양에는 이미 있었다는 것을 알게 되었다. 그래서 1966년, 나는 이러한 영적 세계에 대해 알고 있는 누군가를 찾아 인도로 갔다. 처음 3개월 동안, 나는 한 친구와 함께 여행했다. 그는 테헤란으로 배송된 랜드로버를 가지고 있었다.

---

* 환각제를 마심으로써 생기는 각성 상태.

우리는 대마초 연기 속에서 아프가니스탄, 파키스탄, 인도, 네팔을 여행했다. 그러나 그것은 높이 올라가다가 곤두박질치고, 다시 또 올라갔다가 더 깊은 절망의 늪에 떨어져 허우적대기를 반복하는, 그렇고 그런 여행이었다.

그러던 어느 날 네팔의 카트만두에서 '블루 티베탄'이라는 히피 레스토랑에 앉아 있는데, 긴 금발에 수염을 기른, 눈에 띄게 키가 큰 서양인이 들어왔다. 그는 인도식 옷을 입고 있었고, 우리 테이블로 와서 우리와 합류했다. 캘리포니아 라구나비치 출신의 서퍼인 23세의 바가반 다스는 여러 해 동안 인도에서 살고 있었다. 그와 짧은 시간을 보낸 후, 나는 그가 인도에 대해 **알고 있다**는 것을 알았다. 나는 무엇을 배울 수 있는지 알아보기 위해, 그와 함께 여행하기로 결정했다.

우리가 네팔과 인도를 여행하는 동안, 나는 평소 재미있다고 생각되는 이야기를 들려주거나 우리가 어디로 가고 있는지를 묻곤 했다. 바가반 다스는 "과거에 대해 생각하지 마. 그냥 지금 여기에 있어." 혹은 "미래에 대해 생각하지 마. 그냥 지금 여기에 있어."라고 말하곤 했다. 그는 동정심이 많았지만, 내 감정이 어떻든 별로 상관하지 않았고, 그러니 별로 의논할 것이 없었다. 몇 달 동안 발에 물집이 생기고, 이질에 걸려 고생하고, 하타 요가 수업을 받았다. 어느 날, 바가반 다스는 비자 문제로 히말라야 산기슭에 있는 구루를 만나러 가야 한다고 말했다. 그는 랜드로버를 타고 그곳으로 가고 싶어 했다. 내가 원하면 나에게 내주라는 지시와 함께 친구가 인도인 조각가에게 맡겨두었던 랜드로버를 이용하자는 것이다. 그래서 나는 바가반 다스와 동행하게 되었다.

언덕으로 올라가는 길에, 우리는 하룻밤을 묵게 되었고, 나는 화장실에 다녀오려고 밖으로 나갔다. 별이 가득한 인도의 하늘 아래에서, 지난해에 비장암으로 돌아가신 엄마가 생각났다. 엄마의 존재감이 강하게 느껴졌다. 나는 나의 사적인 이런 경험에 대해서는 누구에게도 말하지 않았다. 내 안의 프로이트파 심리학자는 "넌 화장실에 갈 때마다 엄마 생각을 하는구나."라고 생각했다.

구루, 어둠의 지우개

차를 몰고 언덕을 오르고 있을 때, 나는 바가반 다스에게 무슨 일이 벌어지고 있다는 것을 알 수 있었다. 눈물이 그의 뺨을 타고 흘러내렸고, 목청껏 성가를 부르고 있었다. 나는 좌석 구석에 앉아 삐져 있었다. 나는 나 자신을 불교도라고 생각했고, 힌두교 구루를 만나고 싶지 않았다.

우리는 길가에 있는 작은 아쉬람에 도착했고, 바가반 다스는 누군가에게 구루가 어디에 있는지 물었다. 그들은 마하라지가 언덕 위에 있다고 대답했다. 바가반 다스는 나를 거기에 남겨둔 채 언덕 위로 뛰어 올라갔다. 모두가 나를 기대에 찬 눈으로 바라보고 있었다. 나는 어떻게 해야 할지 알 수 없었다. 그 자리에 있고 싶지 않았다. 어떤 구루도 만나고 싶지 않았다. 하지만 결국 나는 나의 선택이 아닌 주변 상황에 이끌려 그를 따라 올라갔다. 큰 소리로 울면서 뛰어가고 있는 거인의 뒤에서 나는 비틀거리며 오르막길을 오르고 있었다.

언덕을 기어 올라가니, 도로 쪽에서는 보이지 않았던, 계곡이 내려다 보이는 아름다운 작은 들판이 나왔다. 들판 한가운데에 서 있는 나무 밑에 작은 노인이 담요를 두르고 평상 위에 앉아 있었다. 하얀 옷을 입은 열다섯 명의 인도 사람들이 그를 둘러싸고 풀밭 위에 앉아 있었다. 흰 구름이 배경을 장식해 주는, 아름다운 풍경이었다. 나는 너무 긴장해서 그 광경을 감상하지 못했다. 웬지 사이비 종교 냄새가 났다.

바가반 다스는 이 노인의 발가락에 손을 대고, 얼굴을 바닥에 대고 엎드렸다. 그는 여전히 울고 있었고, 그 노인은 그의 머리를 쓰다듬고 있었다. 나는 어떻게 해야 할지 몰랐다. 미친 짓이라는 생각이 들었다. 나는 옆으로 물러나 선 채로 혼자 중얼거렸다. "여기까지 따라오긴 했지만, 누군가의 발을 만지는 짓 따위는 하지 말아야지." 나는 도대체 그 모든 상황이 이해되지 않았다.

그 노인은 바가반 다스의 머리를 쓰다듬다가, 나를 쳐다보았다. 그는 바가반 다스의 고개를 들어 올리며 힌디어로 그에게 말했다. "내 사진 가지고 있어?" 바가반 다스는 눈물을 흘리며 "네."라고 대답했다. 마하라지는 "그 사진을 그에게 줘."라고 말했다.

나는 속으로 생각했다. "얼씨구, 정말 폼나네그려. 이 작은 노인이 나에게 자신의 사진을 준다고? 와우!" 하루 종일 처음으로 자존감이 올라간 순간이었고, 나에게는 정말로 필요한 일이었다.

마하라지는 나를 쳐다보며 말했다. "큰 차를 타고 오셨군." 그는 얼굴에 미소를 가득 띠고 있었다.

그것은 내가 말하고 싶지 않은 주제였다. 친구에게 빌린 차였기 때문이다.

마하라지는 여전히 미소를 머금은 채, "너, 저 차를 나한테 줄 수 있어?"라고 말했다.

나는 내 차가 아니라고 말했지만, 바가반 다스가 자리에서 벌떡 일어나더니, "마하라지, 원한다면 스승님께 드리지요."라고 말했다.

나는 소리쳤다. "안 돼, 그럴 수 없어! 우리 차가 아니잖아!" 마하라지는 나를 올려다보며 말했다. "당신, 미국에서 돈 많이 벌어? 미국에서?"

나는 그가 모든 미국인을 부자로 생각하는 모양이라고 짐작했다. 그래서 "네, 저도 한때는 미국에서 돈을 많이 벌었어요."라고 대답했다.

"얼마를 벌었지?"

"글쎄요, 한 해에 2만 5천 달러를 벌었죠."

루피로 계산해도, 상당한 금액이었다. 마하라지는 "저런 자동차쯤은 나에게 사줄 수 있지?"라고 물었다.

그 순간, 내 인생에서 이렇게 빨리 사기를 당한 적이 없다는 생각이 들었다. 어린 시절의 내 주변에는 유대인 자선단체들이 많았다. 우리는 사람의 진심을 떠보는 데는 능숙했지만, 이런 경우는 난생 처음이었다. 나를 한 번도 만난 적이 없는 낯선 노인네가 7,000달러짜리 차를 거저 사 달라고 하다니! 나는 "글쎄요, 어쩌면요."라고 대답했다.

그러는 동안 내내 그는 나를 보고 미소를 짓고 있었다. 내 머릿속은 빙글빙글 돌고 있었다. 다른 사람들은 그가 나를 놀리고 있다는 것을 알기 때문에 웃고 있었지만, 나는 몰랐다.

그는 우리에게, 가서 프라사드('음식')를 먹으라고 했다. 우리는 작은 사원으로 내려가, 정중한 대접과 함께 멋진 음식과 쉴 곳을 제공받았다. 그곳은 전화도, 전등은 물론 문명의 이기라고 할 만한 것이 아무것도 없는 산속이었다.

잠시 후, 우리는 다시 마하라지에게로 돌아왔다. 그는 나에게 "이리 와서 앉아."라고 말했다. 그는 나를 쳐다보더니 말했다. "넌 어젯밤에 별빛을 보고 있었어. 그렇지?"

"그래요."

그는 "엄마를 생각하고 있었구나."라고 말했다.

"음… 음… 네."

"작년에 돌아가셨지?"

"네."

"돌아가시기 전에 배가 아주 많이 불러 있었어."

"맞아요."

"비장. 비장으로 돌아가셨어." 그는 영어로 '비장'이라고 말했다. 그는 '비장'이라고 말하면서, 나를 똑바로 바라보았다.

그 순간, 두 가지 일이 동시에 일어났다.

첫째, 통제 불능의 컴퓨터처럼 이성적인 내 머릿속은 그가 어떻게 그걸 알 수 있었는지 필사적으로 알아내려고 애썼다. '그들이 나를 여기로 데려왔고, 여기에는 뭔가 내 마음을 조작하고 혼돈 상태로 몰아가는 음모 같은 것이 있을 것이다.' 나는 가능한 모든 편집증적 시나리오를 검토해 보았다. 어쩌면, 나에 관한 서류나 문서를 가지고 있을지도 모른다. "와우, 꽤나 잘하네! 하지만 그가 그걸 어떻게 알았지? 난 누구에게도 말한 적이 없는데. 바가반 다스에게도…" 하지만 아무리 생각을 부풀려도, 이 일은 감당할 수 없었다. 그런 일은 어떤 사용 설명서에도 나와 있지 않았다. 그것은 나의 편집증적인 망상들을 뛰어 넘는 일이었고, 아무리 상상력을 발휘해도 그럴듯한 그림이 그려지지 않았다.

그때까지, 나는 심령술이나 초자연적인 현상에 대해 지적인 입장을 취하고 있었다. 간접적으로 그런 이야기를 들으면, 훌륭한 하버드 과학자라면 누구나 그렇듯이, 나는 이렇게 말하곤 했다. "흥미롭네요. 우리는 이런 것들에 대해 열린 마음을 가져야 합니다. 이 분야에서 흥미로운 연구들이 진행되고 있으니까요. 한번 들여다보겠습니다."

또는 내가 LSD에 취해 있다면, 관찰자로서 이렇게 말할 것이다. "그래, 하지만 어떻게 내가 이 모든 것을 처음부터 끝까지 스스로 허위 날조해 만든 것이 아니라고 말할 수 있겠는가?" 하지만 나는 화학적 약물의 영향을 전혀 받지 않았고, 이 노인은 방금 '비장'이라고 말했다. 영어로. 그가 그것을 어떻게 알았단 말인가?

마하라지가 이것을 어떻게 알 수 있었는지 알아내려고 애쓰면서, 내 마음의 속도는 점점 더 빨라졌다. 마침내 도저히 풀 수 없는 문제를 제시한 카툰 컴퓨터처럼, 벨이 울리고 빨간불이 켜지고 기계가 멈춰 섰다. 내 합리적인 마음은 포기했다. 그냥 '푸우' 하고 날아가 버렸다!

둘째, 바로 그 순간, 가슴이 심하게 비틀리고 매우 고통스럽게 당겨져서, 나도 모르게 울기 시작했다. 나중에 나는 그것이 나의 네 번째

차크라인 심장 센터가 열리고 있는 증상이었음을 깨달았다. 나는 마하라지를 올려다보았고, 그는 완전한 사랑으로 나를 내려다보고 있었다. 나는 그가 나에 대한 모든 것, 심지어 내가 가장 수치스러워하는 것까지도 다 알고 있음을 깨달았지만, 그는 나에 대해 어떠한 판단도 하지 않았다. 그는 그저 순수한 무조건적인 사랑으로 나를 사랑하고 있었다.

나는 울고 울고 또 울고 또 울었다. 나는 슬프지 않고, 행복하지도 않았다. 내가 말로 표현할 수 있는 최대한은, 내가 집에 와 있었기 때문에 울었다는 것이다. 나는 큰 짐을 언덕 위로 옮겼고, 이제 모든 것이 끝났다. 여행은 끝났고, 나는 탐색을 마쳤다.

그 모든 편집증이 나에게서 씻겨 나갔고, 다른 모든 것들도 마찬가지로 사라졌다. 나는 환상적인 사랑과 평화의 느낌과 함께 남겨졌다. 나는 마하라지의 무조건적인 사랑의, 살아있는 현존 속에 있었다. 나는 그렇게 완전하게 사랑을 받아 본 적이 없었다. 그 순간부터, 나는 마하라지의 발을 만지고 싶었다. 간절히.

나중에 마하라지는 나에게 '신의 종'을 뜻하는 람 다스라는 영적 이름을 주었다('Rām'은 신의 힌두교 화신 중 하나이고, 'Dass'는 '종'을 의미한다). 그는 또한 하리 다스 바바Hari Dass Baba*를 나에게 교사로 보내어, 이후 5개월 동안 요가와 자기 포기의 길을 가르치게 했다.

---

* '침묵의 성자'로 알려져 왔다. 작은 칠판에 글로 써서 전한 일곱 편의 감동적인 인생 이야기 『성자가 된 청소부』는 국내에서도 인기를 끌었다.

피할 수 없는 길

언덕에 있는 마하라지의 작은 아쉬람에서 요가 수련을 하는 몇 달 동안, 나는 정말 의식이 고양된 상태로 지냈다. 머리에서 빛이 쏟아지는 것 같았다.

비자 갱신 문제로 델리로 가야 할 때가 되었다. 나는 어느새 요기가 되어 있었다. 나는 긴 머리와 긴 턱수염에, 말라(염주)를 가지고 다녔고, 흰색 옷을 입고 있었다. 뉴델리의 중심인 코넛 서커스를 맨발로 걷다 보면, 곳곳에서 영적 에너지인 샥티를 느꼈다. 나는 그것을 좋아했다. 나의 새로워진 영적 에고도 늘 함께했다.

나는 비자 신청서를 넣고, 아메리칸 익스프레스에서 우편물을 수령했다. 그런 다음 점심을 먹으러 순수 채식 식당에 갔다. 배가 고팠지만, 요가가 지향하는 순전한 마음 상태를 유지하고 있었다. 인도에서는 성스러운 사람들을 크게 존경하지만, 서양에서 온 백인 성자라면 매우 이례적인 경우가 아닐 수 없었다. 그래서 나는 두 배로 거룩했고, 나를 바라보는 그들의 눈에는 존경심이 가득했다. 그들은 내가 먹는 것을 지켜보았다. 나는 한껏 요기의 티를 내면서 채식 스페셜을 먹었다.

마지막으로 두 개의 작은 영국식 비스킷이 들어 있는 디저트가 나왔다. 나는 그것이 요기 음식이 아님을 알았다. 몸이 정결해지면, 어떤 음식이 순수하고 어떤 것이 그렇지 않은지 냄새로 알 수 있다. 하지만 내 안에는 항상 말이 많은 유대인 소년도 들어 있어서, 그 소년은 그 쿠키를 **원했다**. 그래서 나는 거룩한 표정을 지으면서, 쿠키를 조심스럽게 접시의 가장자리로 밀어놓았다가 기회를 잡아 얼른 가방에 넣었다. 나는 마치 뭔가 거룩한 것을 생각하고 있는 것처럼 포즈를 취하고 있었다. 나는 레스토랑 밖 골목으로 나와 그 비스킷을 먹었다.

그런 다음 여덟 시간 동안 버스를 타고 다시 산으로 올라갔고, 아쉬람에 들어서자 마하라지의 발을 만지러 갔다. 내가 그를 올려다보자 그가 말했다.

"비스킷은 어땠어?"

단순한 진실

나는 마하라지로부터 비밀리에 전해져 내려오는 가르침을 받기를 계속 희망했지만, 내가 "어떻게 해야 깨달을 수 있습니까?"라고 물었을 때, 그는 "모두를 다 사랑하고, 모두를 다 섬기고, 늘 신을 기억해야 한다."라거나 "사람들을 먹이라."라고 대답했다. "내가 어떻게 신을 알 수 있습니까?"라고 물었을 때, 마하라지는 "신을 예배하는 가장 좋은 형태는 모든 형상 안에 있다. 신은 모든 것 안에 있다."라고 대답했다. 사랑하고, 섬기고, 기억하라는 이 단순한 가르침은 내 인생의 이정표가 되었다.

마하라지는 사람들의 생각을 읽었지만, 거기에 그치지 않았다. 그는 그들의 가슴 속 내용물을 알고 있었다. 그런 일들은, 내가 머리로 하는 모든 생각들을 날려 버렸다. 내 경우에는, 그가 나에 대해 알아야 할 모든 것, 심지어 나의 가장 어둡고 수치스러운 결점까지 다 알고 있지만 그럼에도 여전히 나를 아무런 조건 없이 사랑한다는 것을 확신했기 때문에, 나의 가슴을 열 수 있었다. 그 순간부터 내가 원했던 모든 것은, 그 사랑을 공유하는 것뿐이었다.

그는 내가 그와 영원히 함께 있고 싶어 한다는 것을 알았지만, 1967년 초봄, 나에게 미국으로 돌아갈 때가 되었다고 말했다. 그는 자신에 대해서는 아무에게도 말하지 말라고 했다. 나는 준비가 안 된 것 같았고, 그래서 그에게 '나는 충분히 순수하지 않다.'고 말했다. 그는 나에게 한 바퀴 돌아보라고 했고, 한 번 더 돌아보라고 하더니, 나를 위아래로 열심히 훑어보았다. 그는 내 눈을 들여다보며 말했다. "내 눈에는 어떤 불순물도 보이지 않는다."

인도를 떠나기 전, 나는 마하라지가 내 책을 위해 아쉬르바드 *ashirvad*, 곧 축복을 해주었다는 말을 들었다. 나는 "아쉬르바드가 뭐야? 그리고 책이라니?"라고 반문했다. 당시, 나는 책을 쓸 계획이 없었다. 애초에 그럴 생각이 조금도 없었다. 『지금 여기에 살라』는 마하라지의 책이다.

내가 델리 공항에 앉아 인도를 떠나기를 기다리고 있을 때, 한 무리의 미군이 계속 나를 바라보고 있었다. 나는 긴 머리에 수염을 기르고, 드레스처럼 보이는 길고 흰 인도식 로브를 입고 있었다. 군인 중 한 명이 나에게 다가오더니 "당신은 누구요? 요구르트요, 뭐요?"라고 놀리는 말을 했다.

보스턴에 도착하여 마중 나오신 아버지를 만났다. 아버지는 나를 한 번 쓰윽 훑어보시더니, "빨리, 누가 널 보기 전에 빨리 차에 타."라고 말씀하셨다. 나는 '아무래도 흥미로운 여행이 펼쳐질 것 같네.'라고 생각했다.

그로부터 40년이 지나고 한 번의 치명적인 뇌졸중을 겪었지만, 그 대단한 여행은 지금도 계속되고 있다. 이 여행의 키 포인트는 '지금 여기에 있는' 것이다. 어떤 일이 닥쳐도 편안하게 그 순간에 있으면, 만족하게 된다. 이 연습을 통해 우리는 다른 사람들을 사랑하고 섬기면서, 세상에 무조건적인 사랑을 표현하면서 현존할 수 있다. 당신이 그 순간에 온전히 몰입할 때, '지금 이 순간'은 '존재하는 모든 것'이다. 시간이 느리게 가는 것처럼 느껴진다. 마음이 고요해지면, 당신은 사랑의 흐름 속으로 들어가, 숨 쉬듯 자연스럽게 한 순간에서 다음 순간으로 흘러가게 된다.

무슨 일이 일어나든, 나는 그 순간 그것을 사랑으로 끌어안는다. 이것이, 마하라지의 사랑을 비추기 위해 거울을 닦는 나의 수련이다. 이 순간에는 자각과 사랑이 있을 뿐이다. 누군가 나에게 자신의 가슴으로 들어가는 방법을 묻는다면, 나는 다음과 같은 연습을 하라고 한다. "나는 깨어 있는 사랑이다."라고 자꾸 되뇌는 연습.

인도에서는 사람들이 만나서 헤어질 때 "나마스테"라고 말한다. 그것은 이런 뜻이다.

나는 당신 안에 있는 그 자리,
온 우주가 있는 그 자리를 존중합니다.
나는 당신 안에 있는 그 자리,

사랑, 빛, 진리, 평화의 자리를 존중합니다.
당신이 당신 안의 그 자리에 있고
나는 내 안의 그 자리에 있다면,
우리는 하나이고, 오직 그 하나만이 있습니다.

나마스테.

람 다스
마우이에서 2013년 8월

제1장

거울 닦기

마인드 필드

요가의 정수는 우주와 하나 되는 것이다. 요가의 핵심인 파탄잘리의 요가 수트라는 "요가 치타 브리티 니로다"로 시작되는데, 이는 "통합된 의식은 생각의 멈춤과 함께 온다."라는 뜻이다. 마음이 고요해지면, 영은 자연스럽게 본연의 깊이를 드러낸다.

마음을 고요하게 하고 집중하고 정화하여 영과 일치시키는 수행인 명상은, 요가의 기초이다. 그것은 생각하는 마음에서 시작할 수 있고 생각을 통해 들어갈 수 있지만, 명상은 생각하는 마음을 넘어선 것이다. 명상은, 진정한 당신은 '당신이 생각하는 당신 자신' 이상이라는 사실에서 비롯되어 가지를 뻗고 자라간다.

자신이 진정 누구인지, 왜 지구에 왔는지 알고자 할수록, 당신은 그 진실에 더욱 끌리게 된다. 내면으로 끌어당겨지면, 당신은 계속해서 시야를 왜곡하고 좁게 만드는 일련의 미련과 집착을 뒤에 남겨두고 여정을 떠나게 된다.

당신의 마음은 당신을 영으로 데려갈 수 있지만, 당신의 에고, 곧 당신이 생각하는 자기 자신의 정체성에 계속해서 깊은 애착을 가지고 있을 수 있다. 서양 문화는 마음을 미화하지만, 앎에 이르는 다른 방법들이 있으며, '생각하는 마음'은 우리들 존재의 일부일 뿐이다. '하나임'의 실재는 당신의 감각과 생각을 통해 당신이 이용할 수 있는 범위보다 훨씬 더 크다.

에고의 멜로드라마에 대한 애착은 지금 여기에 현존하는 것을 방해한다. 당신과 세상에 대해 당신이 만들어낸 이 정체성의 모델은, 끊임없이 당신을 분리 상태로 끌어내린다. 이것은 마음의 습관이다. 이러한 집착의 성질 때문에, 당신은 당신이 볼 수 있는 것만 볼 수 있다. 당신은 에고의 관점에서 나와 세상을 주체와 객체, 나와 물질 세상으로 나누어보는 것이다.

사색은 지성을 더 능숙하게 사용하는 기술이다. 그것은 또한 앎과 지혜의 길인 즈나나 요가의 한 형태이다. 이 마음의 요가에서, 당신은 마음을 사용하여 자신을 성찰한다. 예를 들어, 매일 아침 경전을 읽고 사유한다. 많은 페이지를 읽지 않는 것이 좋다. 10분에서 15분 동안 한 생각에 집중하고 앉아 있는다. 주제를 정해놓고 하루 종일 그것에 대해 숙고한다.

우리가 그리스도의 사랑이나 평정심, 친절, 연민의 자질에 대해 성찰하면, 우리는 그러한 자질을 발휘하기 시작한다. 라마크리슈나는 말했다. "당신이 당신의 이상에 대해 명상한다면, 당신은 그것의 본성을 얻게 된다. 밤낮으로 신을 생각하면, 신의 성품을 얻게 된다."

당신은 그것을 알 수 없다; 그것으로 존재할 수 있을 뿐

이 글을 읽고 있다면, 당신은 자신이 이미 영적 여행을 하고 있다는 것을 알고 있을 것이다. 당신은 또한, 우리가 분리되어 있다는 환상 속에서 우리가 인식하는 것이 상대적인 현실이라는 것을 이해하고 있을 것이다. 인도에서는 그것을 마야*māya*라고 부르는데, '주체와 객체의 투사된 환상'을 가리키는 말이다. 당신 주변에는 다양한 수준의 상대적 현실이 있다. 마음을 탐구할 때에는, 그러한 상대적인 현실을 조사하는 것이 도움이 된다.

많은 사람들이 자신의 삶에 푹 빠져서 살아가기 때문에 영적 요소는 그들과 무관하다. 그들은 겉보기의 현실 뒤에 똑같이 참된 현실, 영적 차원이 있다는 것을 전혀 감지하지 못한다.

자신의 곤경, 즉 자신이 환상에 갇혀 있다는 사실을 깨닫기 시작하면, 환상의 베일이라는 꿈과 같은 특성을 꿰뚫어 보기 시작한다. 당신이 진짜라고 생각한 모든 것이 이제는 마야(환상)로 보인다.

동기와 욕망은 우리의 인식에 영향을 미친다. 우리는 사물을 있는 그대로 보지 않는다. 우리의 관점에서 본다. 우리의 욕망 체계는 우리의 지각 우주를 창조한다. 그런 의미에서, 우리의 현실은 우리가 자신을 식별하는 방식의 투사물이라고 말할 수 있다. 하리 다스는 칠판에 "소매치기는 성인을 만나더라도 그의 주머니만 본다."라고 적은 적이 있다. 타데우스 골라스Thaddeus Golas는 『게으른 자가 깨닫는 법 The Lazy Man's Guide to Enlightenment』에서 "당신이 보고 있는 것을 바꿀 필요는 없다. 당신이 보는 방식만 바꾸면 된다."라고 말한다.

20세기 초, 유럽과 미국에서 가르쳤던 위대한 영적 스승 구르지예프는, "당신 자신이 감옥에 있다는 사실을 모르는 채 스스로 자유롭다고 생각하면, 감옥에서 탈출할 길은 없다."라고 말했다. 구르지예프는 우리가 저마다 자신의 마음의 습관이라는 감옥에 갇혀 살고 있다고 보았다. 우리가 우리의 욕망에 의해 어떻게 조건지어지는지 이해하지 못한다면, 우리는 계속 반복되는 광고가 딸려 있어서 쇼를 보는 동안 내내 잠재의식에 메시지를 심는 텔레비전 프로그램과 마찬가지로, 욕망이 만들어내는 현실에 갇혀서 살게 된다.

생각 너머

서양에서는 합리적인 지식과 배움에 대해 보상을 받는다. 그러나 당신이 그동안 믿어온 가정들이 타당하지 않다는 것을 알게 될 때, 이성적인 머릿속 헤아림을 통해서는 궁극에 도달할 수 없다는 것을 실감하게 될 때, 오직 그때만이, 당신의 마음을 진짜로 바꿀 가능성이 생기게 된다. 알베르트 아인슈타인은 "인류가 살아남아서 더 높은 차원으로 나아가려면 새로운 유형의 사고가 필수적이다."라고 말했다.

그는 또, 이렇게 말했다. "마음은 자신이 알고 있고 증명할 수 있는 것을 바탕으로만 나아갈 수 있다. 마음이 도약함으로써—직관, 혹은 달리 뭐라고 부르든—더 높은 차원의 앎에 이르는 순간이 오지만, 어떻게 거기에 도달했는지는 결코 증명할 수가 없다. 모든 위대한 발견에는 그러한 도약이 포함되어 있다."

인도의 베다 전승에서, 고대의 현자들은 영적 앎에 이르는 세 가지 길이 있다고 말한다.

- 첫째, 그리고 가장 직접적인 방법으로, 당신 자신의 경험을 통해서.
- 둘째, 당신이 믿을 만한 누군가로부터 '그것'에 관해 들었을 때.
- 셋째, 이성적이고 논리적인 마음으로 이런 종류의 책들을 통해 공부하고 배우는 것을 통해서.

삶을 알거나 경험하는 다른 길들, 곧 내면에서 이것이 옳다고 공명하고 직관적으로 느끼는 방법은 어떨까? 아인슈타인은 "나는 나의 이성적인 마음으로 우주의 기본 법칙을 이해하게 된 것이 아니다."라고 말했다. 그는 직관을 통해 거기에 도달했다. 직관은 우리가 항상 사용하지만, 사실 우리는 그것이 어떤 식으로 어떻게 작동하는지 이해하지 못한다. 우리가 흔히 '그냥 알았다'고 말하는 것은 '직관으로 알았다'는 뜻이다. 객관적인 방식이 아닌 주관적인 방식으로 앎에 이른 것이다. 사실, 감각을 통하거나 생각하는 마음을 통하지 않고 아는 길이 있다.

1906년, 윌리엄 제임스William James는 『종교적 경험의 다양성 The

Varieties of Religious Experience』에서 다음과 같이 썼다.

우리가 일상적으로 깨어 있는 상태의 의식은… 아주 얇은 막에 의해 의식으로부터 떨어져 나온 단지 하나의 특별한 형태의 의식 상태일 뿐이다. 잠재적 형태의 의식이 전혀 다른 상태로 늘 존재하고 있다. 우리는 이러한 잠재적 존재에 대한 의구심 없이 인생을 살아갈지도 모른다. 그러나 필요한 자극이 주어지면, 바로 거기에 완전하게, 아마도 어딘가에 적용될 수 있는 분야가 있을 것이 분명한 정신의 형태가 존재한다. 이러한 형태의 의식상태가 충분히 언급되지 않은 상태에서는, 우주에 대한 어떠한 설명도 온전하게 이루어졌다고 볼 수 없다. 그것들을 어떻게 다루어야 할지는 의문이다… 그것들은 일정한 형식을 갖추고 있지는 않지만, 태도를 결정할 수는 있다. 그리고 그것들이 지도(地圖)를 제공하지는 못한다 하더라도 한 영역을 열어줄 수는 있다. 어쨌든, 그것들은 실재에 대한 우리의 설명이 덜 성숙된 채로 종결되지 않게 해준다.

사람들이 삶 속에서 영적으로 깨어나는 첫 경험은 믿을 수 없을 정도로 다양하다. 죽음에 가까워졌을 때나 인생사에 대해 평소 생각했던 것보다 훨씬 더 깊은 무언가에 접속된 순간에 대해 묘사하듯이, 충격적인 경험을 통해 그것에 마음이 열리는 사람들이 있는가 하면, 명상이나 종교적 경험을 통해 깨어나는 사람들도 있다. 섹스나 마약을 통해 거기에 도달하는 사람들도 있다.

70년대 초반, 한 강연장에서의 일이다. 당시 내 강연을 듣는 청중들은 대부분 젊었고, 많이 웃었고, 흰색 옷에 꽃을 꽂고 있는 사람들이 많았다. 나는 말라(염주)를 걸치고, 긴 수염을 기르고 있었다. 맨 앞줄에는 70대쯤 되는 여자가 체리와 딸기 모양의 장식품들이 달린 모자를 쓰고 앉아 있었다. 그녀는 검은색 드레스를 입고 검은색 가죽 가방을 가지고 있었다. 그녀가 눈에 띄었는데, 청중들 가운데서 무엇을 하고 있는지 알 수가 없었다. 그녀는 다른 사람들과 너무도 다르게 보였다.

이 대화는 우리가 함께 모여 서로의 경험을 공유하는 탐험가 클럽의 모임과 같았다. 나는 내 경험을 설명하기 시작했는데, 꽤 유별난 경험이었다. 나는 그녀를 보았고, 그녀는 이해한다는 듯 고개를 끄덕였다. 내가 말하는 것을 이해할 수 있다니, 아무래도 믿을 수 없었다. 나는 환각제를 사용한 경험, 의식의 다른 차원에 대해서 말하고 있었다. 그녀는 계속해서 고개를 끄덕이고 있었다. 나는 아무래도 그녀의 목에 문제가 있어서, 그녀가 고개를 끄덕이는 것은 내가 말하는 내용과는 전혀 관련이 없을 수도 있다고 생각하기 시작했다. 나는 계속 지켜보았고, 점점 더 매료되었고, 점점 더 터무니없다고 생각했지만, 그녀는 계속해서 끄덕이고 끄덕였다.

강의가 끝날 무렵, 나는 그녀에게 노골적으로 미소를 지어 보였고, 그래서 그녀는 나에게 다가와 말을 해야 할 것 같았던 모양이었다. 그녀는 내게 다가와서 말했다. "정말 감사합니다. 정말 이치에 딱 맞는 말씀이에요. 그것이 바로 내가 우주를 이해하는 방식입니다."

그래서 내가 물었다. "아니, 어떻게 알죠? 내 말은, 어떻게 해서 그런 종류의 경험을 하게 되셨느냐는 이야기입니다."

그녀는 무슨 꿍꿍이가 있기라도 한 듯 앞으로 몸을 숙이고 말했다. "나는 뜨개질을 해요."

그 순간, 나는 사람들이 영적 깨달음에 도달하는 것이 얼마나 가지가지인지를 새삼 알게 되었다. 뜨개질과 깨달음이라니!

깨어나는 과정에서 우리는 우리가 절대적이라고 생각했던 현실이 단지 상대적일 뿐이라는 것을 자각하게 된다. 우리가 해야 할 일은 한 현실에서 다른 현실로 이동하는 것뿐이다. 어느 순간, 우리가 진짜라고 생각했던 것에 대한 집착이 무너지기 시작한다. 깨어남의 씨앗이 우리 안에 싹트면, 선택의 여지가 없다. 되돌릴 수가 없다.

사실, 우리 모두는 현실이 상대적이라는 것을 알고 있다. 우리는 어린 시절부터 그것을 알고 있다. "즐겁게, 즐겁게, 노를 저어가자. 즐겁게, 즐겁게, 강물을 따라 흘러가자. 즐겁게, 즐겁게, 즐겁게, 인생은 꿈일 뿐이야." 삶은 꿈이다.

영혼을 얻기 위해서는 마음을 잃어야 한다

정화를 추구하는 한 가지 이유는 마음을 차분하게 가라앉히기 위함이다. 차분하게 안정된 마음으로 살아가면 우리는 그렇게 무거운 카르마를 창조하지 않게 된다. 우리는 끊임없이 마음이 만들어내는 창조물들에 자신을 빼앗겨버린다. 아인슈타인은 말했다. "인간의 진정한 가치는 그 사람이 자아로부터 어느 정도로 해방되어 있는지를 보면 알 수 있다." 우리는 우리 자신에 대한 습관적인 사고 패턴과 오감의 끌어당김으로부터 자유로워지기 위해 고투한다. 이 영역의 무게가 가벼워지면, 우리는 명상, 만트라, 혹은 박티 요가 수련을 통해 중심을 잡고 마음을 진정시키는 데에 다시 집중할 수 있다. 수행이 깊어질수록, 더 높은 지혜가 온다.

마음을 길들이는 과정은 역설로 가득 차 있다. 모든 것을 가지려면 모든 것을 포기해야 한다. 마음의 스위치를 꺼라. 당신 안에는 생각의 헤아림을 초월한, 당신이 이미 알고 있고 신뢰하고 있는 장소가 있다. 예수는 우리가 어린아이와 같이 되지 아니하면 천국에 들어갈 수 없다고 말씀하신다. 선불교禪佛教에서 '초심자의 마음'이라고 불리는 어린이 마음은, 순수한 존재의 청정무구함, 무조건적인 사랑의 순수함을 가리킨다.

그 순수한 존재 상태에서 살려면, 우리 안에 있는 무언가가 죽어야 한다. 애벌레가 나비로 변하는 것과 같다. 애벌레는 '날아다니는 애벌레'가 되는 것이 아니다. 나비로 변신한다.

이것은 '길 없는 길'이다. 여행의 목적지는, 당신 안에 있는 가장 깊은 진실이다. 길을 잃기 전에 원래 있었던 곳으로 돌아가는 것이다. 마음의 층을 벗는 것은, 양파 껍질을 벗기는 것과 같다. 당신은 당신의 본질에 다다를 때까지 껍질을 모두 벗겨내야 한다. 영적인 여정은 당신 자신 바깥의 어떤 것을 얻는 것에 관한 것이 아니다. 당신은 자신의 존재의 가장 깊은 진실로 돌아가기 위해 여러 껍질들과 베일들을 통과하고 있는 중이다.

당신이 찾는 그것은, 이미 당신 안에 있다. 그것은 외부의 객관적 현실이 아니라 주관적이다. 당신은 그것을 당신의 가슴(심장) 센터에 집중된 상태로 경험하게 될 수도 있다. 그것은 영혼, 즉 힌두교에서의 아트만, 불교에서의 순수한 불성이라고 할 수도 있다. 예수 그리스도는 "하나님의 나라는 너희 안에 있다."라고 말했다. 이곳은 우주와 조화를 이루는 완전한 자각의 공간이다. 지혜 자체이다. 신의 충만한 영이 우리들 각자 안에 있다. 신에게 다가가고 싶다면, 내면으로 들어가라.

깨달음의 불 밝히기

영적인 관심에서 멀어져서 영혼으로서의 당신을 자각하지 못하게 하는 에고적인 것들을 내려놓는 일이나 청소하는 것을 정화라고 한다. 정화는 분별 있는 자각으로 인해 행해지는 '놓아버리는 행위'이다. 다시 말해, 당신은 자신이 삶을 통과해 가는 한 영혼이라는 것을, 그리고 삶이라는 전체 드라마는 '당신의 깨어남을 위한 대본'이며, 당신은 그 드라마 이상이라는 것을 이해하게 된다. 당신은 인간으로서의 경험을 하는 영적 존재이지, 경험 자체가 아니다. 당신의 삶의 경험은 신께 나아가기 위한, 의식적으로 되기 위한, 자유로워지기 위한 도구이다. 궁극적으로, 당신이 여기에서 하고 있는 일이 바로 그것이다. 이런 자각은 당신을 신께로 더 가까이 다가가게 하는, 그래서 '당신을 더 자유롭게 하는 생각, 감정, 행동'과 '당신을 그것으로부터 멀어지게 하는 것들'을 구별하는 데에 도움이 된다.

당신의 마음을 날마다 뉴스 같은 것들로 채우는 대신, 당신을 더 깨어 있게 하고 자유롭게 하는 데에 도움이 되는 것들로 채우라. 당신을 신께로 인도하는 것과 그렇지 않은 것을 더 잘 의식하게 될 때, 당신은 자연스럽게 그렇지 않은 것들을 놓아줄 것이다. 그것이 정화이다. 당신은 순수해지기 위해서가 아니라 신께로 가기 위해 그렇게 한다.

그렇다면 이 모든 무의식적 영향들을 어떻게 알아차릴 수 있을까? 당신의 영적인 가슴으로 들어가, **당신의 전 생애를 아우르는 드라마를 지켜보라. 에고를 초월할 만큼 충분히 마음을 고요히 하면, 돌아가는 사정이 어떠한지 내면의 소리를 듣기 시작할 수 있다.** 그런 다음, 자기 자신과 모든 존재를 참을 수 없는 연민으로 지켜본다. 지켜보는 것은 목격자 의식이라고 부를 수 있는 것을 포함하는데, 그것은 영혼계에서 오는 것이다. 그것은 생각하는 마음과 영적인 가슴을 연결하는, 거울을 닦는 또 다른 방법이다.

당신은 당신의 행동과 생각을 관찰하고, 지금 여기에 있기 위해 그 순간을 충만하게 살 수 있는 능력을 향상시킨다. 그때, 당신이 촛불과 함께 있으면, 당신은 촛불이자 촛불을 지켜보는 자이다. 일을 하고 있다면, 당신은 그 일 자체이자 그 일을 지켜보는 관찰자이다. 당신이 그것을 행하는 것이 아니다. 당신은 그것을 어찌어찌 행하는 자이고, 그렇게 행위하는 자기 자신의 근원을 지켜보는 자이다.

지켜보는 자를 지켜보기

지켜보는 자는 평가하지 않는다. 당신의 행동을 판단하지 않는다.

단지 그것들을 기록할 뿐이다. 관찰자가 지켜보고 있는 그/그녀를 지켜본다는 것은 미묘한 일이다. 그것은 사실 지켜보는 자와 에고라는 의식의 동시적인 차원이다. 지켜보는 자는 영혼의 차원과 관련된다.

처음에는, 주의가 산만해져서 이따금씩 지켜보아야 한다는 것을 상기해야 할지도 모른다. 이런 연습을 계속하더라도, 잠이 들면 지켜본다는 것을 잊어버릴 테지만, 곧 다시 지켜보는 일을 상기시키고 있는 자신을 알아차리게 된다. 그냥 알아차리면 된다. 아무것도 바꿀 필요가 없다. 결국 상황은 자연스럽게 바뀔 것이다. 약간의 연습 후에는, 더 미묘해지고, 하루 종일 지켜보는 가운데 인생 드라마가 펼쳐지는 것을 지켜보게 된다. 지켜보는 자는 항상 지금 여기에 있다. 그것은 삶의 매 순간에 존재한다.

당신은 자신에게 묻는다. "나는 여기에 이르기 위해 매 순간을 어떻게 사용하고 있는가?" 그렇게 묻더라도 그 태도는 "조심해야 해. 실수할지도 몰라."와 같이, 자신에게 빡빡하게 굴지 말아야 한다. 긴장을 풀고, 가벼워지고, 모든 것을 통해 춤추고, 신뢰하고, 조용히 흐름에 맡기라. 사랑의 흐름과 마음의 고요함 속에서 계속해서 지켜보면서 살아가도록 하라. 인도 여성들은 우물에서 물을 길어 물 항아리를 머리에 이고 집으로 돌아오면서, 누군가와 수다를 떨기도 하지만, 물을 흘리는 법이 없다. 물 항아리는 당신의 여정을 상징할 수 있다. 인생에서 자기 할 일을 하되, 물 항아리를 잊지 말아야 한다. 인생이라는 여정의 전체 맥락을 잊지 말라.

환상은 계속해서 당신을 망각 속으로 끌어당긴다. 멜로드라마에 빠져 자기 자신을 잊어버리고, 때로는 물을 쏟기도 한다. 계속 잊고 지내다가 기억하고, 잊고 지내다가 기억한다. 그리고 이따금씩은 **기억한다.** 표적에서 눈을 떼지 말라.

숨 들이쉬고, 내쉬기

결국 균형 감각이 달라지게 된다. 당신은 더 단순하고 더 조화롭게 살아간다. 이것을 움켜쥐고 저것을 밀쳐내는 일을 점점 더 적게 하게 된다. 당신은 틀을 짓기보다는 돌아가는 형편에 대해 먼저 내면의 소리를 들으려고 하게 된다. 틀을 만드는 일은 당신을 자유롭게 하지 않는다. 당신 자신의 스토리 라인에 대한 낭만적인 집착이 점점 사라지게 된다. 당신이 그냥 이 순간에 존재하고 있을 때, 당신은 "나는 장차 어떤 사람이 될까?"라든가, "나는 자라서 무엇이 될까?" 같은 것들에 대해 전혀 신경을 쓰지 않는다. 이런 모델은 모두 그냥 떨어져 나간다. 당신은 단순하게 앉고, 단순하게 살고, 그저 있는 자리에 있고, 누구와 함께 있든 그냥 거기에 있기 시작한다. 당신은 삶을 영위하는 영적인 방법인 다르마에 귀를 기울인다.

올더스 헉슬리는 우리에게 상기시킨다. "몸은 항상 시간 속에 있고, 영은 항상 시간을 초월한다. 정신은 양면적인 것으로, 인간의 존재 법칙에 의해 자신을 어느 정도 몸과 연관시키도록 몰아가지만, 당신이 원한다면, 당신은 자신의 영과 자신을 동일시하면서 인간으로서의 경험을 할 수 있다."

당신의 삶 전체가 명상 행위가 된다. 명상은 단순히 명상 방석 위에 앉는 것이 아니다. 운전을 하고 있든, 사랑을 하고 있든, 어떤 일을 하고 있든, 모두가 다 커다란 명상 방석이 된다. 모두가 다 명상이다. 명상은 지금 여기에 있는 연습이다.

명상을 하면, 호흡을 따라가거나 만트라를 반복함으로써, 한 곳에 집중하게 되어 마음의 힘이 커지기 시작한다. 한 가지 생각에 마음을 집중하고, 거기에 머물며 다른 모든 생각은 흘러가도록 내버려둘 수 있게 된다. 마음은 멈춰 세울 수 없다. 그냥 흘러가도록 내버려두어야 한다. 하지만 들이쉬고 내쉬는 숨에 집중하거나 아랫배가 부풀었다가 꺼지는 현상을 지켜봄으로써, 늘 호흡으로 생각을 돌린다. 혹은 "람 Rām, 람, 람, 람, 람, 람…"이라는 만트라를 반복하기도 한다. 먹거나 자거나 사랑을 나눌 때에도 "람, 람, 람, 람"을 계속 반복한다. 그러다 보면, 우리는 영 안에서 살게 된다. 중심을 잡고 일념의 힘을 증가시킴으로써, 삶의 모드가 바뀌게 된다. 마하라지는 나에게 "마음을 한 곳에 집중하고 은혜를 기다리라."고 말씀하셨다.

시각화 명상 가이드

머리, 목, 가슴이 일직선이 되도록 똑바로 앉는다. 영적 심장, 곧 가슴 중앙의 심장 부분에 초점을 맞추는 것으로 시작한다. 입을 다물고 가슴으로 숨을 들이쉬고 내쉬며, 심장을 통해 숨을 들이쉬고 내쉬는 것처럼 가슴에 집중한다. 심호흡을 한다.

당신의 순수한 구도심 때문에 믿을 수 없을 정도로 높은 수많은 존재들이 지금 여기에 함께 있다. 그들과 함께 모든 형상이 파생되는 영적 질료가 오게 된다. 그 질료는 공기를 가득 채우는 황금빛 안개로서 지금 여기에 있다. 숨을 쉴 때마다 그냥 공기를 들이마시지 않는다. 이 황금빛 질료를 자신에게 끌어들이고 있다고 상상한다. 그것으로 몸을 채운다. 온몸에 퍼부어 준다.

우주 에너지, 우주의 샥티shakti*를 들이마신다. 신의 숨결을 들이마신다. 그것이 몸 전체를 가득 채우도록 허용한다. 당신이 숨을 내쉴 때마다, 당신의 참자아를 알지 못하도록 가로막는 당신 안에 있는 모든 것들을 내보낸다. 신체적인 것이든 심리적인 것이든, 모든 분리감, 무가치감, 자기 연민, 고통에 대한 모든 애착을 내쉬는 숨과 함께 내보낸다. 분노와 의심과 탐욕과 정욕과 혼란을 내보낸다. 신의 숨결을 들이마시고, 신을 알지 못하도록 가로막는 모든 장애물을 내쉰다. 호흡으로 모든 것에 변화가 찾아온다. 그것을 허용하라.

이제 당신이라는 존재에 퍼부어졌던 황금빛 안개가 당신의 가슴 한가운데에 집중되게 한다. 이제 그 황금빛 에너지는 가슴 한가운데 연꽃 위에 앉아 있는 엄지손가락 크기의 작은 존재로 자신을 나타내고 있다. 그 평정심, 내부에서 뿜어져 나오는 광채에 주목한다. 이 존재로부터 빛이 쏟아져 나오고 있다. 빛과 함께 이 존재로부터 발산되는 깊은 평화가 당신을 적셔 간다. 위대한 이 지혜의 존재를 가슴으로 느끼고,

---

* 우주적 원초 에너지. 우주 전체를 관통하여 흐르는 우주의 활동적인 힘 또는 에너지.

받아들인다. 이 존재는 이제 당신의 가슴 속에 조용히, 조용히, 완벽하게 자리 잡고 있다. 이 존재가 발산하는 연민과 사랑을 느끼고, 그 사랑으로 당신 자신을 채운다.

이제 그 작은 존재는 천천히 그 크기가 커져서 당신의 몸을 가득 채운다. 그의 머리가 당신의 머리 공간을 가득 채우고, 그의 몸통이 당신의 몸통을, 그의 팔이 당신의 팔을, 그의 다리가 당신의 다리를 가득 채운다. 이제 당신의 몸의 피부 속에는 이 무한한 지혜의 존재, 가장 깊은 연민의 존재, 행복에 젖어 있는 존재, 스스로 빛나는 존재, 완전한 평화의 존재가 스며들어 있다.

이 존재는 점점 커져 간다. 점점 커져서, 당신이 앉아 있는 방의 모든 것이 당신의 몸 안에 들어와 있다. 모든 소리, 모든 감각적 경험이 모두 당신 안에서 나오고 있다.

당신은 평화의 존재와 함께 계속 커져 간다. 당신의 광대함, 당신의 평화, 당신의 평온함을 느껴보라. 당신의 머리는 하늘로 뻗어 있다. 당신의 마을, 당신의 주변 환경, 그리고 그 안에 있는 모든 존재가 당신 안에 포함될 때까지 계속 확장시켜 간다. 인간으로서의 경험을 지켜본다. 외로움, 기쁨, 돌봄, 폭력, 편집증, 자녀에 대한 어머니의 사랑, 질병, 죽음에 대한 두려움 등, 그 모든 것을 지켜본다. 그것은 모두 당신 안에 있다. 연민과 보살피는 마음으로, 그리고 동시에 평정심을 잃지 않고, 지켜본다. 빛이 당신의 존재를 통해 퍼부어지는 것을 느껴 본다.

당신 자신을 한층 더 크게 확장시킨다. 당신이 이 은하의 한가운데에 앉아 있게 될 때까지, 지구가 당신 뱃속 깊은 곳에 있다고 느껴질 때까지, 당신은 광대하게 커져 간다. 모든 인류가 당신 안에 있다. 그들의 혼란과 갈망을 느껴 본다. 그 아름다움을 느껴 본다. 조용하고, 평화롭고, 자비롭고, 사랑스럽게, 이 우주 속에 앉아 있다. 인간 마음이 만들어낸 모든 창조물이 당신 안에 있다. 연민으로 그것들을 바라본다.

이 은하뿐만 아니라 모든 은하가 당신 안에 있을 때까지, 당신이 생각할 수 있는 모든 것이 당신 안에 있을 때까지, 계속 확장시킨다. 그 모든 것이 당신 안에 있다. 당신은 유일자다. 당신의 외로움, 당신의 침묵, 당신의 평화를 느껴 본다. 여기에는 다른 존재들이 없다. 의식의 차원들이 모두 당신 안에 있고, 모든 존재들이 당신 안에 있다.

당신은 '에인션트 원the Ancient One'*이다. 과거에 존재했거나 현재 존재하거나 미래에 존재할 모든 것은, 당신이라는 존재의 춤의 일부이다. 당신은 우주이므로, 무한한 지혜를 가지고 있다. 당신은 우주의 모든 감정을 느끼므로, 무한한 연민을 가지고 있다. 이제 당신은, 당신이라는 존재의 경계를 허물고, 당신 자신을 형상 너머에 있는 것들과 하나로 합친다. 연민 너머, 사랑 너머, 신 너머, 아무런 형상이 없이 잠시 동안 앉아 있는다. 모든 것이 완전하다. 더하고 뺄 것이 아무것도 없다.

아주 부드럽게, 아주 천천히, 당신의 광대한 존재인 '하나'의 경계가 스스로를 재정립하도록 놓아둔다. 광대하고 고요한 모든 것이 당신

---

* 마블 코믹스에서 출판한 만화책의 등장인물. 닥터 스트레인지의 멘토로, 세계에서 가장 강력한 마술사.

안에 있다. '하나'에서 돌아와, 천천히 크기를 줄여 간다. 당신의 머리가 다시 한 번 행성들 사이에 있다가 지구가 당신 안에 있을 때까지, 우주에서 우주로 서서히 내려온다. 당신의 머리가 다시 하늘에 있고 도시들이 당신 안에 있을 때까지, 계속해서 내려온다.

머리가 방 꼭대기에 있을 때까지 크기를 줄여 간다. 여기서 잠시 멈춘다. 이곳에서 방을 내려다보고 이 명상을 시작했을 때, 당신이 자기 자신이라고 생각했던 그 존재는 어디에 있는가? 사랑과 연민으로 그 존재를 바라본다. 이번 생에 몸을 입고 태어나 살아가고 있는 그 존재의 여정을 바라본다. 그것의 두려움과 의심, 관계들을 바라본다. 마음이 자유로워지지 못하도록 붙잡고 있는 모든 생각과 대상을 바라본다. 그렇게 '지켜보는 존재'와 '당신이 자기 자신이라고 생각했었던 존재'는 사실 얼마나 가까운가? 그 존재의 내면을 들여다보고, 그 영혼의 순수함을 느껴 본다.

손을 뻗어 내려, 마음으로 이 존재의 머리에 아주 부드럽게 손을 얹고, 그로 하여금 바로 이번 생 안에서 참자아를 충분히 알 수 있도록 축복을 내린다. 축복하는 자와 축복받는 존재를 동시적으로 경험한다.

이제 명상을 시작했을 때 자신이라고 생각했던 몸으로 돌아온다. 당신은 몸이면서도 여전히 빛과 지혜의 존재이고, 진실과 공명하는 연민의 존재이며, 광대한 '하나'에서 비롯된 모든 것을 향한 사랑의 존재이다. 당신에게서 나오는 그 사랑과 평화의 빛은 고통받는 모든 이를 위한 횃불처럼 모든 곳에 있는 모든 존재들에게 퍼부어지고 있다.

당신이 덜 사랑을 느꼈던 사람들을 기억한다. 그들의 영혼을 바라보고, 이 순간의 사랑과 평화와 함께 빛으로 그들을 에워싼다. 분노와 판단을 제 갈 길 가도록 놓아준다.

아프고 외롭고 두렵고 길을 잃은 사람들에게 사랑과 평화의 빛을 보낸다. 우리는 줄 때에만 계속적으로 받을 수 있다. 그러니 축복을 나누라. 영적인 길을 갈 때는 자신이 받은 것을 나누어야 한다. 그 책임을 기꺼이 받아들인다. 이것이 신의 조화, 신의 뜻을 실현하기 위한 도구가 되는 길이다.

당신 안에 있는 빛나고 완전한 존재를 엄지만한 크기의 작은 형태로 축소시킨다. 당신의 가슴 한가운데에, 당신의 영적 가슴에, 평화와 자비가 넘치는 그 존재가 연꽃 위에 앉아 있다. 이 존재는 사랑이다. 지혜이다. 이 존재는 내면의 구루이다. 당신이 항상 **알고 있는** 당신 안에 있는 존재이다. 당신이 당신의 마음 너머로 나아갈 때, 당신은 깊은 직관을 통해 이 존재를 만나게 된다. 이 존재는 당신 안에 존재하는 전체 우주의 축소판이다.

언제 어느 때고, 자리에 앉아서 마음을 가라앉히면, 우리는 이 존재가 우리를 본향으로 인도하는 내면의 소리를 들을 수 있다. 당신이 이 여정을 마치면, 당신은 이 존재 속으로 사라질 것이다. 당신은 그에게 모든 것을 내맡기고, 그와 하나로 합쳐질 것이다. 그러면 당신은 인도의 위대한 각자覺者 라마나 마하리쉬가 "신, 구루, 참자아는 하나"라고 말한 의미를 진실로 이해하게 될 것이다.

제2장

사랑과 헌신의 길,
박티 요가

헌신의 길

'요가'는 '멍에' 또는 '통합'(신과의 하나됨)을 의미한다. 박티 요가는 신을 사랑하고 신의 사랑을 들이마시고 흡수하는 헌신의 길이다. 박티 수행자는 신을 사랑하는 자이다. 박티는 사랑하는 이와 사랑 안에서 하나가 되고 싶어 하는 가슴의 깊은 열망을 이용하는 수행법이다. 박티는 인간과 신의 연결을 구축하기 위해 인간의 감정을 사용하여, 영적 가슴에 이르는 길이다. 박티 요가 수행은 이 사랑의 흐름을 일깨운다.

우리는 사랑하는 분에게 노래를 바치고, 기도할 수 있다. 거룩한 존재의 그림이나 사진과 함께 앉아 있을 수도 있고, 신을 기억하면서 감미로움 속에 충만하게 있을 수도 있다. 당신이 사랑의 강에서 출발했다면, 당신이 해야 할 일은 흐름을 따라 흘러 흘러 바다로 가는 것이다.

마하라지는 명상을 어떻게 하느냐는 질문을 받고, 이렇게 말했다. "그리스도가 명상했던 방식으로 명상을 해. …그는 사랑 속에서 자기 자신을 잃어버렸지."

박티 요가, 곧 사랑과 헌신의 길은 명상을 통해 마음이 고요해지는 것에 그치지 않고 한 걸음 더 나아가 우리의 가슴을 열어 준다. 헌신의 대상을 향한 가슴의 흘러넘침은, 영혼을 비추는 거울을 더욱 더 빛나도록 닦아 준다. 사랑의 에너지의 이러한 흐름은, 나중에 살펴보겠지만, 다른 수행법들도 확대 증폭시켜 준다.

가슴을 열면 마음이 바뀌기가 훨씬 더 쉬워진다. 헌신의 길이 지향하는 바가 바로 그것이다. 사랑은 너무 매혹적이기 때문에, 사랑은 그렇게도 많은 기쁨을 가져다주기에, 사랑과 헌신은 우리의 마음을 특정 방향으로 매우 쉽게 돌려세운다. 라마크리슈나는 "박티, 곧 신을 향한 사랑은 모든 영적 수행의 정수"라고 말했다.

헌신의 요가는 신과 분리된 육화된 영혼으로서 우리가 서 있는 바로 여기에서부터 시작된다. 우리가 머릿속 헤아림을 멈추고 고요한 마음과 열린 가슴으로 이 순간에 온전히 현존할 때, 우리는 영적인 가슴에서 흘러나오는 사랑의 흐름을 경험하게 된다. 박티 요가는 신성한 영감을 받은 이 사랑의 흐름에 우리를 열어준다.

박티는 신과 영혼 사이의 사랑놀이, 곧 '릴라'라고 말할 수 있다. 박티 요가는 우리를 사랑의 정수로 데려가 우리로 하여금 사랑 자체로 현존하게 하기 위해 사랑하는 이와 사랑받는 이의 이원적 관계를 설정한다. 사랑은 우리의 분리된 존재, 곧 에고의 한계를 뛰어넘어 우리를 우리의 지고한 자아인 아트만으로 데려가게 할 내재된 힘을 가지고 있다. 우리의 개인적, 감정적 사랑은 모든 것을 두루 감싸안는 '하나'의 무조건적인 사랑에 흡수된다. 메허 바바가 말했듯이, "존재는 사랑에 의해 죽어 간다."

다른 모든 요가, '하나'에 이르는 모든 길, 산 정상에 이르는 모든 다양한 길 중에서, 박티는 쉬운 길로 알려져 있다. 박티를 하면, 실제로는 아무것도 해야 할 일이 없다. 당신은 단지 긴장을 풀고, 내려놓고, 가슴을 열면 된다. 그뿐이다.

당신이 그것을 신의 사랑이라고 부르든, 구루의 사랑이라고 부르든, 당신의 참자아라고 부르든, 아무 상관이 없다. 그것을 어떻게 생각하느냐는, 정말 중요하지 않다. 신과의 사랑 사건이 가져다주는 감정적 해일은 너무 강렬해서, 생각으로 헤아리는 마음을 저절로 뛰어넘게 한다. 이 헌신은 당신이 삶 속에서 하는 일마다에 스며들기 시작하여 당신의 삶을 신성한 사랑놀이가 되게 한다. 그러한 영혼의 기쁨을 산스크리트어로는 sāt cit anānda, '진리-의식-지복'이라고 한다. "실상과 하나 된 의식은 축복이다."라고 말할 수 있을 것이다.

신에 대한 헌신은 대부분의 영적 전통, 특히 지적인 것보다 감성적이고 황홀 상태를 지향하는 전통들에서 중요하게 여겨진다. 사랑은 이데아를 넘어 존재한다. 우리는 가만히 앉아서 지적인 헤아림만으로는 박티나 헌신이 무엇인지 알 수 없다. 그것은 가슴과 관련이 있으며, 가슴으로의 여행은 머릿속 계산이나 헤아림으로는 닿을 수 없는 영역에서 경험된다. 헌신에 이르는 길은 머리로 생각할수록 더 어려워지게 된다. 시인 하피즈Hafiz는 말했다. "이성이라는 책을 펼치고 사랑의 경이로움을 배우려고 애쓰는 그대여, 그대가 그 핵심을 결코 보지 못할 것이라는 점이 너무나 아쉽고 두렵구나."

우리는 박티 요가에 대해 생각하고 이야기할 수 있지만, 그것을 키르탄(찬가)이나 신비주의 시, 성자들에 대한 기억, 가슴을 열어주는 만트라, 혹은 사랑 안에서 함께 있는 진정한 사트상*을 통해 경험할 수 있다. 사랑은 시간을 초월하며, 영원토록 열려 있다. 당신이 다른 존재와 함께 사랑 안에 있을 때, 당신은 당신의 존재, 당신의 현존을 공유하고 있는 것이다. 당신은 단지 지금 여기에, 사랑 속에 함께 있다.

사랑 이야기를 처음으로 들은 순간부터
나는 당신을 찾아 헤매기 시작했다,
그게 얼마나 눈 먼 상태인지도 모르고.

연인들은 마침내 어딘가에서 만나는 것이 아니다.
그들은 늘 서로의 안에 있다.

루미

우리 중 많은 이들이, 판단하는 마음을 내려놓고 기꺼이 사랑에 빠지기를 두려워한다. 사랑에 빠져서 우주의 유연한 흐름 속에 흡수되

---

* 사트(진리)와 상(만남)의 합성어로, '진리 안에서의 만남', '진리와 하나 된 스승 가까이에 있음'을 뜻한다.

어 버릴 것을 두려워한다. 신의 사랑과 연결되기를 열망하는 경우에는, 믿음으로 인해 놓아주기를 더 쉽게 할 수 있다. 낭만적인 관계에서는, 관계가 우리의 개인적인 두려움과 연약함을 드러내기 쉽기 때문에 균형 잡히고 조화로운 사랑을 하기가 어렵게 된다. 감정적이거나 낭만적인 사랑과 신의 사랑의 차이를 이해하면, 그러한 두려움들을 완화하는 데 도움이 된다. '사랑의 신'이 온전히 안전한 것은, 사랑의 대상이 궁극적으로는 당신의 참자아이기 때문이다.

초감 트룽파 린포체는 『영적 물질주의와의 작별 Cutting Through Spiritual Materialism』에서, 두 사람 사이의 영적 교류에 필수적인 것은 개방적이고 신뢰하는 따뜻한 관계라고 말한다. 주역에서는 그런 관계에 대해 이렇게 표현한다. "두 사람이 가슴으로 하나가 되어 쇠도 녹일 수 있다. 두 사람이 서로를 가슴으로 이해하면, 그들의 말은 난초 향기처럼 강하면서도 달콤해진다."

사랑의 길

구르지예프는 세 가지 수준의 사랑에 대해 이야기한다. 첫 번째는 생리적, 성적, 화학적 사랑이 있다. 두 번째는 낭만적인 사랑으로, 대상에 대한 인격적 사랑이다. 낭만적인 사랑에는 질투와 소유욕과 인간관계 속에서 생기는 정신의 역동성이 있다. 당신이 "나는 아무개와 그렇고 그렇게 사랑에 빠졌다."라고 말할 때, 당신이 실제로 말하는 것은 "그렇고 그래서 내가 진실로 사랑의 바다로 존재하게 되는, 내 안의 장소가 열리게 되었다."는 뜻이다.

세 번째 종류의 사랑은 의식적인 사랑, 곧 영적인 사랑이다. 낭만적인 사랑과 영적인 사랑은 서로 차이가 있다는 것을 이해하는 것이 중요하다. 낭만적인 사랑을 확장적이고 의식적인 사랑으로 변화시키려면, 우리는 사랑을 다른 차원으로 끌어올려야 한다. 의식적인 사랑, 영적인 사랑은 무조건적이다. 그것은 영혼의 사랑이다. 의식적인 사랑의 공간으로 들어가기 위해 당신은 사랑이 **된다**. 누군가나 무언가를 사랑하는 것이 아니라, 그저 사랑으로 **존재하는** 것이다.

이것은 이러한 사랑의 차원들이 실제로 분리되어 있다거나 성적 사랑이 신의 사랑에 포함되는 것(탄트라 수행, 내적 변화를 위해 외적 에너지를 사용하는 요가)과 같이, 한 종류가 다른 것에 포함될 수 없다는 것을 뜻하는 것이 아니다. 박티는 영적 사랑, 신에 대한 영혼의 사랑에 초점을 맞춘다.

다른 사람을 사랑한다는 것은 그/그녀 안에 있는 영의 현현을 사랑하는 것이며, 단지 사랑을 사랑하는 것임을 우리가 잠시라도 볼 수 있다면, 우리에게 있어서 그 사랑의 대상들은 우리가 사랑하는 자의, 신의 또 다른 형상이 된다. 사랑은 우리 모두의 내면에 있고, 우리 모두는 사랑 안에서 하나인 것이다. 이것이 사랑의 진실이다.

> 사랑은 사랑만을 사랑하나니,
> 아는 사람은 알리라.
>
> 『툴시 다스의 라마야나 The Ramayana Of Tulsi Das』에서

사랑은 존재의 한 상태

내가 사랑인 자리에서 살면, 어디서 누구를 보든 나는 사랑을 보게 된다. 모든 사람과 모든 것 안에서 사랑을 본다고 상상해 보라. 사랑은 아무것도 요구하지 않는다. 사랑 안에서 여기에 있을 때에는 모든 것이 다 괜찮다. 누군가 다른 사람들과 만날 때, 그들이 열려 있는 만큼, 그들 역시 사랑으로서 존재하는 자리(사랑을 하는 자리가 아니라 그들이 사랑 자체인 자리)와 조화로운 공명을 하게 된다. 우리는 갑자기 여기에서, 사랑의 바다에 있게 된다. 그리스도의 사랑 같은 광대한 사랑의 품에 안겨 있게 되는 것이다. 이 사랑은 소유욕이 아니다. 우리는 그것을 긁어 모을 수가 없다. 우리는 그렇게 될 수 있을 뿐이다.

헌신의 길을 통해 성장하여 사랑하는 사람에게 점점 더 집중함에 따라, 우리는 내면 깊은 곳에 주파수를 맞추게 된다. 감정적이고 낭만적인 특성은 모든 사람과 모든 것을 사랑의 대상으로 보는 새로운 종류의 사랑에 자리를 내준다.

사랑이 존재의 상태라는 것을 이해하기 시작할 때만이 우리는 진정 사랑 안에 **존재할** 수 있게 된다. 당신과 내가 진정으로 사랑한다면, 우리 둘 다 우리 자신이 사랑인 자리에 거한다면, 우리는 사랑 안에서 함께 있는 것이다. 사랑 안에 있다는 것은, 같은 상태를 함께 공유하는 것이다.

'지복에 젖은 어머니'라는 뜻의 성자 아난다마이 마Anandamayi Ma는 헌신자들에게 "여러분은 이 몸을 너무 사랑한 나머지 먼 거리도 아랑곳

하지 않고 나를 보러 자주 온다. 그러나 이 몸은, 여러분 각자뿐만 아니라 바위, 산, 그 밖의 모든 것은 물론 주변의 모든 나무, 덩굴 식물, 잎사귀와도 똑같이 즐기는 아트만 [우주적 혼]과 친족 관계라는 점을 제외하고는, 여러분 중 누구와도 관계가 없는 것이 사실이다."

구루의 은총

마하라지의 고참 헌신자인 다다 뮤케르지Dada Mukerjee가 뉴멕시코 타오스에 있는 '님 카롤리 바바 아쉬람'을 방문했을 때, 그는 마하라지를 실제로는 한 번도 본 적이 없는 진실한 헌신자들이 있다는 것을 알고는 놀라지 않을 수 없었다. 다다는 "마하라지를 만난 적이 없는데도 똑같이 헌신을 하는 이분들이야말로 진정한 기적이다."라고 말했다. 그들은 주로 『지금 여기에 살라』와 『사랑의 기적』에 나오는 이야기를 통해 마하라지를 알았다. 많은 서양인들은, 자신이 마하라지를 가슴으로 초대하면 그가 자신과 함께할 것임을 깨달았다.

사랑하고 신뢰하는 '열린 가슴'이 되면, 우리는 다른 존재로부터 감응을 받을 수 있는 상태가 된다. 마하라지의 축복이 들어올 수 있도록 해준 것은, 그의 사랑과 그를 향한 나의 열린 가슴이었다. 당신과 사랑하는 사람이 하나될 때까지 사랑하면, 은혜가 흘러나와 당신에게 퍼부어진다.

내 생명의 모든 원자 안에서까지도

당신의 현존을 언제나 느끼게 하소서.

내가 온전히 투명해질 때까지

나 자신을 온전히 내려놓게 하소서.

내 말들이 정직에 뿌리 내리게 하시고

당신의 빛 안에서 내 생각들이 길을 잃어버리도록 하소서

나의 근원, 나의 본질, 내 생명의 피,

내 고향이신, 이름 붙일 수 없는 신이시여.

스티븐 미첼이 번역한 시편 19편에서

나에게 있어서, '사랑하는 자 the Beloved'의 형상은 나의 구루이신 마하라지 님 카롤리 바바이다. 내 인생에서 구루가 많은 부분을 차지하고 있다는 것을 알게 된 사람들은, 구루를 갖는 것이 그렇게 필요한 일이냐고 질문하곤 한다. 그것은 당신이 구루를 이해하는 방식에 달려 있다. 당신이 더 깊이 들어갈수록, 당신은 (마지막 장 끝에 있는 명상 지침이 보여주듯이) 신, 구루, 참자아가 진실로 하나라는 것을 이해하기 시작한다.

의식 수준에 따라 대답은 다를 수 있다. 한편으로 보면, 외부의 구루가 필요하지 않다. 진정한 구루는 내적 교류이기 때문이다. 참자아의 측면에서 보면, 당신이 곧 구루이다. 반면, 당신이 자기 자신을 분리된 개체로서 동일시하는 한, 당신에게는 바른 방향을 가리켜 보여줄 개성을 가진 구루를 갖는 것이 도움이 될 수 있다. 이렇게 저마다 필요에 따라 다르다.

박티 요가에서, 당신이 사랑하는 형상은 당신이 깊이 사랑하는 것이라면 무엇이든 될 수 있다. 당신은 헌신의 대상을 신에게서, 구루에게서, 스승에게서, 꽃에게서, 애완동물에게서 찾을 수 있다. 사랑하는 사람은 어디에나 있다. 당신이 가슴을 열고 충분히 깊이 사랑한다면, 어떤 대상이든 헌신의 대상이 될 수 있다. 그 사랑이 당신을 열고 당신의 분리의 경계를 녹여 하나로 융합시키도록, 그저 허용하기만 하라.

조용히 앉아서 들려오는 메시지에 귀를 기울이라, 그러면 당신을 안내해 줄 참된 지침을 받게 될 것이다. 마음이 고요해질수록, 당신은 내면의 메시지를 더 많이 듣고, 그 지침이 당신을 이끌도록 허용할 수 있다.

당신의 구루를 어떻게 알아볼 수 있을까? 구루는 당신을 알아볼 것이다. 당신이 구루를 찾을 필요가 없다. 당신이 준비가 되면, 구루가 나타난다. 당신은 알게 될 것이다. 의심의 여지가 없다. 구루는 당신의 더 지고한 참자아를 비추어 주는 거울이며, 당신으로 하여금 당신 자신 안에 있는 사랑과 순수 존재의 장소를 볼 수 있게 해준다. 구루는 그리스도일 수도 있고, 수많은 존재들 중 어느 누구나 될 수도 있으며, 반드시 물리적 차원에 있어야 할 필요도 없다.

당신의 구루는 당신이 순수한 마음으로 요청하는 정도에 따라, 이런 가르침 저런 가르침을 통해 당신을 인도할 것이다. 어떤 가르침은 다른 교사들이나 상황 혹은 경험의 형태를 취할 수 있다. 그런가 하면, 당신이 내면을 고요히 하고 수행이 깊어짐에 따라 하게 되는 내면의 경험에서 올 수도 있다. 당신이 구루와의 관계를 신뢰하기 시작하면, 당신은 구루의 현존과 의식에 점점 더 조율될 것이다. 당신의 구루에게 당신을 이끌어 달라고 요청하라. 그러면 당신은 삶의 상황들이 저마다 당신을 집으로 데려오기 위한 구루의 가르침이라는 것을 여실히 깨닫기 시작할 것이다.

당신은 당신이 구루를 찾고 있다고 생각할지 모르지만, 그렇지 않다. 사실은 구루가 당신을 찾고 있다. 아직 준비가 덜 된 상태에서는, 당신이 구루를 알아보지 못할 뿐이다.

구루는 교사와 다르다. 교사는 길을 가리켜 보인다. 구루는 길 자체이다. 구루는 저 너머에서 손짓한다. 그/그녀는 일체를 끝낸 사람이다. 반면, 교사나 가르침은 옆에 서서 길을 가리키는 누군가(또는 무언가)이다.

우리가 구루라고 부르는 대부분의 사람들은, 실제로는 아직 덜 익은 교사들이다. 완전히 성숙한 존재를 찾을 가능성은 상당히 희박하다. 대부분의 교사들은 여전히 자신의 카르마를 부둥켜안고 씨름하고 있는 중이다. 아직 해결해야 할 문제가 남아 있다. 교사는 비록 그들 자신이 온전한 진리로서 **현존**하는 것은 아닐지라도 가르침을 줄 수는 있다.

당신의 관점에서, 당신이 순수한 가슴으로 진리를 찾고 있다면, 당신은 교사의 카르마에서 나오는 것들과 그 교사의 메시지의 순수성을 구분해서 볼 수 있다. 그 분별력은 당신이 내면의 구루, 당신의 참자아에 귀를 기울일 때 발전한다. 그때 당신은 교사로부터 진실만을 받아들이고, 그것과 더불어 작업하고, 그것을 사용하여 길을 더 나아갈 수 있게 된다. 나머지는 그들의 카르마이다.

당신의 적조차도 당신이 참자아로 살고 있지 않다는 것을 가리켜 보임으로써 당신을 깨우는 교사가 될 수 있다. 그들은 당신이 그 자리를 벗어나 자유로워지도록 당신을 도와준다. 당신이 우주 만물을 당신의 의식에 작용하기 위한 하나의 길로서 본다면, 심지어 당신이 무의식적이거나 잠을 자고 있다는 것을 보여준다고 할지라도, 우주 만물은 당신의 교사로서 깨어남을 위한 수단이 될 수 있다.

나 자신의 교사들은 온갖 종류의 패키지로 왔다고 할 수 있다. 몇 년 전, 나는 존과 토니 릴리의 초대를 받아 그들의 돌고래인 조와 로지와 함께 수영을 했다. 모두가 돌고래와 함께 수영하고 싶어 했고 나도 그러고 싶었지만, 그 이유는 잘 몰랐다. 수조에 도착했을 때는 춥고 흐린 날씨였다. 나는 웬지 내키지 않았지만, 다른 사람들이 지켜보고 있었고, 결국 이 람 다스 아저씨가 돌고래와 함께 수영을 하게 되었다.

나는 물 속으로 들어갔고, 이 거대한 녀석들이 아주 가까이에서 나를 빤히 쳐다보았다. 꽤나 위협적이었다. 나는 물에 떠 있었고, 그동안 나를 받쳐주고 있었던 현실에서 벗어나 자유로워진 느낌이었다. 잠시 후, 돌고래 중 한 마리인 로지가 내 왼쪽에 맴돌고 있었고, 나는 손을 뻗어 그녀를 만졌다. 내가 만지면 놀라거나 짜증을 내며 헤엄쳐 가버릴 것이라고 생각했는데, 로지는 그러지 않았다.

나는 로지의 등을 쓰다듬기 시작했다. 마치 실크를 만지듯 놀라울 정도로 부드러웠다. 나는 좀 더 쓰다듬었다. 그녀는 더 이상 내가 그럴 것이라고 생각했던 야생 생물이 아니었다. 내가 생각했던 대로라면, 그녀는 내가 쓰다듬는 것을 허락하지 않았을 것이다. 더욱이 나는 쓰다듬는 손길에 상당한 압력을 가하고 있었다. 그 순간 마음이 놓였고, 로지와 함께 있는 것만으로도 엑스터시를 경험하기 시작했다. 잠시 후 그녀는 수영장 바닥으로 돌진해 들어갔지만, 나는 수면 위에 머물렀다. 내가 그녀를 바닥까지 따라가지 않자, 그녀는 나를 데리러 다시 올라왔다. 내가 방심하고 있자, 로지는 몸을 꼿꼿이 세우고, 자신의 배를 내 배에 대고 눌렀다.

내가 배를 돌고래의 배에 대고 있는 것을 보고 있던 사람들은, "아니, 그래도 되는 겁니까?" 하고 놀라워했다. 나는 그녀를 팔로 감싸 안고 그녀의 입 위에 키스하며 "오, 로지!"라고 말했다. 나는 엑스터시 상태에 빠져들고 있었다. 로지는 나를 충만한 깨달음의 순간으로 데려가고 있었다. 그녀는 확실히 나의 교사들 중 한 명이었다.

가르침은 어디에나 있다. 당신의 구루는 당신이 준비되기를 기다리고 있다. 굳이 인도로 갈 필요가 없다. 구루와 가르침은 항상 여러분이 있는 바로 지금 여기에 있기 때문이다.

신성한 관계

헌신은 당신의 영혼과 신 사이의 사랑이다. 마하라지의 가장 가까운 헌신자 중 한 명인 K. K. 샤Sah는 어린 시절부터 마하라지와 함께했다. 마하라지는 그에게 나를 돌보도록 지시했고, 인도에 처음 갔을 때의 여러 날 동안에는 그의 집에서 지냈다. 그는 헌신에 대해 이렇게 적었다.

헌신은 쉽고 자연스러운 것이며, 명상을 어떤 식으로 해야 한다는 엄격한 규칙도 없고, 속성으로 갈 수 있는 방법도 없다. 우리는 헌신을 통해 사랑 자체의 신비를 깨달을 수 있다. 이 길을 가는 열렬한 구도자는 우주를 자신이 '사랑하는 자'의 표현으로 본다.

요구되는 유일한 것은 믿음이다. 조건을 따지지 않는 믿음이다. 논쟁할 것이 아무것도 없다. 사랑과 헌신은 논리를 넘어선 것이다. 그것은 수영을 배우는 것과 같다. 수영을 할 줄 모르면 물에 들어갈 수 없고, 물에 들어가지 않고 수영하는 것은 불가능하다.

사랑하는 이에게 접근할 수 있는 다양한 태도, 다양한 감정이 있다. 당신은 아기 크리슈나에 대한 야쇼다(크리슈나의 어머니)의 감정이나 아기 예수에 대한 마리아의 감정처럼, 신을 당신의 자녀인 것처럼 느낄 수도 있다. 혹은, 신을 친구로 볼 수도 있다. 라마야나에서 하누만이 주主 라마를 섬기듯이, 종이 주인을 섬기듯 할 수도 있다. 그런가 하면, 사랑하는 이를 남편이나 아내로 볼 수도 있다. 크리슈나 신과 노는 고피스나 사랑하는 예수와 결혼한 성녀 테레사처럼, 신의 신부가 되기도 한다. 인도의 고대 요기들인 위대한 성자들과 현자들은 묵상 속에서 평화로운 삶을 살았다.

우리 자신을 열고, 신을 향한 이 사랑에 훨씬 더 수용적이 될 수 있는 많은 방법이 있다. 한 가지 방법은 성도들의 모임인 사트상을 통해 다른 존재들 안에 있는 진실과 사랑의 살아있는 영과 접촉하는 것이다. 그리스도, 라마 혹은 크리슈나의 삶처럼 다양한 형상으로 나타난 성육신을 통해 신에 관한 이야기와 사건들 속에서 기뻐하는 것 또한 이 사랑 안에서 살 수 있는 한 가지 방법이다. 혹은 구루의 발 아래 겸허히 엎드려 섬김으로써, 헌신자는 신에게 자신을 맡기고 에고를 없앨 수 있다. 끊임없이 그분의 이름을 말하고 그분을 찬양하는 것은 마음과 가슴을 그분에게 더욱 집중하게 해준다. 헌신자는 신의 이름을 단순히 반복하는 것만으로도 신의 임재를 느낄 수 있다. 그때 헌신자는 확고한 믿음으로 '그 이름'의 배를 타고 욕망의 바다를 건너게 된다.

마하라지

구루의 방편을 가리켜 구루 크리파 *guru kripa* 라고 하는데, 구루와 구루의 축복, 은총(크리파)에 초점을 맞춘 박티 요가의 특별한 형태이다. 구루가 더 이상 몸 안에 계시지 않은데도, 나는 대부분의 시간 동안 그분과 어울려 지내고 있다. 그분에 대한 생각과 기억이 하루에도 수천 번 떠오른다. 누군가와 함께 앉아 있게 되면, 그들은 나의 구루로 변하게 된다. 몇 번이고 거듭해서. 이 놀라운 사랑의, 의식의, 현존의 존재와 어울리는 것이다. 그것은 사랑과 현존의 자질에 나를 여는 방법이다. 무조건적인 사랑의 자리에 나를 온전히 내려놓는 과정이다.

구루나 영적 교사와의 관계는 사랑이 그 본질이다. 구루는 우리 안의 놀라운 사랑을 일깨운 다음, 그 사랑으로 우리를 이원성의 환상에서 벗어나도록 도와준다.

구루와 첼라(chela, '헌신자') 사이의 관계는 라마나 마하리쉬에 의해 아름답게 묘사되었다. "그것은 꿈 속에서 사자를 보고 잠을 깬 코끼리와 같다. 꿈 속의 사자가 코끼리를 깨우기에 충분하듯이, 은총이 가득 담긴 스승의 시선도 헌신자로 하여금 무지의 잠에서 깨어나 실재에 대한 앎에 눈뜨게 하기에 충분하다." 다시 말하자면, 분리된 실체로서의 구루는 분리의 환상 속에서만, 곧 꿈 속에서만 존재한다. 구루의 방법이 효과가 있고 그것이 당신을 깨우자마자, 그것은 자동적으로 없어지게 된다.

구루와 첼라의 관계는 지적인 앎과는 전혀 관련이 없다. 당신은 자신이 다 내려놓고 내맡기고 있다고 생각할지 모르지만, 그것은 아무 상관이 없다. 실제로는 선택의 여지가 주어지지 않는다. 카르마의 펼쳐짐에 따라, 적절한 순간 구루에게 이끌려지도록 되어 있는 것이다.

처음에 내가 하고 싶었던 것은, 구루와 함께 있으면서 그의 모습을 보고 그의 발을 만지는 것이었다. 얼마 후에는 사랑이 다른 방식으로 자라나, 그와 멀리 떨어져 있어도 그의 존재만으로 충만해졌다. 형상과는 별 상관이 없었다. 그리고 시간이 지남에 따라, 구루를 향한 나의 사랑은 점점 더 깊어졌고, 그의 형상과는 더 이상 아무 상관이 없게 되었다. 더 깊이 들어갈수록, 더 이상 인도에 사는 한 남자에 관한 것이 아니게 되었다. 그것이 구루성性의 에센스였다. 나는 그것을 외적 존재로서의 그와의 관계가 아니라 나 자신 안에서 경험하기 시작했다. 내가 깊어져서 가슴이 열리고 점점 더 많이 내려놓게 됨에 따라, 관계의 모든 역학이 변하고 있었다. 그의 형상은 단지 문설주에 불과한데도, 나는 그 문설주를 숭배하고 있었다. 그것을 알아차렸을 때까지, 나는 그의 형상을 숭배하고 있었던 것이다. 그 문을 통해 내다볼 때마다, 나의 내려놓는 정도에 따라 더 안쪽으로 들어간 것 같다. 그것은 나를 바로 나 자신으로, 형상 너머로 돌아가게 하는 방법이었다.

구루는 형상을 넘어선 우리의 본질을 지속적으로 보여준다. 그 과정에서 우리는 우리 자신의 거울 위에 앉아 있는 먼지들을 보게 된다. 순수한 존재와 무조건적인 사랑의 자리에서 온전히 살지 못하도록 우리가 하나 되는 것을 방해하는 우리들 개성이 가진 불순물과 불완전함을 밝히 알게 된다. 구루는 우리에게 우리 자신의 본모습을 흘깃이라도 엿볼 수 있도록 거울 위의 먼지들을 가끔씩, 잠시 동안이라도 날려버릴 것이다.

마하라지가 예기치 않게 도착했을 때, 언덕 위에 있는 마을의 허름한 집 앞마당에 서 있었던 적이 있다. 나는 밖에 남아 있으라는 말을 들었기 때문에, 다른 사람들이 오는 모습을 볼 수 있었다. 여기저기에서 사람들이 나타났다. 여자들은 손에 묻은 밀가루를 앞치마로 닦고 거의 벌거벗은 아기를 안고 달려왔다. 남자들은 자기들의 상점을 비워둔 채로 왔다. 사람들은 오면서 꽃을 꺾어 다발로 만들어서 들고 오기도 했다. 모두들 큰 존경심과 기쁨으로, 기대감에 가득 차 있었다.

새로 온 사람들 중에는 마하라지께 회의적인 질문을 하는 경우도 적지 않았다. 나는 그들의 가슴이 살며시 열리는 것을 보았고, 숙련된 정원사 같은 스승님의 보살핌으로 그들의 부드러운 꽃 같은 자질이 피어나는 것을 보았다. 마하라지는 저마다에게 알맞은 특별한 방식으로 그 사람의 가슴을 감동시켰다. 그와 함께했던 사람들의 경험은 저마다 달랐다. 그러니 그와 함께 있는 것이 어떠한지 일률적으로는 설명할 길이 없다. 모두가 가슴이 열려서 그와 연결되는 경험을 하게 된다.

마하라지 같은 존재를 어떻게 설명할 수 있겠는가? 그것은 과일의 달콤함이나 장미의 향기를 묘사하려는 것과 같다. 그와 함께 있으면, 마하라지 외에는 아무것도 없었다. 아무런 노력 없이 저절로 공경하는 마음이 드는, 전인적인 예배였다. 크리슈나 다스는 이렇게 기억한다. "우리가 두려움 같은 것을 잔뜩 안고 마하라지에게 가면, 그는 사랑으로 그런 두려움을 죽여 버린다. 마하라지가 당신을 보고 그저 킥킥 웃기만 해도, 당신은 자신의 두려움 따위는 까맣게 잊어버릴 것이다." 그는 우리 모두를 끌어당기는 사랑의 자석 같았다. 그리고 그 사랑이야말로 그의 진정한 가르침이었다.

헌신자들 중에는, 자신의 속마음을 다 아는 연인의 속삭임처럼, 자신이 서 있는 공간 안에서 다른 존재와 함께 있다는 소중한 친밀감을 느끼는 이들이 많다. 조건 없는 사랑이 임재함에 따라 가슴이 열려서 더할 나위 없이 편안하게 느껴지는 것이다. 가슴이 열리는 순간, 마음 가는 대로 자신을 내맡기고, 그 흐름 속에서 신을 경험하게 된다. 마하라지와 함께 있으면 그런 경험을 하게 된다. 사랑하는 이와 함께 있는 사람들도 이런 경험을 할 것이다.

메허 바바 Meher Baba는 『최상의 삶 Life at Its Best』에서 이렇게 썼다. "헌신자들은 이 세상을 살아가면서 꼭 필요한 책임과 의무를 다하면서도, 자신들의 생각, 말, 행동에 있어서 구루를 자신의 영원한 동반자로 삼음으로써, 구루에 대한 사랑이 변함없이 생동감 넘치게 빛나도록 유지해야 한다."

사랑 안에서 하나 되기

당신이 내 숨결 위에 계시니
그대는 나의 삶입니다.

루미

스와미 묵타난다는 구루의 은총 안에서 자신의 구루인 니티아난다
Nityananda에 대한 명상에 빠져들곤 했다. 그는 자신이 니티아난다가
될 때까지 자신이 그의 몸이 되는 것을 마음의 그림으로 그렸다. 그는
자신의 구루에 대한 헌신에 너무 도취되어, 자신이 묵타난다인지 니티
아난다인지 모를 때가 있을 정도였다.

1세기 작품인 솔로몬의 송가에는 그런 헌신의 느낌이 나온다.

내 가슴이 갈라지고, 꽃이 나타나더니
　　은총이 샘솟아 올랐고, 나의 신을 위해 열매를 맺었네.
당신은 나를 갈라놓았고, 내 가슴을 열어놓았으며,
　　나를 사랑으로 채워 주었네.
당신은 당신의 영을 내게 부어 주셨네.
　　나는 나 자신을 아는 것처럼 당신을 알았다네.
……
내 눈은 당신의 영으로 빛나고,

내 콧구멍은 당신의 향기로 가득 차 있네.
내 귀는 당신의 음악에 즐거워하고,
　내 얼굴은 당신의 이슬로 덮여 있네.
당신의 대지, 당신의 동산에 씨를 뿌린
　남자들과 여자들은 복이 있나니
나무들과 꽃들이 자라듯이 자라날 것이기에
　자신들의 어둠을 빛으로 바꾸게 될 것이기에.
그들의 뿌리는 어둠 속으로 파고 들어가고
　그들의 얼굴은 빛을 향해 돌아서네.
……

정원에는 무한한 공간이 있고
　모든 남성, 모든 여성이 다 환영받으리니
　그저 안으로 들어가기만 하면 되리.

하누만, 람의 충성된 종

라마야나 *Rāmayana*는 인류를 인도하고 우리의 믿음을 강화하기 위해 전사 왕자로서 몸을 입은 신에 관한 인도의 대서사시이다.

전설에 따르면 2,000년 전 시인이자 현자인 발미키 Valmiki에 의해 산스크리트어로 처음 기록되었다. 툴시 다스 Tulsi Das의 힌디어 버전은 힌두 가정과 사원 및 연례 축제에서 낭송되고 공연되는데, 북인도의 성경이라 할 수 있다. 라마야나는 실제 역사적 사건으로나 선과 악의 전투에 대한 낭만적인 이야기 등, 여러 수준에서 읽을 수 있다. 또한 등장인물들을 신성한 힘과 세속적인 힘, 영혼과 에고, 다르마의 진실과 욕망의 환상 등을 대표하는 상징적 원형으로 받아들일 수도 있다. 그것은 신성을 향하도록 우리를 자극하는, 살아있는 영의 다층적 작업이다.

원숭이 신 하누만Hanuman은 라마야나의 주인공 중 한 명으로, 왕자로서 인간의 형상을 취한 신인 람Rām의 충성된 종이자 대단한 헌신자이다. 하누만은 지고의 참자아를 섬기는 유인원의 저급한 본성을 대표한다. 하누만은 람 신에게 말한다. "내가 진정 누구인지를 모를 때, 나는 당신을 섬깁니다. 내가 진정 누구인지를 알게 되면, 당신과 나는 하나입니다."

람과 그의 아내 시타, 그의 형제 락슈만은 특별한 상황에 처해

하누만

14년 동안 숲으로 추방되었다. (자세한 내용을 알려면 책을 읽어야한다.) 영혼이자 대지의 어머니이자 샥티(신의 힘)이기도 한 완벽한아내 시타는 마왕 라바나에게 납치된다. 라바나는 에고에 사로잡혀자만심으로 가득 차 있다. 그는 머리가 열 개인데, 각 머리마다 나름대로막대한 능력을 가지고 있다. 람은 지상의 신인데도 불구하고 아내의남편이기도 하기 때문에 심란해진다. (남편으로서 그는 아내를 빼앗긴처지가 되었지만, 신으로서 그런 상실감을 겪은 것은 아니다.)

시타를 찾아 나선 람은, 인간 캐릭터이기도 한 곰들과 원숭이들에게도움을 요청한다. 그를 돕는 원숭이들의 대장이 하누만이다. 시타를찾아 헤매던 원숭이들은 마침내 그녀가 라바나에 의해 인도 남쪽의섬 스리랑카(예전에는 실론이라고 불림)로 끌려갔음을 확인한다.

원숭이들과 곰들은 해안에 도착했지만, 시타를 구하려면 바다를건너야 하는데, 건너가는 방법을 알 수 없었다. 자기들끼리 의논이분분했는데, 저마다 자신이 나설 수 없는 이유들을 가지고 있었다.하지만 누군가는 점프를 해서 바다를 건너가야 했다. 다른 방법은생각할 겨를도 없었다.

마침내 그들은 온순하게 앉아 있는 하누만에게로 향한다. "하누만,당신은 왜 아무 말도 안 해?"

하누만은 원숭이로서 어렸을 때 우연히 한 요기를 장난으로 방해했다가 그로 인해 저주를 받고 있는 중이었다. 그렇지 않았다면 오직신을 섬기기 위해 살고 있는 그는 우주의 모든 권세를 가지고 있었을것이다. 그러나 그는 자신이 그런 힘을 가지고 있다는 것조차 까맣게 몰랐다. (당신이나 내가 우리의 진정한 내면의 힘에 대해 지각하지 못하는 것처럼.) 그의 동료 중 한 명이 말한다. "하누만, 당신에게는 바다를 뛰어넘을 수 있는 힘이 있어."

그가 말한다. "아, 그래? 좋아, 난 물론 바다를 뛰어넘을 수 있지."

그 시점에서, 평범한 원숭이였던 그의 키가 갑자기 쑥쑥 자라더니 거대해진다. 이것은 우리들 각자가 해내야 할 '믿음의 도약'의 상징일 것이다. 우리는 저마다 자신과 우주에 대한 믿음, 만물이 제 갈 길을 가고 있다는 섭리에 대한 믿음을 가져야 하고, 그런 믿음으로 우리 자신을 넘어서야 한다.

하누만은 람의 메신저로서 바다를 건너 시타를 찾아낸다. 그리고 람이 그녀를 한시도 잊지 않고 있다고 안심시킨다. 람의 완벽한 헌신자인 시타는 모든 헌신자를 대표한다. 하누만은 그 헌신자에게 신이 우리를 잊을래야 잊을 수 없다는 믿음을 갖도록 일깨움으로써 신을 섬기고 있는 것이다.

윌리엄 벅 William Buck의 라마야나 버전에는 다음과 같은 대목이 나온다.

하누만의 마음은 이미 바다를 건너 악마의 도시로 들어가 있었다. 그는 단단한 땅을 밟고 몸을 솟구쳐 바다를 건너기 위해 말라야 언덕을 기어 올라갔다. 그는 파워로 자신을 충전하기 시작했다. 그는 매우 커지고 무거워졌고, 언덕을 쿵쿵 밟고 올라가 뱀의 굴을 부수어 버렸다. 화려하게 차려입은 뱀의 신들[Nagas, 반은 뱀이고 반은 인간의 형상을 한 신들]이 상처 입은 몸인데도 쉭쉭거리며 나왔다. 분노에 휩싸인 그들은 혀로 화염을 내뿜으며 땅바닥을 뒹굴고 바위를 물어뜯었다. 그들에게서 뿜어진 독이 언덕을 부수자, 땅 속에서 붉은 금속과 돌이 빛나고 있었다.

하누만은 더 높이 기어 올라갔다. 하늘의 건달[Gandharva, 아스트랄계의 음악가]들과 그들의 압사라[Apsara, 구름과 물의 여자 요정]들이 경이의 미소를 지으며, 옷을 반만 걸친 채로 언덕에서 하늘로 올라가 아래를 내려다보고 있었다. 하누만은 산기슭의 공원을 지나 올라갔다. 그곳에는 건달들이 사용하는 검과 밝은색의 옷이 나무에 걸려 있었고, 황금빛 술잔과 은접시가 바닥에 놓여 있었으며, 그늘진 곳에는 연인들의 연꽃잎 침대가 숨겨져 있었다.

하누만은 정상에 가까워졌다. 그의 발걸음에 따라, 언덕에서 물이 짜내어졌다. 강물이 흘러내리고, 바위가 굴러 떨어지고, 금빛 광맥이 드러나 반짝거렸다. 호랑이들이 도망가고, 새들이 날아갔다. 나무의 정령들이 달아났고, 굴속에서는 겁에 질린 야생 고양이들이 떼 지어 울부짖었다. 마치 산 전체가 합창으로 외치고 있는 것 같았다.

하누만은 언덕 위에 서 있었다. 그는 아랫배로 깊이 숨을 들이마셨다. 그는 꼬리를 흔들고는 끝부분을 조금 들어올렸다가, 무릎을 구부리고 팔을 뒤로 젖혔다. [시타에게 가져가기 위해] 손가락에 끼워져 있는 라마의 금반지가 반짝였다. 그런 다음 단숨에 목을 당기고 귀를 뒤로 젖히고 뛰어올랐다.

대단했다! 엄청난 도약이었다. 하누만의 놀라운 점프 속도로 인해 꽃들이 공중으로 끌어 올려지더니, 바람에 흔들리는 나무 꼭대기에 작은 별처럼 우수수 떨어졌다. 해변의 동물들은 그런 것을 일찍이 본 적이 없었다. 그들은 하누만에게 격려의 환호를 보냈고, 그가 가는 길에는 공기가 불타고 붉은 구름이 하늘 위로 타올랐다. 하누만은 어느새 육지에서 멀리 떨어져 있었다.

그 하얀 원숭이는 마치 혜성처럼 하늘을 밀어내고 구름을 옆으로 밀어냈다. 바람이 그의 겨드랑이에서 으르렁거렸고, 그가 지나갈 때에는 그의 가슴에서부터 바람이 밀려 내려와 바다를 요동치게 했다. 파도가 일어나 태양에까지 닿았다. 하누만이 가는 길 아래에서는 푸른 바닷물이 갈라지고, 고래와 물고기들이 저마다 자기들의 집에서 놀라워했다. 하누만 주변의 공기가 전율을 띠고 빛이 모이더니 부서져, 푸른색과 멜론 그린, 주황색과 빨간색으로 깜박였다.

랑카로 가는 길을 절반쯤 건너면 황금빛 마이나카 산신이 해저에 살고 있었는데, 바다 밑에서 그는 하누만이 오는 것을 보고는 하누만이 지치게 될 것이라고 생각했다….

마이나타가 말했다. "잠시 쉬세요. 먼 옛날 당신의 아버지인 바람 신에게 갚아야 할 빚을 갚게 해주세요."

"용서해 주세요. 저는 쉬지 않고 날아가지 않으면 안 된답니다." 하누만이 말했다.

얼마나 영광스러운 도약인가! 미지의 세계로의 도약, 하누만의 능력을 뛰어넘는 도약, 자신이 생각했던 자기 자신을 뛰어넘는 도약. 당신이 삶으로, 죽음으로, 다음 순간으로, 자유를 향해서 도약하기 위해서는,

당신이 생각하는 당신 자신에 대한 모델을 포기하는 것에서부터 시작해야 한다. 당신은 누구인가? 당신은 이성애자인가? 광대인가? 당신은 웃음 속에서 살아왔는가, 오랫동안 슬픔 속에서 살아왔는가? 삶의 모든 것이 매우 무겁고 중요한가, 아니면 가볍고 유쾌한가? 이번 생은 어떻게 돌아가게 될까? 모든 것이 활짝 열려 있다. 모든 가능성이 활짝 열려 있다.

하누만은 시타를 찾아내어 귀환길에 올라 바다를 건너 다시 뛰어내린다. 람은 그를 칭찬하고 사랑으로 포옹한다. 항상 겸손한 종인 하누만은 "주여, 저를 구해 주십시오 (이기주의의 촉수에서) 저를 구해 주십시오!"라고 응답한다.

람은 말한다. "사람들이 그대에 대해 이러쿵저러쿵 말하는 한, 그대는 땅 위에서 살게 될 것이다. 누구도 그대를 따라갈 수 없다. 그대의 마음은 진실하다. 그대의 팔은 강하다. 그대는 무엇이든 해낼 수 있는 에너지를 가지고 있다. 그대는 나를 충직하게 섬겼고, 나를 위해 해낼 수 없는 일을 해주었다."

하누만은 "아무것도 아닙니다. 저는 주님의 친구일 뿐입니다. 그게 전부입니다."라고 말한다.

하누만은 헌신의 요가인 박티 요가와 이타적인 봉사의 요가인 카르마 요가를 이어주는 연결 고리이다. 신을 향한 사랑의 순수성 때문에 그는 무엇이든 해낼 수 있다. 하누만이 람의 이름을 반복하면, 그는 자신이 진정 누구인지를 기억한다. 그가 람의 이름으로 일을 하면, 그 무엇도 그가 가는 길을 방해할 수 없다. 하누만처럼 봉사하는 것은 당신의 전체 삶을 일종의 공물로 바치는 길이고, 헌신의 행위로 만드는 방법이다. 하누만에게는 모든 행위가 사랑하는 람의 발치에 꽃을 바칠 수 있는 기회이다.

마하라지는 우리에게 하누만을 찬양하는 40구절인 "하누만 찰리사 Hanuman Chalisa"를 배우게 했다. '하누만 찰리사'(이 책의 "헌사" 참조)의 시작 부분은 이 책의 제목에 영감을 주었다. 서양에 찰리사를 전파하는 데 도움을 준 크리슈나 다스는 이렇게 말한다. "찰리사를 부르는 것은, 사랑과 은총의 흐름 속으로 들어가기 위한… 강력한 방법이다. 찰리사를 통해, 우리는 하누만이 구현하는 위대한 아름다움, 힘, 헌신에 경의를 표한다. 우리는 또한 우리 자신 안에 있는 신성의 자리에 경의를 표하기 시작한다. 찰리사는 우리 가슴의 거울을 하누만의 것처럼 깨끗하게 닦아서 우리 안에 있는 위대한 아름다움과 사랑을 우리 자신의 본성으로서 인식할 수 있도록 영감을 준다."

마하라지는 하누만이 람의 숨결이라고 말했다.

제3장

카르마 요가,
세상 속에서 살기

살아 계시는 성령을 처음으로 접속하게 되면, 무조건적인 사랑에 가슴이 한 순간이라도 열리게 되면, 당신의 삶에서 일어나는 모든 일이 '깨어남의 맷돌'이 된다. 당신은 당신의 제한된 자아인 에고 의식에서 깨어나 우리 각자 안에 존재하는 우주적 영인 참자아, 곧 신 의식에 이르게 된다. 이 가슴의 길을 함께 공유한다는 것은 커다란 은혜이다.

나는 나의 여정을 통해 큰 변화를 겪었지만, 모든 사람이 다 그렇게 가는 것은 아니며, 신속한 대전환이 반드시 필요한 것도 아니다. 대개는 내면의 대전환이 오랜 시간에 걸친 미묘한 변화를 통해 일어난다. 어쨌든, 당신의 삶의 외형을 바꾸거나, 파트너를 떠나거나, 직업을 바꾸거나, 다른 곳으로 이사하거나, 머리를 기르거나, 자르거나, 물질적으로 가진 것을 기부하는 등으로 당신이 신께 더 가까이 가게 될 것이라고 생각하는 것은 잘못된 것이다.

겉모습은 변하지 않을 수도 있다. 형상을 채우는 내면의 본성이 중요하다. 당신이 변호사라면 계속해서 변호사 역할을 하면서도, 변호사라는 역할을 신께 나아가는 방법으로 사용하기 시작할 수 있다. 겉모습이나 형상은 영성과는 관계가 없다. 영적 의식을 개발하는 데 필수적인 작업은, 마음을 고요하게 하고 가슴을 여는 것이다.

당신의 카르마가 당신의 다르마이다

깨달음의 게임은 바로 이 순간 당신이 있는 삶의 자리에서 시작된다. 그것은 삶의 어떤 부분을 거부하거나 떠나는 것에 관한 것이 아니다. 깨달음의 게임은 다르마, 우주 법칙, 진실(있는 그대로의 실상) 등에 따라 살아감으로써 당신의 삶을 모든 수준에서 조화롭게 영위하는 일이다.

당신의 카르마는 과거의 행위들에 근거하여 당신의 삶 속에서 일어나도록 되어 있는 것이다. 당신이 당신의 카르마에 기인한 영적 수련을 하고, 그것을 통해 신께 가는 일은, 카르마를 다르마로 변화시키는 일이고, 삶을 영과 조화시키는 일이다. 영적인 관점에서 볼 때, 어떤 일을 하는 의도와 태도는 행위 자체보다 중요하다. 삶의 모든 것을 모든 수준에서 조화롭게 할 때, 당신은 다르마에 따라 ('신의 뜻에 따라') 행위하고 있는 것이다.

어떤 요가이든, 요가는 신과 하나 되기 위한 길이다. 카르마 요가는 삶의 모든 활동(일, 관계, 봉사)을 신과의 하나됨을 성취하기 위해 사용한다. 세상에서 당신의 일을 어떻게 하느냐에 따라, 당신의 일이 당신의 영적 각성을 위한 수단인지, 아니면 마야에 사로잡혀 분리의 환상을 더 증가시키는 수단인지가 결정된다. 카르마 요가는 이타적인 행위와 봉사를 통하여 삶을 '하나'와 조화시키는 길이다.

바가바드 기타에서, 크리슈나는 아르주나에게 자신이 하고 있는 일을 하되 아리주나 자신과 크리슈나, 그리고 신께 그 행동의 결과를 바치라고 말한다. 일상생활과 그 속에서 행하는 일들을 의식적인 영적 길로 사용한다는 것은, 행위의 결과와 방법에 대한 집착을 포기하는 것을 의미한다. 보상이나 결과를 위해 일하는 대신, 신을 향한 사랑에서 신께 바치기 위해 일을 하는 것이다. 신을 향한 사랑을 통해 당신의 일은 헌신의 표현이 된다.

다른 사람들에 대한 사랑의 봉사는 당신의 일을 신께 바치는 길이기도 하다. 라마야나에서, 하누만은 람에 대한 봉사를 통해 자신의 헌신을 표현한다. 하누만은 박티(헌신)와 카르마 요가(봉사)의 조화로운 결합을 보여준다. 하누만은, 칼릴 지브란이 표현한 것처럼, "일은 눈에 보이는 사랑"이라는 것을 보여주는 산 증인이다. 하누만과 마찬가지로, 당신은 신을 공경하는 한 방법으로 다른 사람들을 섬길 수 있다. 다른 사람들을 섬김으로써, 당신은 신께 공물을 바치고 있는 것이다. 당신의 모든 행위는 이타적인 서비스(산스크리트어로 *seva*)로 제공된다. 같은 맥락에서, 그리스도는 섬김에 대해 말한다. "너의 형제 자매들에게 행하는 것이 곧 나에게 행하는 것이다."

'세바'에는 에고가 들어설 자리가 없다. 모두 영혼이 하는 일이고, 영혼으로 하는 것은 어떤 행위이든 세바일 수 있다. 요리, 일, 정원 가꾸기 등, 당신이 하는 모든 일은 당신이 신께 바칠 수 있는 행위이다. 당신의 일과 모든 행동을 신께 바치는 것은, 일상생활을 에고의 영역에서 벗어나 더 높은 자아로 향하도록 인도한다. 카르마 요가는, 하는 일에 너무 중독되어 있는 서양인들에게 특히 더 바람직한 수행이다. 행위자를 내려놓으면, 짐이 가벼워진다. 더 이상 당신의 짐도 아니게 된다. "나의 뜻이 아니라 당신의 뜻입니다."라고 고백할 수 있게 되는 것이다.

> 나는 잠이 들었고, 인생이 기쁨이라는 꿈을 꾸었다.
> 나는 깨어났고, 삶이 섬김이라는 것을 알았다.
> 나는 행동했고, 보라, 섬김은 기쁨이었다.

라빈드라나트 타고르

도움이 필요한 사람을 찾아서, 필요한 그 일을 도와주라. 사심없이 그 일을 하라. 간디는 "당신이 하는 행위가 아주 사소해 보일 수 있지만, 당신이 하고 있다는 것이 중요하다."고 말했다.

카르마 요가는 '바른 행위의 길'이라고도 할 수 있다. 성취와 목표 지향적인 서양 문화에서는 '바른 행위'라는 개념을 우선적으로 받아들이기가 어렵다. 인도에서는, 사람들이 다르마를 행하는 것에 대해 매우 깊은 인식을 가지고 있다. 그런 관점에서, 우주 법칙과 조화를 이루도록 자신을 조율하는 것은 매우 자연스러운 일이다. 당신의 삶은 당신의 역할극이다. 당신은 당신 자신이 행하는 쇼의 스타로서 살고 있기보다는, 신이 연출하는 연극의 배우로서 연기를 하고 있는 것이다.

행위의 결과에 집착하지 말라는 바가바드 기타의 가르침이 핵심이다. 아이를 키우는 부모라면, 아이를 키우는 행위에 집착하지 말아야 한다. 그렇다고 해서 사랑이 많은 적극적인 부모가 되지 말라는 의미가 아니다. 당신의 임무는 자녀를 사랑하고, 양육하고, 먹이고, 입히고, 돌보고, 보호하고, 윤리적 나침반으로 자녀를 인도하는 것이다. 그러나 그 아이가 어떻게 되는가는 그 아이의 몫이다. 궁극적으로 그/그녀는 당신의 자녀가 아니다. 그들이 어떤 사람이 되느냐는 신께 달려 있고, 자신의 카르마에 달려 있다.

당신의 애착, 아이가 어떻게 자라게 될지에 대한 당신의 집착은 당신의 양육 방식의 모든 측면에 영향을 끼친다. 우리의 불안 중 많은 부분은 아이가 어떻게 커야 하는지에 대한 기대, 즉 똑똑하고, 성공하고, 창의적인 아이로 자라줄 것에 대한 애착 때문에 생긴다. 아이에게 원하는 것이 무엇이든, 거기에 집착하기 때문에 문제가 생긴다. 물론, 당신은 당신이 할 수 있는 한 흠 잡을 데 없이 아이를 양육하고자 한다. '부모'는 당신의 역할이다. 그것이 당신의 다르마이기 때문이다. 그리고 삶에서 당신의 역할에 몰두하게 되는 것은 자연스러운 일이다. 그러나 당신은 **역할**을 수행하는 **영혼**임을 기억하는 것도 중요하다. 당신의 자녀가 진정 누구인지와 당신이 진정 누구인지는 역할에 관한 것이 아니다.

당신은 의식이 있는 존재로서, 당신의 영혼 안에서 살기 위해, 그리고 다른 사람들 또한 저마다 자신들의 영혼 안에서 살아갈 수 있는 공간을 창조하기 위해, 할 수 있는 모든 것을 한다. 그러나 당신은 존재하고 있는 카르마를 바꾸려고 시도하지 않고, 그렇게 한다. 당신은 당신의 카르마를 바꿀 필요가 없다. 바꾸어야 할 것은 그것에 대한 당신의 집착이다. 집착은 당신을 제한된 현실에 가둔다. 사랑하는 사람이 지금과 달라지기를 바라는 애착은, 그들을 그 상태 그대로 머물게 할 뿐이다. 그냥 있는 그대로 허용하고 사랑하라. 그러면 그들은 변화될 수 있다. 그러나 그것은 당신에게 달려 있지 않다. 새뮤얼 존슨은 "인간 본성에 대한 앎이 거의 없으면서도 자신의 성질을 바꾸려고 하지 않고 다른 것들을 바꾸려고 하면서 행복을 추구하는 사람은, 헛된 노력으로 인생을 낭비할 것이다."라고 말했다.

당신의 삶에 등장하는 모든 사람들 각각에 대해 사랑을 발산할 수 있을 때까지는, 당신 자신에 대한 작업을 계속해야 한다. 당신이 사랑을 발산하고 있노라면, 사람들은 저마다 자신이 준비가 되었을 때 포기해야 할 것을 기꺼이 포기하게 된다. 당신은 숙련된 정원사처럼, 사람들이 성장할 준비가 되었을 때 성장할 수 있는 공간을 마련해 준다. 당신은 부모로서 아이가 자랄 수 있도록 정원을 가꿀 수는 있지만, 당신이 꽃을 자라게 하는 것은 아니다. 땅을 경작하고, 비옥하게 하고, 잡초를 제거하고, 수분을 촉촉하게 유지해 주면, 꽃은 저절로 피어난다.

나만의 멜로드라마 지켜보기

카르마 요가의 본질은 삶에서 일어나는 사건들에 대한 집착에서
벗어나, 더욱 더 자기 자신을 갇히게 만드는 카르마를 더 이상 만들지
않고, 기존 카르마에서 벗어나는 것이다. 끌어당김을 통해서든 밀쳐냄
을 통해서든, 당신의 인식이 무엇인가를 붙잡는 순간, 욕망이나 혐오에
뒤따르는 행위(또는 생각이나 감정)와 자각 사이의 연결로 인해, 당신은
카르마를 창조하게 된다. 끌림이나 밀쳐냄과 동일시되지 않은 채 단지
알아차림에 따라 일어나는 행위는, 카르마를 창조하지 않는다. 카르마
는 집착의 행위에 따르는 잔류 효과이다. 집착이 없으면, 카르마가
없다.

> 좋고 싫음만 여의면
> 도道에 이르기가 어렵지 않나니
> 사랑이나 미움에 집착하지만 않으면
> 모든 것이 아무런 꾸밈 없이 저절로 명백해지리라.
> 그러나 털끝만큼이라도 나누는 마음이 있다면
> 하늘과 땅 차이로 벌어지리.
> 진실을 알고 싶은가?
> 어떤 것에 대해서도 옳다거나 그르다는 의견을 내지 말라.
> 옳고 그른 것을 대립시키는 것이 마음의 병이다.
> 사물의 본성을 알지 못한 채 마음의 평화를 구하는 것은
> 공연한 헛수고일 뿐이다.

......
고요해지려고 애쓰면
그러한 애씀 자체가 오히려 장애가 된다.

이원적인 상태에 머물지 말고
나누고 분별하는 습관을 조심하라.
이것이냐 저것이냐, 옳으냐 그르냐,
따지고 분별하면 본마음을 잃고 어지러워진다.
모든 이원성은 하나로부터 생기지만,
이 하나에도 집착하지 말라.

마음이 흐트러지지 않고 도에 거하면
세상에 거스를 일이 없고,
거스를 일이 없으면
만법에 허물이 없다.

승찬僧璨, 『신심명信心銘』 중에서

집착에서 벗어나는 한 가지 방법은, 자신의 삶에 대해 중립적인 관찰자가 되기 위해 목격자 의식을 배양하는 것이다. 당신의 내면에 있는 목격의 장소는 단순한 인식, 즉 모든 것을 인식하는 당신의 일부이다. 다만 알아차리고, 지켜보고, 판단하지 않고, 단지 지금 여기에 있으라.

'지켜보는 자'는 실제로 의식의 또 다른 차원이다. 목격자는 깨어 있는 당신의 일부로서, 인식의 또 다른 층으로서, 평상적인 의식과 함께 공존한다. 인간은 동시에 두 가지 의식 상태에 있을 수 있는 독특한 능력을 가지고 있다. 자신을 지켜보는 것은 손전등의 광선을 자신에게 다시 비추는 것과 같다. 어떤 경험이든 그 안에는 감각적이거나 감정적이거나 개념적인 생각의 집적이 있으며, 거기에 대한 당신의 인식이 있게 마련이다. 바로 그것이 지켜봄이고 자각이며, 당신은 당신이라는 존재의 정원에서 그 자각을 키울 수 있다.

지켜봄은 자신의 생각, 느낌, 감정에 대한 인식이다. 지켜본다는 것은 아침에 일어나서 거울을 보고 자신을 알아차리는 것과 같다. 즉 판단하거나 비판하지 않고 깨어 있는 것의 질을 중립적으로 관찰하는 것이다. 뒤로 물러나 있는 그 과정은, 당신을 당신의 경험과 생각, 감각적 입력에 먹혀들지 않고 자기 인식을 하게 한다.

그 자기 인식과 함께, 단지 여기에 살아 있는 기쁨, 이 순간에 존재하는 것을 즐기는 미묘한 기쁨이 오게 된다. 결국 그 주관적 자각 안에서 떠다니면, 지각의 대상이 사라지고 순수한 의식, 기쁨, 연민, '하나'인 영적 참자아, 곧 아트만으로 들어가게 된다.

지켜봄은 우리로 하여금 중심으로 돌아가게 하는 장치이다. 그것은 우리가 우리 자신에게 하는 작업을 인도해 준다. 우리 안에 집착하지 않는 부분이 있다는 것을 이해하면, 우리는 집착에서 벗어날 수 있다. 우주에서 우리가 주목하는 거의 모든 것은, 우리의 집착을 반영한 것이다.

예수는 말씀하셨다. "여러분은 땅 위에 재물을 쌓아 두지 마십시오.

이 땅에서는 좀이 먹어 없어지거나, 도둑을 맞기 쉽습니다. 그러므로 여러분의 재물을 하늘에 쌓아 두십시오…. 여러분의 재물이 있는 그곳에 여러분의 마음도 있습니다"(마태복음 6:19-21).

욕망은 당신의 우주를 창조한다. 세상이 작동하는 방식이 바로 그것이다. 그러니 당신이 가장 먼저 할 일은, 자기 자신에 대한 작업이다. 당신이 다른 사람을 위해 할 수 있는 가장 위대한 일은, 당신 자신의 집을 잘 정리하고 당신의 진정한 영적 가슴을 찾는 것이다.

몇 년 동안 명상을 한 후, 나는 나 자신의 행동 패턴을 보기 시작했다. 마음이 가라앉으면, 우리는 우리 자신의 저항이나 집착의 본질을 더 명확하게 보기 시작한다. 정신적 투쟁, 내면의 대화, 자기-내레이션, 삶의 변화를 미루거나 저항하는 방식을 알아차린다. 하지만 패턴을 바꾸려고 하지는 말아야 한다. 그냥 알아차리면 된다. 지켜보는 자가 되는 습관을 들이면, 상황이 바뀐다. 상황을 바꾸려고 애쓸 필요가 없다. 당신이 지금 여기에 있을 때, 사랑의 자각 속에서 만사가 다 바뀌게 된다.

목격자 의식을 계발함으로써 당신은 자신의 정체성을 에고에서 영혼으로 옮기게 된다. 당신의 영혼은 당신의 영적인 가슴에 있다. 영혼은 몸을 입고 태어나고 죽고 태어나고 죽는 윤회를 목격한다. 당신이 지켜보는 자로서 살아가면, 당신의 영혼은 당신의 감정, 당신의 욕망, 당신의 경험을 목격하게 될 것이다. 그런 욕망이나 태도, 어떤 다른 것들과도 자기 자신을 동일시하지 않게 된다. 그때 당신은 당신이 벌이는 인생 쇼를 단지 지켜보기만 하게 된다. 에고와 다른 생각들에서 벗어나 편히 앉아서, 영혼이 몸을 입고 벌이는 당신의 인생 쇼를 한 편의 영화를 구경하듯이 구경하라. 등장인물들의 면면을 즐기고, 멜로드라마를 사랑하라. 그러면 돌아가는 이치가 저절로 환해진다. 나는 나의 가슴 안에서 구루와 함께 편안히 앉아 있는 것을 좋아한다. 그는 사랑스럽고 연민이 많고 평화롭고 지혜로운 영혼의 친구이다. 당신도 영혼의 친구를 가질 수 있다. 당신을 늘 신계로 향하게 해줄 구루나 좋은 영적 친구를 가질 수 있다.

'지켜보는 자'를 당신의 내적 구루로 삼아라. 당신의 마음의 작용을 조용히 밝혀주는 내면의 구루로 여겨라. 그러면 당신의 내면의 고요한 자리에는, 주변을 어슬렁거리며 당신을 향해 "오, 당신, 방금 긴장했어."라고 말해 주는 의식적인 존재가 있게 된다. 이 존재는 "당신은 정말 실패자야, 이 바보야. 너 또 긴장하고 있어."라는 식으로 판단하는 것이 아니라, 그저 "좋아, 당신 또 긴장하고 있군 그래. 정말 흥미로운 일이야!"라고 말해 준다.

당신의 문제들을 처리하는 가장 빠른 방법은, 내면의 그 장소를 통해 듣는 법을 배우는 것이다. 내면의 구루는 당신이 알아차리기만 하면 항상 당신을 위해 거기에 있다. 당신은 당신 자신의 길을 존중해야 하고, 무엇이 최선인지를 알 수 있는 자리가 당신 안에 이미 있다는 것을 믿을 수 있어야 한다. 길을 알기 위해 다른 누군가를 찾아 헤매는 경향이 있지만, 당신 자신에게 무엇이 적합한 길인지를 아는 것은 당신뿐이다. 당신의 직관적인 가슴을 믿고 신뢰하라. 퀘이커 교도들은 그것을 '내면의 고요하고 작은 소리'라고 부른다. 그 소리를 들어라.

가슴의 직감에 귀를 기울일 때, 그 일이 옳다고 느껴지면, 그것을 행하라.

지켜봄은 당신의 영적 가슴, 당신의 영혼의 자각 속에서 살기 위한 출입문이다. 내면의 지켜보는 자에게 더 귀를 기울일수록, 다른 사람들의 판단과 기대에 따라 사는 짓을 더 잘 멈출 수 있게 된다. 당신은 당신이 해야 할 일을 시작한다. 인생에서 무엇을 해야 할지 결정할 때에는, 가슴의 소리에 귀를 기울이라. 영적인 가슴 안에서 더 많이 살수록, 자신과 다른 사람들을 영적인 관점으로 보게 된다. 만사를 한 영혼으로서 보면, 모든 것이 변화된다. 프로그램은 당신이 생각하는 것과는 많이 다르기 십상이다. 나는 내가 요기가 될 줄은 꿈에도 몰랐다.

우리들 각자에게는 고유한 카르마적 곤경이 있게 마련이고, 저마다 해야 할 독특한 일들이 있다. 문제는, 우리가 카르마를 자기 자신과 동일시하더라도, 카르마 자체가 변하고 있기 때문에, "이것이 나다."라고 할 수 있는 나는 어디에도 없다는 것이다. 우리가 지켜보는 자로서 더 많이 깨어 있을수록, 그래서 영적인 가슴과 우리 자신을 더 많이 동일시할수록, 카르마는 그저 거기에 **있을** 뿐이다. 당신이 깨어남에 따라, 당신은 개인적인 카르마가 또 다른 환상에 불과하다는 것을 깨닫는다. 이것이 유일한 현실이라고 믿는 것은 환상일 뿐이다. 지켜봄은 현실을 인식하는 다양한 방법과 선택이 있다는 것을 깨닫도록 도와준다.

가족을 위해 모닝 티를 따르거나 커피 메이커에 물을 붓고 있더라도, 당신은 단지 그러고 있을 뿐인가, 아니면 신이 신을 섬기기 위해 신을 신 안에 부어 주고 있는 것인가? 도나 법과 가장 일치된다고 느끼는 그것을 늘 선택하도록 하라.

모두가 가족

70년대 후반에 우리는 「러브, 서브, 리멤버 Love, Serve, Remember」라는 레코드 세트를 내놓았다. 6장의 레코드에 글과 사진, 그림이 있는 아름다운 소책자가 들어 있는 정말 멋진 박스였다. 변호사이자 대표이사인 아버지가 이를 보고 "이거 꽤 잘 만들었군. 얼마에 팔아?"라고 물었다. 나는 아버지에게 실제 생산 비용보다 조금 더 비싼 가격에 팔고 있다고 말했다. 아버지는 "훨씬 더 비싼 가격에 팔아도 될 것 같아. 그만한 가치가 있어. 그러면 훨씬 더 큰 돈을 벌 수 있을 텐데…"

나는 아버지에게, 헨리 삼촌의 법적인 문제를 대리해 주셨을 때 얼마를 청구하셨느냐고 여쭈었다. "음, 물론 나는 그에게 한푼도 청구하지 않았어. 헨리는 네 삼촌이야. 그는 가족이거든." 나는 바로 그것이 나의 딜레마이기도 하다고 말했다. 나는 모든 사람을 헨리 삼촌으로 여기고 있기 때문이다. 내가 보기에는, 우리 모두가 한가족이다. 모든 사람을 내 가족으로 보고 모두가 하나가 되어 살 수 있는지의 여부는, 내가 얼마나 분리된 의식 속에서 살고 있는지, 다른 사람을 '우리'로 보느냐 '그들'로 보느냐에 달려 있다. 물론 타인을 어떻게 보는가는 자신이 자신을 어떻게 보는가에서 시작된다. 당신이 자신을 누구라고 생각하는지는, 관점의 문제이다.

나는 나스루딘이라는 평판이 좋지 않은 수피에 대한 이야기를 좋아한다. 그는 사업 자금을 빌릴 목적으로 은행을 찾아간다. 은행원은 그에게 신원을 확인할 수 있느냐고 묻는다. 그는 거울을 꺼내 들더니, "그래요, 바로 이게 나예요."라고 말한다.

당신의 멜로드라마를 너무 심각하게 받아들이지 말 일이다. 우리는 자신이 진정 누구인지를 기억해야 한다. 우리 모두는 에고가 아니라 영혼이다. 에고는 '당신이 당신이라고 생각하는 사람'이다. 당신이 생각하는 사람은 육화된 존재이기 때문에 몸과 함께 죽을 것이다. 그러나 깊은 지혜와 사랑, 평화와 기쁨의 특성을 지닌 당신의 영혼은 모든 것이 지나가는 것을 지켜보며, 바로 여기에 있다.

다시 말하지만, 카르마 요가는 외부 행위를 포기하는 것이 아니라 외부 행위에 대한 집착을 포기하는 것이다. 우리가 진실로 이야기하고자 하는 것은, 당신이 생각하는 당신 자신의 멜로드라마에서 중심 인물이 되는 것을 포기하는 것에 대한 것이다. 끝없이 이어지는 에고의 자기-내레이션으로 인해, 당신은 자신의 개인적인 멜로드라마를 계속 이어가게 된다.

에고는 좋은 것도 나쁜 것도 아니다. 에고에는 기능이 한 가지 있다. 그것은 당신으로 하여금 외부 세계와 관계를 맺게 하는 탈것이다. 그러나 에고는 생각의 집합체로서, 당신이 생각과 자기 자신을 동일시할수록 당신은 지금 여기에 있지 못하게 된다. 생각과의 동일시를 놓아버리면, 멜로드라마는 계속되지만, 그것은 더 이상 **당신의** 멜로드라마가 아니게 된다. 경험에 감사하되, 거기에 얽매이지는 말라.

영적 성장의 기술은, 집착을 얼마나 빨리 알아차리고 그것을 얼마나 빨리 내려놓을 수 있는지와 관련된다. 당신이 집착 때문에 분명하게 보거나 듣지 못한다는 것을 인정할 수 있다면, 인생이 가져다주는 지혜의 선물이 빛나기 시작할 것이다. 사람이나 일이 이렇게 저렇게 되어야만 한다는 욕구가 조금이라도 있는 한, 당신은 있는 그대로의 실상을 알아차릴 수가 없다.

한 승려의 이야기는 집착 없는 삶을 잘 보여준다. 동네 처녀가 생선 가게 청년과 눈이 맞아서 아이를 갖게 되었다. 처녀의 배가 불러오자 부모는 격노하면서 아버지가 누구인지를 캐물었다. 처녀는 아이 아버지가 훌륭하신 스님이라고 하면 용서를 받을 줄로 생각하고는, 아이의 아버지가 언덕 위의 절에서 사는 스님이라고 말했다. 마침내 아기가 태어나자, 아버지는 마을 사람들과 함께 절로 몰려가서 문을 두드렸다. 스님이 문을 열자, 그들이 말했다. "이 아기는 당신의 아기이니, 당신이 키우시오." 그러자 스님은 아무런 표정의 변화도 없이 말했다. "아, 그렇게 하지요."

마을 사람들은 스님을 손가락질하고 욕했지만, 스님은 아무런 변명도 하지 않고, 젖동냥을 해가면서 아기를 키웠다. 그렇게 일 년이 지났다. 처녀는 더 이상 참고 보고 있을 수가 없어서 부모에게 이실직고했다. 아기의 진짜 아버지는 생선가게 청년이라고. 처녀와 부모는 스님에게로 달려가 용서를 빌며, 아기를 돌려 달라고 간청했다. 스님은 "아, 그런가요?"라고 말하며, 순순히 아기를 내주었다.

관계와 감정

영혼의 관점에서 보면, 우리들 각자는 저마다 자신의 카르마를 살아가고 있다. 우리가 함께 관계를 맺고 교류하는 상호 작용은 모두가 다, '깨어남의 방앗간'을 위한 곡식들이다. 개성의 관점에서 보면, 분별력을 키우는 일이지만, 영혼의 관점에서 보면, 진실을 알고 인정하는 능력을 키우는 일이다. 분별에서 진실에 대한 앎과 감사로의 전환—당신 자신이 누구인지를 알고, 당신 자신의 카르마적 곤경과 다른 사람들이 저마다 자신들의 카르마에 따라 살아간다는 것에 대한 깊은 이해—은 모든 것을 사랑의 소산으로 인식하고 받아들이게 한다. 자유로워진다는 것은, 가슴을 열고 당신이 있는 그대로 충분한 존재임을 받아들이는 것이다. 당신이 '하나임'의 장소에서 쉬고 있을 때에만, 당신은 다른 사람들과 우주의 놀라운 다양성을 진정으로 존중하면서, 그들의 가치를 제대로 알고 감사할 수 있다.

내가 결혼식에 참여할 때마다 상기시키는 이미지는, 두 파트너와 이들 두 사람을 둘러싸고 하나 되게 하는 '사랑의 힘'이 형성하는 삼각형이다. 관계의 요가는, 두 사람이 사랑을 공유하면서도 두 사람으로서 여전히 계속해서 춤을 춘다는 것을 함께 발견하는 여정이다. 그 하나됨 안에서, 두 사람은 분리되어 있지만 분리된 상태가 아니다. 그들의 관계는 그들의 고유한 개성과 의식의 하나됨을 모두 공급한다. 사랑은 모든 것을 내려놓고 '하나임' 안으로 들어가는 길을 열어준다. 진정한 아름다움은 '나'와 '너'가 없을 때 오히려 더욱 커지고, 그때에는

'우리'만이 남게 된다.

더 깊은 차원으로 나아가 공감대의 통로가 활짝 열리면, 우리는 다른 사람들을 '그들'로 보지 않는다. 당신은 다른 사람과 하나가 되어 듣고 경험하면서, 그들의 고통이나 기쁨, 희망이나 두려움을 당신 안에서 느끼게 된다. 그러면 더 이상 '우리'와 '그들'이 아니라, 그냥 '우리'가 된다. 다른 사람들과의 관계 속에서 이것을 연습해 보자.

때가 무르익으면, 당신은 자신이 자신의 마음이 투사하는 대로만 본다는 것을 깨닫는다. 눈에 보이는 현상의 유희는 영의 투사이다. 그러한 투사가 당신의 카르마이고, 이번 생에 당신에게 주어진 커리큘럼이다. 당신에게 일어나고 있는 모든 일은 카르마에 의해 당신이 끌어안고 있는 것들과 당신의 집착을 불태우기 위해 고안된 가르침이다. 당신의 인간성과 욕망은 결코 잘못된 것이 아니다. 그것들은 여정의 필수적인 부분이다.

자비로운 행위의 자리에 도달하기 위한 한 가지 방법은, 다른 사람들을 존중하고 인내하는 것이다. 좋아하지 않는 사람들을 바라보면서, 당신의 영적 가슴을 열고 연민을 발전시키기 위해 하늘이 보낸 선물로 여기자. 당신이 고요해질수록, 당신은 연민의 진정한 본질에 대해 더 많이 듣게 된다. 직관적인 연민의 가슴은 우리의 '하나임'을 여는 문이다.

합기도 사범인 테리 돕슨Terry Dobson의 이야기는 연민과 이해로 갈등을 포용하여 조화를 이루는 방법을 보여주는 사례로, 내가 가장 좋아하는 이야기 중 하나이다.

나른한 봄날 오후, 열차는 덜거덕거리며 도쿄 근교를 질주했다. 우리 차는 거의 텅 비어 있었다. 몇몇 주부들이 아이들을 데리고 가고 있었고, 몇몇 노인들은 쇼핑을 하러 가는 모양이었다. 나는 단조로운 집들과 먼지투성이 울타리들을 멍하니 바라보았다.

한 역에 당도하자 문이 열리면서 한 남자가 들어오더니, 갑자기 난폭하고 이해할 수 없는 욕을 내뱉기 시작했다. 오후의 적막이 산산조각났다. 그 남자는 비틀거리며 우리 쪽으로 다가왔다. 허름한 노동자의 옷차림에 몸집이 크고 술에 취해 있었다. 그는 소리를 지르며, 아기를 안고 있는 여자를 붙잡고 흔들었다. 그 일격으로 그녀는 빙글빙글 돌면서 노인 부부의 무릎으로 떨어졌다. 아기가 무사한 것이 기적이었다. 겁에 질린 부부는 벌떡 일어나 차량 끝을 향해 급히 달려갔다. 노동자는 뒤로 물러나는 노파의 등을 걷어찼지만, 그녀가 달려가는 바람에 빗나갔다. 화가 난 주정뱅이는 차량 중앙에 있는 금속 기둥을 잡고 비틀어 빼내려고 했다. 그의 손 하나가 잘려서 피가 흘러나오고 있었다. 기차는 달리고 있었고, 승객들은 공포에 질려 얼어붙었다. 나는 자리에서 일어섰다.

20년 전의 나는 젊었고, 꽤 건장했다. 나는 지난 3년 동안 매일 8시간 동안 합기도 수련을 해왔다. 나는 던지고 잡는 것을 좋아했고, 스스로 꽤나 거친 녀석이라고 생각했다. 문제는, 내 무술 실력이 실제 전투에서는 검증된 적이 없다는 것이었다. 합기도 수련생으로서는, 싸워서는 안 되었다. 스승님이 거듭 거듭 말씀하셨듯이, 합기도는 화해의 기술이다. 싸울 마음이 있는 사람은 우주와의 연결이 끊긴 상태에 있는 것이다. 사람을 힘으로 지배하려 하면, 이미 패배한 것이다. 우리는 갈등을 시작하는 방법이 아니라 갈등을 해결하는 방법을 연구

한다.

나는 스승님의 말씀을 귀담아 들었고, 말씀대로 살려고 애썼다. 역 주변을 어슬렁거리는 깡패들을 피해 일부러 길을 돌아가기까지 했다. 나는 꾹 참으려고 애썼다. 하지만, 가슴에서는 무고한 사람들을 구할 수 있는 절대적으로 정당한 기회라고 외치고 있었다. '그래, 인내에도 한계가 있어. 이게 다야.' 나는 자리에서 일어서면서 혼자 중얼거렸다. '사람들이 위험에 처해 있어. 빨리 움직이지 않으면 누군가가 다칠지도 몰라.'

내가 일어선 것을 보고 주정뱅이는 분노를 쏟을 기회가 왔다고 여기는 모양이었다. "어? 이 자식이?" 그는 포효했다. "서양 놈이 어딜 감히! 일본식 매너가 무엇인지 가르쳐 줘야겠군."

나는 머리 위의 손잡이를 가볍게 붙잡고, 그에게 경멸과 혐오감의 표정을 천천히 보여주었다. 나는 이 쓸모없는 자식을 날려버릴 작정이었지만, 그가 먼저 움직여야 했다. 나는 그를 화나게 하고 싶어서 입술을 오므리고 그에게 무례한 키스를 날렸다.

"좋았어." 그가 소리쳤다. "내가 한 수 가르쳐 주지." 그는 나에게 돌진하기 위해 몸을 웅크렸다.

그때였다. 그가 움직이기 직전에 누군가가 "야!"라고 외쳤다. 귀가 찢어질 정도였다. 친구와 함께 무언가를 부지런히 찾고 있는데, 그 친구가 갑자기 문제의 그것을 찾아내고는 "여기 봐!"라고 외치는 소리를 들은 것처럼, 이상하게도 마음이 가벼워지는 느낌이었다. 나는 왼쪽으로 몸을 돌렸고, 술 취한 사람은 오른쪽으로 몸을 돌렸다.

우리 둘 다 작은 일본인 노인을 내려다보았다. 기모노 차림으로 거기에 앉아 있는 이 작달막한 신사는 70대를 훌쩍 넘겨 보였다.

그는 나에게는 눈길도 주지 않고, 그 노동자에게 반갑다는 듯이 미소를 지어 보였다. 뭔가 중요한 비밀을 말해 줄 것이 있다는 듯한 표정이었다. "이리 와 봐." 노인이 술 취한 사람에게 손짓하며 말했다. "이리 와서 나랑 얘기 좀 하자구." 노인이 가볍게 손을 흔들어 보였다. 덩치 큰 남자는 줄에 꿴 것처럼 그 말을 따랐다. 그는 노신사 앞에 버티고 서서 으르렁거렸다. "도대체 내가 왜 당신과 이야기해야 합니까?"

술 취한 사람은 이제 나에게 등을 돌린 상태였다. 그의 팔꿈치가 1밀리미터만 움직인다면, 나는 그를 죽사발로 만들 참이었다. 노인은 계속해서 노동자를 향해 환하게 웃었다. "무슨 술을 마셨어?" 노인이 호기심 어린 눈을 반짝이며 물었다. "사케를 마셨소." 노동자가 고함을 질렀다. 침이 노인에게 튀었다. "아, 정말 멋지군." 노인이 말했다. "정말 멋져. 나도 사케를 좋아하지. 내 아내는 일흔여섯인데, 우리는 사케 한 병을 데워서 정원으로 나가곤 해. 낡은 나무 벤치에 앉아 해가 지는 것을 바라보지. 감나무가 어떤지 살펴보기도 하고. 증조할아버지가 그 나무를 심었는데 지난 겨울에 심한 폭풍을 맞아 상태가 좋지 않아. 그래도 토양의 질이 좋지 않다는 점을 고려하면, 예상보다는 꿋꿋하게 버티는 것 같아. 비가 와도 우리는 술을 들고 저녁을 즐기러 나가지." 그는 눈을 반짝이며 노동자를 올려다보았다.

노인의 말을 알아들으려고 애쓰던 주정뱅이의 얼굴이 부드러워지기 시작했다. 그의 주먹이 천천히 풀렸다. "네, 저도 감나무가 좋아요." 그의 목소리가 잦아들었다. "그렇군." 노인이 웃으며 대꾸했다. "당신에게도 훌륭한 아내가 있을 것 같아." 그러자 사내가 말했다. "아니에요. 아내는 죽었어요." 몸집이 큰 남자는 기차의 움직임에 따라 아주 부드럽게 흔들리며 흐느끼기 시작했다. "나는 아내가 없어요. 집도 없고, 직업도 없지요. 나 자신이 너무 부끄러워요." 눈물이 사내의 뺨을 타고 흘러내렸다. 절망의 경련이 그의 몸을 휘감았다.

나는 이 세상을 안전한 곳으로 만들겠다는 젊음의 패기와 정의감으로 무장한 채 그 자리에 서 있었다. 나는 갑자기 내가 그보다 오히려 더 더럽게 느껴졌다. 내가 내려야 할 정류장에 기차가 도착했다. 문이 열리는데, 노인이 동정적으로 더듬거리며 말하는 소리가 들렸다. "어이쿠, 그렇군. 힘든 시절을 겪고 있구만. 그래, 여기 앉아서 사정을 이야기해 봐."

나는 마지막으로 한 번 더 보기 위해 고개를 돌렸다. 노동자는 노인의 무릎에 머리를 파묻고, 의자에 드러누워 있었다. 노인은 헝클어진 그의 머리를 부드럽게 쓰다듬었다.

기차가 떠나가자, 나는 벤치에 앉았다. 내가 근육으로 하고 싶었던 일이 친절한 말 몇 마디로 다 이루어졌다. 나는 이제 막 합기도를 전투에서 써먹으려고 했었는데…. 어쨌든 합기도가 가장 추구하고자 하는 것은, 사랑이다.

당신과 나는 가장 진실되고 가장 깊은 의미에서, 의식적이고 자비로운 존재가 되기 위한 훈련을 받고 있다. 기쁨의 도구, 평정심의 도구, 현존의 도구, 사랑의 도구, 쓸모있는 도구가 되자. 동시에, 절대적으로 고요해지자. 우리 모두는 관계에 너무 많은 시간을 들이고 있지만, 진정 자유로워지기 위해서는, 관계에 쏟는 그 시간을 요가에 쏟는 것이 훨씬 더 낫지 않을까? 영적인 삶을 사는 것은, 모든 존재의 이익을 위해 자신에게 행하는 전략이다. 누군가 다른 사람을 위해 당신이 할 수 있는 최상의 일은, 이상적인 이타주의가 아니라, 자기 자신에게 하는 일이라고 말할 수 있다. 당신 자신을 위해 '하나임'에 이른다는 것은, 분리감을 해소하고 우리 모두가 가족인 자리에 이른다는 것을 의미하기 때문이다.

다른 사람들과 함께하는 모든 상황을 자신을 위해 일하는 수단으로 사용해 보자. 당신 자신이 어디에서 막히고, 어디에서 밀어내고, 어디에서 붙잡고, 어디에서 판단하는지, 자신이 어느 자리에서 일을 하는지, 살펴보자. 인생 경험을 당신의 커리큘럼으로 활용해 보자.

나 자신과 타인들의 관계를 살펴보면, 우리가 함께 하는 다양한 이유와 상호 작용하는 방식을 알 수 있다. 일부는 거래적이지만, 모든 인간관계의 더 깊은 충동은, 우리를 하나로 묶는 사랑과 하나됨을 야기하기 위한 것이다. 그러나 실제로 일어나는 일은, 많은 인간관계가 우리의 분리감을 강화한다는 것이다. 우리 자신을 분리된 존재들로 잘못 인식하기 때문이고, 분리감이나 에고에 기반한 욕망 체계 때문이다. 관계는 당신과 내가 진실로 하나라는 것을 볼 때에만 영적인 의미에서 작동한다.

관계와 감정은 우리의 분리감을 강화할 수도 있고, 깨어남의 방앗간을 위한 곡물이 될 수도 있다. 사랑의 관계에서, 우리는 꽃을 찾는 벌과 같다. 문제는, 누군가를 사랑하는 것의 감정적 힘이 우리로 하여금 대인관계의 멜로드라마에 사로잡혀 감정을 넘어설 수 없게 만들 수 있다는 것이다. 인간끼리의 사랑에서 생기는 문제는, 사랑을 느끼기 위해 다른 사람에게 의존하게 된다는 것이다. 그것은 분리의 환상에서 생기는 것이다. 실상은, 사랑이란 내면에서 우러나오는 존재 상태라는 것이다.

당신이 다른 사람에게 정말로 제공해야 하는 유일한 것은, 당신 자신의 존재 상태이다. 다른 사람의 외모나 행동에 얽매이지 않을 때, 당신의 마음은 자체적으로 조율되어 있어서 그들의 영혼을 볼 수 있도록 초점을 아주 조금 옮겼기 때문에, 당신은 그 모든 것의 뒤안에 있는 그들 존재의 더 깊은 수준을 볼 수 있다. 그리고 그 영혼의 특성은 사랑이다.

자라는 동안, 나는 '누군가'로서 존재했다. 그 당시 우리는 모두 누군가에 의해 길들여지고 있었다. 당신은 누군가가 되고 나서, 모든 사람에게 당신이 누구인지를 말하게 된다. 명함을 건네며, 말한다. "잘 지냈어? 나는 누구누구이고, 이러저러한 일을 하고 있어." 모든 사람은 저마다 매우 중요하고 특별하며, 자신이 다른 사람들보다 얼마나 중요한 인물인지를 저울질한다. 우리는 모두 그런 훈련을 받아 왔다.

부모님은 내가 특별하기를 원하셨고, 선생님들도 내가 특별하기를 원했으며, 그렇게 하는 방법을 가르쳐 주었다. 에고의 집은 그렇게 지어진다. 그리고 나는 정말로 그것을 만들어냈다. 나는 정말 누군가였다. 부모님은 나를 자랑스러워하셨다. 나는 그들의 눈에서 나에 대한 자부심을 읽을 수 있었다. 그 부분이 매우 만족스러웠다.

유일한 문제는, 내면에서는 내가 형편없다고 느낀다는 것이었다. 나는 왠지 내가 행복해져야 할 것 같은 기분이 들었다. 그러나 나는 행복하지 않았다. 나는 생각했다. "글쎄, 행복이 전부는 아니야, 그렇지? 모두가 나에게 기대하는 그런 모습을 갖추게 되었다면, 충분하지 않아?" 하지만 그렇지 않았고, 나는 기이한 느낌에 사로잡히곤 했다.

그 기이한 느낌을 묘사하는 이야기가 있다. 나는 그 이야기를 여러 차례 들었다. 한 남자가 양복을 맞추고 싶어 했다. 그래서 그는 줌바흐 Zumbach라는 마을 최고의 재단사를 찾았다. 그는 치수를 재고, 최상의 옷감을 주문했다.

그 남자는 최종 피팅을 위해 들어갔고, 수트를 입어 보았다. 한 소매가 다른 소매보다 2인치 더 길었다. 그가 말했다. "줌바흐, 불평하고 싶진 않아요. 아름다운 옷이에요. 하지만 이 소매가 저 소매보다 2인치 더 길어요." 줌바흐는 모욕감을 느끼며 말했다. "옷에는 아무 문제가 없어요. 당신이 서 있는 자세가 문제예요." 그리고 그는 남자의 어깨 중 한쪽을 아래로, 다른 한쪽을 위로 밀고는, 말했다. "보세요, 그렇게 바른 자세로 서니까, 완벽하게 맞지 않나요?"

그 친구는 다시 거울을 들여다보았다. 옷깃 뒤쪽이 뭔가 헐렁했다. 그는 "줌바흐, 여기 이 튀어나온 곳은 왜 이렇지요?"라고 물었다. 줌바흐 가 말했다. "그 옷에는 아무 문제가 없어요. 당신이 서 있는 자세가 문제예요." 그는 남자의 턱을 밀어넣고, 어깨를 구부리게 했다. "봐요, 완벽해요."

양복은 완벽하게 맞았고, 그 남자는 양복점을 떠났다. 그가 완벽하게 맞는 새 옷을 입고 버스 정거장 쪽으로 걸어가고 있는데, 누군가 그에게 다가와서 말했다. "정말 멋진 옷이군요. 이런 정도라면, 재단사 줌바흐의 솜씨인 것이 틀림없어요."

남자가 말했다. "어떻게 아셨죠?"

"줌바흐 같은 기술을 가진 재단사만이 당신처럼 절름발이인 사람에게 그렇게 완벽하게 맞는 양복을 만들 수 있기 때문이지요."

뭐, 내 기분이 바로 그랬다. 모두가 내가 입고 있는 옷이 예쁘다고 말했지만, 나는 마치 줌바흐가 재단한 옷을 입은 기분이었다.

줌바흐의 정장을 입는 것은, 어떤 관계 속에서 우리가 느끼는 감정과도 같다. 옷을 벗고 베일 너머가 보이기 시작하면, 마치 누군가를 바라보며 "당신, 여기 있어요? 나, 여기 있어요. 우리는 여기 있네요. 어이쿠, 이럴 수가!"라고 말하는 것과 같다.

직장에서 누군가가 당신에게 문젯거리로 보인다면, 변해야 할 사람은 그들이 아니다. 누군가가 마음에 걸린다면, 변화가 필요한 사람은 바로 당신이다. 그들이 당신에게 문제를 일으키고 있다고 느낀다면, 그것은 당신의 문제이다. 그것은 당신에게 달려 있다. 당신이 할 일은, 자기 자신을 깨끗이 청소하는 것이다.

그들이 스스로 문제를 만들고 있다면, 그것은 그들의 카르마이다. 그리스도는 십자가에 못박힐 때 "저들을 용서하여 주소서. 저들은 자기들이 무슨 짓을 하고 있는지 알지 못합니다."라고 말했다. 그분은 저마다 자기에게 문제가 있다는 것을 깨닫도록 사람들을 일깨운 것이다. 그분에게는 그들이 문제 되지 않았다. 그분은 스스로 깨끗했기 때문이다.

상황에 맞게 자기 자신을 깨끗하게 정리한다고는 하지만, 때로는 너무 끈끈해서 할 수 없을 때가 있다. 그럴 때에는 뒤로 물러서서 아침저녁으로 또는 주말마다, 깨끗함을 유지하도록 수련을 하자. 당신 자신을 진정시키고 고요하게 해주는 그런 수련들을 행하도록 하자.

다음번에 그런 상황이 생기면, 예전과 똑같이 다시 실패할 수 있다. 그러면 그냥 집에 돌아가서 어떻게 실패하게 되었는지를 살펴보아야 한다. 다음 날에도 또 그렇게 실패할 수 있다. 그러면 당신은 "오늘 내가 어떻게 평정심을 잃어버렸지?"라고 일기를 쓰기 시작한다. 그리고는, 다음에 가서 다시 그 일을 반복한다. 시간이 지나면, 평정심을 잃더라도 그렇게 많이 잃지는 않게 된다. 당신은 늘상 그렇게 되도록 만드는 것이 무엇인지, 그 역학을 보기 시작한다. 일어나는 일을 있는 그대로 볼 수 있는 지점에 도달하면, 집착의 덩굴손이 느슨해지기 시작할 것이다.

당신이 나를 제대로 알지 못한다면, 그것은 당신의 문제이다. 내가 당신의 사랑이나 승인을 필요로 한다면, 그것은 나의 문제이다. 그러면 나의 필요가 당신에게 나를 지배할 수 있는 힘을 부여한다. 하지만 그것은 당신의 힘이 아니라, 나의 욕망 시스템이 만들어낸 힘이다. 다른 사람들이 당신을 평정심과 사랑과 의식에서 벗어나게 한다면, 그렇게 작용하는 힘은 당신 자신의 애착과 당신 마음의 끈질긴 집착과 관련이 있다.

이 대목이 바로 당신이 자기 자신에게 부여해야 할 일이다. 당신은 더 많이 명상해야 하고, 더 많이 성찰해야 하고, 더 깊은 철학적 틀이 필요하다. 더 많이 지켜보는 자가 되어야 한다. 최상이 아니거나 쉽지 않은 상황은, 가슴을 여는 연습을 더 많이 해야 한다는 신호이다. 이것이 당신의 할 일이다. 당신에게는 무거운 커리큘럼, 풀 코스 로드가 주어져 있다. 바로 이것이다. 누구를 탓할 필요가 없다. 당신은 평가되지 않는다. 바로 이 순간, 당신의 접시 위에 그것이 놓여 있는 것뿐이다.

자유를 위한 수단으로서 관계를 활용한다는 것은, 경청하는 법을 배워야 한다는 것을 의미한다. 경청의 기술은 고요한 마음과 열린 가슴에서 나온다. 경청은 모든 감각을 사용하며, 미묘한 기술이다. 들어 보라. 그냥 들어 보라. 귀로만 듣지 말고, 당신의 존재 전체로 들어 보라. 당신의 존재는 경청의 도구가 된다. 삶의 감각 메커니즘은 귀, 눈, 피부, 분석적인 마음만이 아니다. 그것은 더 깊은 무엇, 직관적인 앎의 자질이다. 당신의 존재 전체로, 당신은 다른 사람의 본성에 대한 안테나가 된다. 그때, 그 관계가 살아 있는 영적 관계가 되기 위해, 끓이고 끓여야 맛이 우러나는 스튜에 넣어야 할 가장 좋은 재료 중 하나는, 진실이다.

진실이 그대를 자유롭게 하리라

간디는 자신이 '진실 실험'이라고 불렀던 일에 평생을 바쳤다. 그는 "오직 신만이 절대적인 진실을 안다."라고 말했고, 더 나아가, 자신은 인간이기 때문에 상대적인 진실만을 알고 있으며, 자신의 이해력은 날이면 날마다 달라지고 있다고 말했다. 간디는 과거에 한 자신의 말에 일관성을 지키는 것보다 더욱 중요한 것은 진실을 말하는 것이라고 말했다. 자신이 다른 사람들에게 일관성이 없는 사람처럼 보이더라도, 더욱 중요한 것은 당신 자신의 진실을 존중하는 것이다. 버락 오바마 대통령은 무슬림 세계에 대한 연설에서, "하나님을 의식하고 항상 진실을 말하라."라는 코란의 한 구절을 인용했다. 진실을 자비롭게 사용하려면 분별력 있는 지혜가 필요하며, 그것은 내면의 신에 대한 자각에서 나온다.

나는 오랫동안 진실을 말로 표현할 수 있다고 생각해 왔는데, 항상 그렇다는 것은 아니다. 침묵을 통해서만 전달되는 진실이 있다. 말을 사용해야 할 때와 침묵을 사용해야 할 때를 알아야 한다. 냉담한 침묵과 우주적 침묵은 너무나 다르다. 우주적 침묵은 말로 표현될 수 없는 의식의 차원이다. 그 차원에서, 말은 달을 가리키는 손가락과 같다. 침묵은 우리가 공유된 인식 속에서 함께 안전함을 느낄 때 우리가 누릴 수 있는 사치이다.

두 번째로 인도에 갔을 때, 나는 마하라지에게 내가 쓴 『지금 여기에 살라』라는 책을 가져갔다. 한동안 아무런 소식도 듣지 못했는데, 어느 날 그가 자신이 앉아 있는 곳으로 나를 부르더니, 말했다. "이 책에는 거짓이 인쇄되어 있다."

"아니, 그렇지 않습니다, 마하라지. 책에 있는 모든 것이 다 진실입니다."

그가 말했다. "여기엔 하리 다스 바바가 여덟 살 때 숲으로 들어갔다고 적혀 있어." (하리 다스 바바는 마하라지의 지시로 나에게 요가를 가르쳐 주었다.) 마하라지가 말을 이어갔다. "그는 여덟 살 때 숲으로 들어가지 않았어. 1962년까지는 산림청에서 일했거든."

그러고는 한 남자를 부르더니, 그에게 물었다. "무슨 일을 하나?"

그 남자는 "나는 산림청장입니다."라고 대답했다.

마하라지는 "하리 다스 바바를 아나?"라고 물었다.

그는 "아, 네, 1962년까지 저를 위해 일했지요."라고 대답했다.

마하라지가 말했다. "좋아, 가."

그런 다음 그는 비슷한 방식으로 두 단락에서 몇 가지 오류를 더 보여주면서 "왜 그렇게 썼지?"라고 물었다.

"글쎄요, 누군가 저에게 그 모든 것을 말해 줬지요. 누가 말했는지는 모르겠지만, 누군가가 그렇게 말했고, 스승님 주변에 있는 사람임에 틀림없습니다. 그리고 나는 그 모든 것이 사랑에서 나온 것이었기 때문에 그것을 다 믿었습니다."

그가 말했다. "그대는 너무 단순해서 사람들이 말하는 것을 그냥 다 믿는 것 같아."

하리 다스 바바는 아름답고 조용하고 순수한 수행자였다. 나는 그 선생님을 특별히 부각시키고 싶었기 때문에, 그에 대해 이런 실수를 저질렀고, 지금 이 이야기를 듣고 있는 것일 것이다.

마하라지가 말했다. "이유가 어찌 됐든, 그건 거짓이야. 이제 어떻게 할 거지?"

내가 말했다. "글쎄요, 마하라지, 고쳐야겠지요. 하지만 8만 부가 이미 배포되었고, 되돌릴 수가 없어요. 2쇄를 찍어야 할 때가 멀지 않으니, 그때 바꾸겠습니다."

나는 라마 재단에 전보를 보냈다. 재단은 앨버커키에서 그 책을 인쇄하고 있었다. 나는 그들에게 다음 판을 찍을 때 하리 다스 바바에 대한 글에서 두 단락을 삭제해 달라고 썼다. 당시 라마 재단의 이사장이었던 스티브 더키Steve Durkee는 이렇게 답장을 보내 왔다. "지금은 할 수 없어요. 나는 이제 막 앨버커키에서 왔습니다." 앨버커키는 라마에서 수백 마일 떨어져 있는 곳인데, 라마에는 전화도 없었다. "나는 인쇄를 하라고 지시했고, 그날 찍기 시작했을 것입니다." 그때가 크리스마스 직전이어서 모두가 휴가 중일 테고, 아마도 이미 인쇄되었을 것이었다. 스티브가 말했다. "당신의 전보를 너무 늦게 받았어요. 3판에서나 바꿀 수 있을 텐데, 아마 세 달쯤 후가 될 것 같습니다."

나는 구루에게 돌아가 말했다. "마하라지, 다음 판을 찍을 때까지는 바꿀 수 없습니다. 지금 고치려면 최소 1만 불이 듭니다. 인쇄된 책을 전부 폐기 처분해야 할 것입니다."

그는 나를 쳐다보더니 "지금 해."라고 말했다. 그러면서 "돈과 진실은 아무 상관이 없어."라고 덧붙였다.

나는 돌아가서 라마에 다시 선을 연결하고 말했다. "비용은 잊어버리세요. 마하라지께서 지금 바꾸라고 말씀하십니다. 그것은 그분의 책입니다."

스티브에게서 답신이 왔다. "정말 놀라운 일이 일어났어요. 당신이 우리에게 어떻게든 그것을 바꾸라고 말한 그날, 인쇄소에서 메모가 왔는데, 그들이 인쇄기를 막 돌리려고 했을 때 판 중 하나가 손상되었답니다. 그 페이지에는 마하라지의 사진이 들어 있었고, 원본을 찾기 위해 파일을 찾았지만 해당 사진이 누락되어 있었답니다. 그것만이 웬일인지 빠져 있었다는 것입니다. 그래서 그들은 전체 작업을 중단하고, 보충 작업을 해야 했어요."

돈과 진실은 서로 아무 관계가 없다. 마하라지는 책과 인쇄기와 내 마음을 가지고 놀고 있었다.

도덕경은 "진실은 그리움으로 흐려지지 않은 눈을 기다린다."라고 말한다. 종종 우리는 마음의 집착 때문에 진실을 온전히 보지 못한다. 우리는 우리 자신의 욕망의 투사만을 통해 보고 듣는다. 그래서 우리는 사물의 방식과 가장 깊은 조화를 이루지 못하는 결정을 계속해서 내린다. 집착으로 일한다는 것은, 더 이상 그 욕망에 집착하지 않을 때까지 그 욕망과 함께 일해야 한다는 것을 의미한다. 욕망이 여전히 거기에 있을 수는 있지만, 당신은 더 이상 그것에 집착하지 않게 된다.

집착 없이 볼 때, 진실은 자명해진다. 그 순간에 온전히 현존할 때, 진실은 그저 존재한다.

감정 다루기

감정 문제를 치유하는 한 가지 방법은, 지켜봄과 마찬가지로, 당신이라는 존재의 새로운 부분을 계발하는 것이다. 지켜봄을 사용하여 감정들을 하나씩 다루면서 의식을 함양하라. 지켜보는 일이 강해질수록, 당신의 감정적 문제는 당신의 존재와 점점 더 상관이 없게 된다. 지켜봄으로써, 감정에서 힘을 뺄 수 있다. 당신이 심리적 영역에 깊이 빠져 있어서 그것을 해결하려고 계속 애쓸 때, 당신은 거기에 계속 에너지를 쓰게 된다. 그것은 바닥이 없는 우물이다.

지켜봄을 통해 우리는 감정을 인정하고, 그것들을 인간 조건의 부분들로서 인식할 수 있다. 그것이 감정을 통과하는 가장 빠른 방법이다. 감정을 인정하고, 허용하고, 풀어주고, 내려놓는 것. 다양한 방법으로 그렇게 할 수 있다. 예를 들어 보자. 하타 요가의 신체 에너지를 사용하여 몸에 쌓여 있는 화학적인 것들과 긴장을 계속해서 풀어낼 수 있다. 때로는 음악이 도움이 되고, 호흡을 알아차리는 것만으로도 도움이 된다. 계속해서 내려놓고, 또 내려놓으라. 키르탄을 부르는 수행에서와 같이, 신께 찬가를 바치면, 황홀 상태에 이르러 개인적인 감정적 멜로드라마에서 벗어날 수 있는 힘이 생길 수 있다.

당신의 영적 수련이 단단해짐에 따라, 당신은 아드레날린에 너무 과부하가 걸리기 이전에 당신의 감정적인 문제들을 알아차릴 수 있게 된다. 당신은 더 이상 그것이 강해지도록 내버려두지 않는다. 감정이 통제 불능 상태가 되면, 가장 좋은 방법은 조용히 앉아 있는 것이다. 그것들이 그냥 지나가게 내버려두라. 바가반 다스는 언젠가 나에게 말했다. "감정은 파도와 같다. 광활하고 잔잔한 바다 위로 멀리 사라져가는 것을 지켜보라."

지켜보는 자로서 머물 수 있는 능력은, 삶에서 일어나는 모든 감정적 요소와 스트레스를 훨씬 가볍게 만든다. 내가 이해하는 한, 그 기술은 이러한 의식의 다른 측면들을 함양하는 것이다. 그러면 전체가 보이게 되기 때문에, 그런 것들을 더 이상 밀어내려고 애쓸 필요가 없게 된다.

그것은 당신이 초점을 바꾸어 당신 자신의 외부에서 그것을 보는 것과 같고, 따라서 당신은 더 이상 당신의 사고방식과 자기 자신을 동일시하지 않는다. 아인슈타인은 말했다. "우리가 안고 있는 중요한 문제들은 우리가 문제를 만들었을 때와 동일한 수준의 사고방식으로는 풀 길이 없다."

헌신의 길 위에서, 우리는 신이나 구루에게 우리의 감정을 바침으로써 그 감정을 내려놓을 수 있다. "당신께 이것을 바치오니, 받아주십시오." 당신 자신의 인간성을 인정하면서, "그래요, 제가 여기 있습니다. 나는 잠시 길을 잃었습니다. 아, 그래요, 다 괜찮습니다." 그것은 일어나는 일을 부인함이 없이 그냥 알아차리는 능력이다. "저는 화가 납니다. 맛이 가버렸습니다. 여기에 우리가 다시 있습니다." 그것은 마치 신과 대화를 하면서, "자, 제가 얼마나 다정한 인간인지 보세요."라고 말하는 것과 같다.

심리학을 통해 사람들의 개성을 연구하면서, 나는 거의 모든 문제의 근원이 '부적절하거나 충분하지 않다'는 느낌이라는 것을 알았다. 이것들은 개성의 구조에 핵심이 되는 부품들이다. 이러한 문제들을 이해하고, 자기 자신은 그 정도가 어느 정도 심한지, 다른 사람들처럼 병으로 다루어야 할지 여부를 확인해 보아야 한다. 거기에서 생기는 지혜는 자신과 타인에 대한 연민과 사랑으로 이어진다.

당신 자신이 가진 양극성의 뒤편을 보라. "나는 좋은 사람"이라거나 "나는 괜찮은 사람"이라는 식이 아니라, 그런 사고방식의 배경에 깔려 있는 '있는 그대로의 당신 자신'을 보라. '있는 그대로의 당신 자신'은

'아름다운 일을 하는 나'와 '형편없는 짓을 저지르는 나'를 모두 포함한다. 나는 나다. 열려 있는 나다. '있는 그대로의 나'라는 공간에서 쉬기 시작하면, 감정들을 다른 관점에서 느끼기 시작하고, 게임을 플레이하는 방식에 더 이상 흠을 잡지 않게 된다. 감정을 밀쳐내려고 하지 않는 대신, 어떠한 감정이든 다 껴안아 주라. 그러면 감정에서 풀려나게 된다.

당신이 사랑에 굶주려 있다는 것은, 집으로 돌아가 평화롭게 있고 싶다는 열망에 다름 아니다. 사랑하는 사람과 사랑받는 사람이 하나로 합해지듯이, 우주와 하나임을 느끼고 싶은 열망이다. 그곳은 그 순간에 충만하게 존재할 수 있는 자리이고, 완전한 성취감을 느끼고 사랑 안에 안겨 있게 되는 곳이다.

바르게 있기보다는 존재 자체로 있으라

당신의 마음이 어떻게 판단하는지를 지켜보라. 판단은, 부분적으로는, 당신 자신의 두려움에서 나온다. 우리는 자신의 존재가 편하지 않기 때문에 다른 사람들을 판단한다. 우리는 판단함으로써 다른 사람들과 관련하여 자신이 어디에 서 있는지를 알게 된다. 판단하는 마음은 매우 분열적이다. 그것은 나와 너를 분리시킨다. 분리감은 우리의 가슴을 닫아 버린다. 우리가 누군가에게 우리의 가슴을 닫는다면, 우리는 우리 자신과 그들의 고통을 지속시키고 있는 것이다. 판단에서 벗어난다는 것은, 판단하는 대신 열린 가슴으로 자신의 곤경과 그들의 곤경을 이해하는 법을 배우는 것을 의미한다. 그러면 우리는 자신과 다른 사람들을 분리시킴이 없이, 있는 그대로 존재하도록 허용할 수 있다.

이 마을에서의 유일한 게임은 존재의 게임이다. 이 게임에는 존재의 최고점과 최저점이 모두 포함된다. 당신이 무언가를 밀어낼 때마다, 그 무언가는 거기에 잔류한다. 양탄자 아래로 더미가 매우 커지게 된다. 당신은 자신의 최고점보다는 최저점에 훨씬 더 관심을 쏟는다. 왜냐하면 그것은 당신에게 무엇이 결여되어 있는지, 당신이 해야 할 일이 무엇인지를 보여주기 때문이다.

당신은 단지 "가르침에 감사합니다."라고 말한다. 다른 사람들에 대해서는 이러쿵저러쿵 판단할 필요가 없다. 당신이 할 일은 자기 자신에 대한 작업뿐이다.

누군가 당신의 분노를 자극할 때, 당신이 화를 내는 유일한 이유는 당신이 그것은 이렇게 저렇게 되어야 한다고 생각하면서 자신의 사고방식을 고수하기 때문이다. 당신은 어떤 상태를 있는 그대로 받아들이지 않고, 부정한다. 당신 자신의 지옥을 만드는 것은, 당신 자신의 기대인 것이다. 어떤 일이 당신이 생각했던 것과 다르다고 해서 좌절할 때에는, 당신을 좌절시키는 대상뿐만 아니라 당신의 사고방식 또한 돌아보아야 한다. 당신의 감정적 고통의 많은 부분은, 우주가 이러저러해야 한다고 당신이 생각으로 창조한 모델들과 그 모든 것을 있는 그대로 허용하지 못하는 당신의 사고 습관이 만들어내는 합작품이다.

마하라지는 나에게 모두를 사랑하라고 말했다. "모두를 사랑하라,

오직 '하나'가 있을 뿐이다. 모두가 하나이다. 모든 사람들을 다 사랑하라. 모든 곳에서 신을 보라. 그냥 모든 것을 다 사랑하라. 화내지 말라. 람 다스, 화를 내지 마. 모두를 사랑하고, 진실을 말해. 모두를 사랑하고, 화내지 마."

사람들이 당신에게 그런 말을 한다면, 당신은 "그래, 그래, 맞아. 지당한 말씀이야!"라고 말할 것이다. 그런 말은 어렸을 때부터 귀가 닳도록 들었기 때문에 그러려니 하고 지나치고 말 것이다.

나는 2년 동안 서양에서 성자로서 행세하고는 인도로 막 돌아온 터였다. 정욕과 욕심과 게으름이 여전히 가득했던 나에게는 미국 생활이 너무나 힘들었다. 아직 먹어야 할 피자가 너무 많았고, 누군가가 항상 지켜보고 있는 상태에서 피자를 몰래 먹는다는 것은 실로 어려운 일이었다. 마침내 나는 정신을 차릴 수 있을 때까지 동굴에 숨어 있기를 바라면서 인도로 다시 도망쳤다. 하지만 인도에서는 가는 곳마다 나와 어울리고 싶어 하는 서양인들이 있었다. 나는 그들 모두가 서서히 싫어졌다. 내가 무슨 수로 40명의 서양인들과 함께 동굴에 들어가 거룩해질 수 있겠는가?

일 년 동안에 단 2주를 제외하고는, 나는 인도 한복판에서 서양식 사고방식에 완전히 젖어서 살고 있었다. 우리는 모두 마하라지와 함께 있었고, 마침내 나는 이렇게 결정했다. "그래, 그는 언제나 진실만 말하고 화를 내지 않지. 하지만 나는 늘 화가 나 있어. 그것이 진실이야. 나는 모든 사람을 사랑하는 척하는 데 너무 오랜 시간을 보냈어. 마음속은 화가 부글부글 끓고 있으면서. 아, 이 위선 덩어리, 정말 미치겠군,

미치겠어. 마하라지는 진실을 말하라고 했지. 화를 내지 않고 진실만 말하는 이 두 가지를 다 할 수는 없기 때문에, 이제부터는 어찌 됐든 난 진실만 말하는 이 한 가지만 해야겠어."

사람들이 여전히 내 방으로 찾아오곤 했고, 그들은 분명 사랑의 존재들이었다. 하지만 나는 대놓고 말하기 시작했다. "이 게으름뱅이 자식아, 이 방에서 꺼져. 당신은 너무 멋져 보여. 하지만 이젠 그런 당신이 메스꺼워. 구역질이 난다고." 머지 않아 나는 그룹 전체와 따로 놀 수가 있었다. 그들은 그런 나를 진지하게 받아들이고 싶어 하지 않았지만, 나는 집요했다. 그 당시 나는 돈을 만지지 않는 수행을 하고 있었다. 우리는 날마다 시내에서 아쉬람으로 가기 위해 버스나 택시를 함께 탔고, 누군가가 돈을 냈다. 하지만 나는 모두에게 너무 화가 나서, 버스를 타고 그들과 같은 공간에 있을 수가 없었다. 그래서 몇 시간이 걸리는 아쉬람까지 걸어서 갔다.

어느 날 나는 늦게 도착했고, 너무 화가 나 있었다. 모두가 안뜰에서 마하라지의 맞은편에 앉아 마하라지가 축복한 음식을 먹고 있었다. 잎사귀에 담긴 음식이 내 몫으로 딱 하나 남아 있었다. 내가 특별히 더 분노하는 대상들 중 한 명이 음식을 가져오더니 내 앞에 내려놓았다. 나는 너무 화가 나서 그것을 그에게 집어 던졌다. 이 모든 것을 지켜보고 있던 마하라지가 나를 불렀다. "람 다스, 왜 그래? 뭣 때문이지?"

"예. 저는 아달마(adharma: 법에 어긋남)를 참을 수 없습니다. 더러워 요, 더러워서 참을 수가 없어요. 나는 이 모든 사람들을 참을 수 없고, 나 자신을 참을 수 없어요. 나는 당신만을 사랑합니다. 다른 사람들은 모두 싫어요."

그 시점에서 나는 통곡하기 시작했다. 마치 내 안의 모든 분노를 다 쏟아내듯이 울고 또 울었다. 마하라지가 우유를 좀 가져오라고 하더니, 나에게 우유를 먹이고, 내 머리를 쓰다듬어 주고, 내 수염을 잡아당겼다. 그도 나와 함께 울었다. 그러고는 나를 보더니 "모두를 사랑하고, 화내지 마."라고 말했다.

나는 그에게 말했다. "글쎄요, 당신은 나에게 진실을 말하라고 하셨고, 진실은 내가 모든 사람을 사랑하지 않는다는 것입니다."

그는 나에게 바짝 다가와 코와 코, 눈과 눈을 맞대고는 거칠게 말했다. "모든 사람을 사랑하고, 진실을 말해."

"하지만…" 하고 입을 열려고 하는데, 바로 그때 마하라지가 말하려고 하는 참뜻이 무엇인지 알 것 같았다. 모든 것이 자명해졌다. "넌 네가 생각하는 네가 아니야. 네가 생각하는 너이기를 그칠 때, 너는 비로소 참다운 너일 수 있어." 나는 내가 모든 사람을 사랑할 수 없고 진실을 말할 수 없는 사람이라고 생각하고 있었다. 그런데 그는 이렇게 말하고 있었다. "글쎄, 네가 생각하는 너이기를 포기할 때에도, 너의 참자아는 그대로 여기에 있어. 게임은 너무 간단해. 모든 사람을 사랑하고, 진실을 말해."

나는 서양인 무리를 넘겨다보았다. 나는 나의 분노의 대상이었던 한 무리의 사람들을 보았고, 이제는 그들 안에서 내가 사랑할 만한 자리가 있다는 것을 알 수 있었다.

그가 "가서 밥을 먹어."라고 말했다. 나는 가서 먹기 시작했다. 나는 여전히 울고 있었다.

그는 모두를 가까이 불러 말했다. "람 다스는 위대한 성자다. 가서 그의 발을 만져라." 그것은 나를 완전히 미칠 정도로 화나게 했다.

누군가에게 화가 났을 때, 우리가 하는 일은 보통 서로 이야기를 하여 잘못을 사과하고 양해하여 서로의 체면을 살려주는 것이다. "내가 잘못했어요, 미안해요." "그래요, 그렇게 말씀해주시니 좋네요…" 문제는 그가 내 체면을 살려줘야 한다고는 말하지 않았다는 것이다. 그는 단지 모든 사람을 사랑하고 진실을 말하라고 했다. 그는 나에게 체면 따위는 포기하라고 말하고 있었다.

내가 화났던 유일한 이유는, 마땅히 이렇게 저렇게 되어야 한다는 내 생각을 붙들고 있었기 때문이었다. 나는 그것을 알았다. 그래서 나는 사과를 쪼개서 들고 돌아다니며 한 사람 한 사람의 눈을 바라보고 나누어주었다. 화를 내며 음식을 주는 것은 그 사람에게 독을 주는 것과 같다. 그러니 내가 분노에서 벗어날 때까지는 사과 한 조각도 먹게 해서는 안 되었다. 분노의 진동이 음식과 함께 전달될 것이기 때문이다. 치유는 그 반대이다. 나는 한 사람 한 사람의 눈을 바라보았고, 내가 화를 낸 대상을 샅샅이 살펴보았다. 그러자 분노가 녹아내리기 시작했다. 바로 그 시점에서, 나는 우리 사이에 남은 것은 내 자존심뿐이라는 것을 느낄 수 있었다. 나는 단지 나의 옳음을 포기하고 싶지 않았을 뿐이었다. 그러나 나는 그것을 그냥 흘려보내야 한다는 것을 깨달았다. 그들의 눈을 들여다보고 나의 구루, 나 자신, 그들의 영혼을 볼 수 있을 때까지 그냥 놓아두어야 한다는 것을 알았다. 저마다의 개인적인 차이는 그냥 내려놓아야 했다. 한 사람 한 사람 다 내려놓아야 할 것들이 있어서 시간이 오래 걸렸다. 어떤 사람들은 다른 사람들보다 시간이 더 오래 걸렸다.

그런 가르침을 받고 나면, 과연 더 이상 화를 내지 않게 될까? 아니다. 나는 여전히 화가 나는 경우가 적지 않다. 그러나 화가 나기 시작하면, 나는 내가 궁지에 빠졌다는 것을 알아차리고, 내가 나의 기대와 나의 외로움에 사로잡혀 있다는 것을 깨닫게 된다. 분노를 포기하는 법을 배우는 것은, 시리즈로 계속 이어졌다.

마하라지가 나에게 모두를 사랑하고 진실을 말하라고 했을 때, 그는 또 이렇게 말했다. "분노를 버려라. 내가 그렇게 하도록 도와줄게." 마하라지는 나에게 거래를 제안했다. "신을 뵙기 위해 분노로부터 자유로워지려면, 거울을 닦아야 한다. 네가 하루에 조금씩이라도 화를 참는다면, 내가 너를 도울 것이다." 이것은 공평한 것 이상의 거래인 것 같았다. 나는 흔쾌히 받아들였다. 그리고 그는 이 거래의 끝까지 충실했다. 나는 그분의 사랑이 나를 나의 외로움으로부터 해방시키는 데 도움이 되었다는 것을 알게 되었다. 궁극적으로 나는 내가 외롭기보다는 사랑 안에서 자유로워지기를 원한다.

당신이 사회적 책임감을 느낀다면, 당신이 가장 먼저 해야 할 일은, 자기 자신에 대한 작업이다. 평화로운 우주에서 살고 싶다면, 가장 먼저 할 일은 스스로 평화로워지는 것이다.

평화의 집회에 참여하는 사람들 중에는 속으로 화가 있는 사람들이 얼마나 많은지 모른다. 그것을 알아차린 적이 있는가? 사회적 행동은 우리 자신의 의로움을 야기한다. 의로움은 궁극적으로 우리 자신을 의에 굶주려 죽게 만든다. 의롭기보다 자유롭기를 더 원한다면, 당신은 의로움, 옳음을 내려놓아야 한다.

한 이야기가 생각난다. 뱃사공이 안개 속에서 배를 저어가다가 다른 배와 부딪힌다. 그는 다른 뱃사공에게 욕을 하기 시작한다. "도대체 왜 그래? 눈은 뭐하러 달고 다녀?" 잠시 후 안개가 걷히고 나자, 그는 다른 배에 아무도 타고 있지 않은 것을 보게 된다. 빈 배였던 것이다.

옳음이란 대략 이와 같은 것이다. 예를 들어 보자. 당신은 아버지가 밉다. 그래서 당신 마음속의 아버지를 향해 별별 말을 다 하고, 욕까지 퍼붓는다. 하지만 아버지는 거기에 없다. 심리적으로 당신은 그가 거기에 있다고 생각한다. 당신은 자신이 생각하는 당신을 자기 자신이라고 동일시하지만, 그 모든 것이 생각의 다발일 뿐이라는 것을 알아차리기 시작하면, 당신의 심리적 아버지는 공허한 현상의 또 다른 세트일 뿐이다. 그러한 심리적인 아버지에게 "나는 당신을 용서해요, 나는 당신을 용서해요."라고 열심히 말해 봐도, 그것은 시계를 향해 "나는 당신을 용서해요."라고 말하는 것이나 마찬가지다. 거기에는 아무것도 없다. 당신은 이야기 속의 뱃사공과 마찬가지인 것이다.

서두를 필요가 없다. 당신이 할 수 있는 한 오래 오래 옳은 사람으로서 살도록 하라. 하지만 언젠가는 자신이 옳다는 것이 실제로는 매우 제약이 많고 사는 재미가 별로 없는 뻑뻑한 작은 상자라는 것을 알게 될 것이다. 의로움은 당신을 삶의 자연스러운 흐름에서 차단시킨다. 내가 어떤 사람과의 관계에서 어떤 상황에 갇혀 있을 때, 그것은 그들이

'나에게' 무엇인가를 행해서가 아니다. 그들은 단지 그들이 하고 있는 일을 하고 있을 뿐이다. 내가 판단에 휘말리면, 책임은 그들에게 있는 것이 아니라 나에게 있다. 그것은 나 자신에 대한 나의 일이 된다. 나는 종종 "이런 상황에서 어떻게든 여러분에게 심려를 끼쳐드려 정말 죄송합니다."라고 말한다. 우리는 거기에서부터 작업을 하기 시작한다. 잠시 후 그들은 앞으로 나와 자기 자신들을 돌아보고는 이렇게 말하곤 한다. "그래요, 내가… 그랬던 것 같아요…." 우리의 곤경은, 우리가 얼마나 옳은지를 이해하지 못하는 사람들 속에서 스스로 옳다고 인정받기를 원한다는 것이다.

바르게 존재하기 위해서 가장 중요한 것은, 그 순간의 진실에 충실해야 한다는 것이다. 하지만 인간 존재의 됨됨이를 배제한 채로 세상이 어떠해야 한다는 모델에 감정적으로 집착하게 된다면, 당신의 입장에는 뭔가 문제가 있는 것이다. 당신은 다른 관점을 가져야 한다. 감정적 반응에 길을 잃는 것은, 당신이 있기를 원하는 자리가 아니다. 당신의 인간성과 다른 사람들의 인간성을 있는 그대로 허용하는 것, 이것이 공감과 긍휼의 시작이다.

우리는 인간으로 육화되어 존재한다. 여기에서 탈출할 길은 우리에게 주어져 있지 않다. 우리는 밖으로 걸어 나갈 수가 없다. 다르마 안에서 걷는다는 것은 다른 인간 존재들에게 귀를 기울이는 일이기도 하다.

믿음 안에는 두려움이 설 자리가 없다

우리는 자신의 다르마에 따라 살려고 조율해 감에 따라, 우리 자신을 덫에 갇혀 있게 만드는 우리 자신 안의 어떤 입장에 맞서려고 하게 된다. 덫에 갇히지 않으려고 한다는 것은 두려움이 자리하고 있다는 뜻이고, 두려움이 있을 때, 우리는 자유롭지 않다. 프랭클린 루스벨트 대통령은 "우리가 두려워해야 할 유일한 것은 두려움 자체"라고 말했다.

두려움은 우리를 위협하는 것들 주변에서 떠도는 불안을 경험하게 한다는 의미에서 방어적 메커니즘이다. 두려움은 우리로 하여금 삶의 익숙한 구조에 매달리고 싶게 만든다. 자기 자신을 별개의 존재로 나타내 보이려고 바쁠 때에는, 그러한 존재감의 소멸을 두려워하게 된다. 자기 자신을 영혼과 동일시하면, 두려움이 설 자리가 없다. 우리는 몸을 받아 태어난 이 인생의 끝을 죽음이라고 생각하지만, 영혼은 끝나지 않는다.

마하라지를 만난 이후로, 나는 죽음이 임박한 것처럼 보이는 상황이 닥쳐도 죽음에 대한 두려움을 진정한 두려움으로 경험하지 않는다. 불안이나 두려움에 대해 예전에 보였던 반응과는 완전히 달라진 것이 사실이다. 하지만 내 몸은 곧 나의 성전이기도 하기에, 나는 내 몸을 보호하고자 한다. 그것은 내 작업의 수단이기 때문이다. 나는 죽음에 대한 두려움이 어딘가로 날아가버린 것 같아서 굳이 나 자신을 보호할 필요성을 느끼지 못한다. 그 두려움이 없으면 일상생활의 질이 달라진다. 날마다 있는 그대로 새 날이 된다.

두려움을 경험할 때, 당신은 분리감에 사로잡혀 자신이 연약하고 단절되었다고 느낀다. 사랑을 경험할 때, 당신은 모든 것이 하나인 단일체의 일부이다. 사랑은 분리감이 해소된 자리이기 때문에, 두려움의 해독제이다. 사랑이라는 하나됨의 느낌이 강해지면, 두려움이 사라진다. 두려움이 사라지면, 우주가 내 집처럼 느껴진다. 당신이 영혼 안에 머문다는 것은, 사랑 안에서 살아간다는 뜻이다. 그것은 개념이나 단순한 믿음이 아니다. 믿음이 있으면 두려움이 없어지고 오직 사랑만이 있다. 진정한 '믿음'은 자신이 영혼이고 영혼은 곧 사랑임을 알 때 생겨난다.

1970년의 어느 날, 나는 캠핑카로 개조한 1938년형 뷰익 리무진을 타고 뉴욕 고속도로를 달리고 있었다. 한 손으로 운전대를 잡고 다른 한 손으로는 염주를 굴리면서 아주 느리게 가고 있었다. 아주 오래된 고물차였기 때문이다. 나는 도로 위를 벗어나지 않을 수 있을 정도로는 제 정신으로 운전대를 잡고 있었다. 나는 플루트를 연주하는 빛나는 푸른 신의 화신 크리슈나에게 바치는 노래를 부르고 있었다. 크리슈나는 사랑받는 자의 매혹적인 측면을 대표한다. 파란 크리슈나와 황홀하게 어울리면서 뉴욕 고속도로를 따라 운전하고 있을 때, 백미러에 파란색 불빛이 깜박이는 것이 보였다. 나는 "크리슈나가 왔다!"라고 생각했다.

그런데 잠시 후 다시 보니, 경찰이었다. 나는 차를 세웠고, 그가 차창으로 다가왔다. 그는 "면허증을 볼 수 있을까요?"라고 말했다.

나는 그를 크리슈나로 보고 있었다. 나에게 다르샨을 주러 온 크리슈

나. 그때는 1970년이었다. 크리슈나가 경찰 복장을 하고 온 것이 아닐까? 그리스도는 목수로 오셨다.

크리슈나는 내 면허증을 요구했다. 나는 그에게 무엇이든 주었을 것이다. 그는 내 목숨을 가질 수 있었지만 그가 원한 것은 내 면허증과 자동차 등록증뿐이었다. 그래서 나는 신의 발 아래에 꽃을 바치는 것처럼 그에게 내 면허증과 등록증을 내주었다. 나는 절대적인 사랑으로 그를 바라보고 있었다.

그는 경찰차로 돌아가더니 본부로 전화를 걸었다. 그런 다음 다시 돌아와서 차 주위를 서성거리더니, 말했다. "좌석 위에 있는 그 박스에는 뭐가 들어 있죠?"

"박하사탕이에요. 하나 드릴까요?"

"음, 문제는 당신이 고속도로에서 너무 천천히 운전하고 있었다는 것이에요. 그렇게 천천히 운전하려면 고속도로에서 벗어나야 합니다."

"그럼요, 당연하지요."라고 내가 말했다. 나는 여전히 사랑의 눈으로 그를 바라보고 있었다.

제복을 입은 경찰이 누군가로부터 무조건적인 사랑의 시선을 받을 확률은 얼마나 될까? 아마 거의 없지 않을까. 그래서인지, 그는 자기 할 일을 모두 마치고 나서도 그 자리를 떠나고 싶지 않은 모양이었다. 한참이나 더 미적거리다가, 그가 말했다. "이 차는 정말 대단한 차예요!"

그 말을 듣고, 나는 차 밖으로 나왔다. 나는 타이어를 걷어차 보이고, 펜더(흙받이) 부분을 손바닥으로 치면서 "요새는 예전처럼 이렇게 튼튼하게 만들지 않아요."라고 말했다. 우리는 이러쿵저러쿵 오래된 자동차 이야기를 나누었다. 하지만 그런 이야기도 이제 바닥이 났다. 그런데도 그는 아직 떠나고 싶어 하지 않는 것 같았다. 아무런 조건 없는 사랑 안에 있는데, 누가 떠나고 싶겠는가? 의식적으로는 알지 못할지 몰라도, 그의 무의식은 알고 있음이 틀림없었다.

하지만 이제는 더 이상 할 일이 남아 있지 않았다. 그는 자신이 크리슈나라는 사실을 분명히 밝혀야 한다는 것을 알았던 모양인지, "부디 잘 가십시오"라고 말했다. 확실히 경찰이 쓸 만한 말투는 아니었지만, 뭐 무슨 상관이 있겠는가? 내가 차를 출발시켰을 때, 그는 자신의 순찰차 옆에 서 있었다. 백미러로 살펴보니, 그는 나에게 손을 흔들고 있었다.

그는 과연 경찰이었을까, 크리슈나였을까? 아시는 분은 나에게 말해 주기 바란다.

영적 가족과 친구들

이러한 영적 수행이 시작되면, 사람들과 함께 있어야 하는 이유가 변하기 시작하고, 함께 있고 싶은 사람도 변하게 된다. 오랜 관계나 직업을 떠나야 하는 경우에는 쉽지 않을 수도 있다. 당신의 오랜 친구들은 당신의 새로운 면모를 보고, 당신이 조금 따분한 사람으로 변했다고 느낄지도 모른다. 하지만 그것은 당신이 진실의 맛을 보았고, 존재의 다른 진실과 깊이 연결되었기 때문이다. 예전에는 끌렸던 사람들도 웬지 달리 보이기 시작하여 사회적인 교류도 빛이 바래기 시작하고,

사회생활은 초현실적으로 여겨지기 시작한다. 당신이 겪고 있는 영적 경험의 질을 누구나 '납득할' 수 있는 것은 아니다. 당신은 어떤 형태이든 당신의 '사랑하는 자'가 당신의 가슴을 감동시켜 주기를 바란다. 당신은 신을 찾고 있는 것이다. 모든 곳에서 신을 찾고 있는 것이다.

카비르는 이렇게 노래한다.

> 그대여, 나를 찾고 있는가?
> 나는 바로 그대 옆에 있다.
> 그대와 서로 어깨를 맞대고 있다.
> 나는 사원에도 없고, 회당에도 없고, 성당에도 없다.
> 거룩한 의식 속에도 없고, 고도의 요가 수련 속에도 없다.
> 채식만 한다고 해서 나를 볼 수 있는 것도 아니다.
> 그대가 진실로 나를 찾고 있다면
> 그대는 나를 즉시 볼 수 있다.
> 바로 지금 여기에서 나를 만날 수 있다.
> 카비르는 말한다, 구도자여, 신은 누구인가?
> 신은 바로 그대의 숨이다.
> 숨 안의 숨이다.

깨어남의 초기에 영적인 시야가 깊어지고 넓어지기 시작할 때에는, 사트상이 특히 도움이 된다. 사트상은 영적인 가족을 갖는 것과 같다. 사트상은 진리를 찾는 사람들, 우주에 영적 차원이 있다는 인식을 공유하는 사람들의 모임이다. 괴테는 이런 아름다운 생각을 했다:

"산, 강, 도시만 생각하면 세상은 공허하기 짝이 없지만, 우리와 함께 생각하고 느끼는 누군가가 있다는 것, 멀리 떨어져 있어도 정신적으로는 우리와 가까운 사람들이 있다는 것은, 이 지구를 사람이 거주할 만한 정원으로 만들어준다."

분노, 옳고 그름, 시기, 질투, 통제해야 할 필요성, 판단하는 마음 등을 내려놓음으로써 오는 자유를 맛보게 되면, 우리는 그런 것들을 새롭게 보기 시작한다. 이것이 바로 '지금 이 순간에 존재하는 것'의 가르침이다. 이렇게 만물을 새롭게 보는 것이야말로 깨어남의 기회이고, 신을 알 수 있는 기회이며, 진정한 거듭남의 기회이다. 이것을 이해하는 사람에게는 결혼, 가족, 직업, 놀이, 여행 등, 삶 속에서 일어나는 모든 일이 거기에 이르기 위한 도구가 된다. 당신은 삶의 모든 것을 신령스럽게 영화靈化시킨다.

그리스도는 세상에 거하되 세상에 속하지 않는다고 말씀하셨다. 당신은 자신에게 주어진 스토리 라인에 따라 살면서도 자유롭고 활짝 열린 삶을 살 수 있다. 자신이 살고 있는 주소와 우편번호 등 소소한 모든 것을 다 기억하면서도, 동시에 어떤 것에도 얽매이지 않고 시간을 초월한 이 순간의 기쁨과 풍요로움 안에서 살 수 있다.

제4장

우아하게 나이 들기

늦은 저녁이었다. 역사의 문이 닫혀 있어서, 나는 기차를 탄 상태에서 표를 사야 했다. 이제 막 60대에 들어설 무렵이었다. 역무원이 왔을 때 나는 "경로 할인표를 원한다."고 말했다. 열여덟 살 때 뉴욕에서 친구들과 술집에 갔을 때의 기분이었다. 술을 마실 수 있는 나이가 아니어서 나는 떨리는 마음으로 바텐더에게 "맥주 한 잔 주세요."라고 말했었다. 그때 생각이 나서 조마조마하고 있는데, 역무원은 그 즉시 경로 티켓을 끊어주었다. "신분증을 보지 않아도 됩니까?"라고 묻자, 그는 "괜찮아요. 필요없습니다."라고 대답했다. 나는 충격을 받았다.

쉰 살이 될 때까지는 나 자신을 그저 십대처럼 생각하고 지냈다. 그런데 쉰 살이 되자, 나는 내가 확실히 어른이 되었다는 것을 일부러라도 자각하려고 하기 시작했다. 나는 영적인 존재가 되기에 바빴고,

나이에는 별로 관심이 없었다. 영적인 사람들은 늙지 않는다. 그렇지 않은가?

60세가 되자, 나는 노화에 대해 내가 대처할 수 있는 일이 있는지 알아보기로 결심했다. 지난 몇 년 동안, 나는 대개 생일 기념 여행을 떠나곤 했고, 그래서 가족이나 친구들은 내 생일 파티를 열어줄 수가 없었다. 그러나 환갑은 그냥 지나치기가 뭐해서 나는 친구들에게 생일 파티를 열고 싶다고 알렸다. 나는 여러 번 파티를 가졌다. 거의 6개월 동안이나 계속해서 예순이 되기에 바빴다.

어느 날 내 손을 보고 있는데, 아버지의 손이 보였다. 나는 "그래, 예순 살 먹은 손이로군. 핏줄이 굵게 두드러져 보이고, 주름도 있고, 반점들도 생겼어."라고 생각했다. 나는 노화와 주름살을 방지해 준다는 핸드 크림 광고를 떠올렸다. "이런 것들을 노화 반점이라고 부르는데, 보기가 싫지요." 그냥 '노화 반점'이라고 하면 될 것을, '보기가 싫다'는 주석을 붙임으로써 곧바로 '없는 고통'을 창조한다. '노화 반점'은 노화 반점일 뿐이다. '노화 반점'은 여기에 그냥 있을 뿐이다.

새로운 프로젝트를 시작하기보다는 일을 마무리해야 할 때에 이르렀다는 느낌이 들기 시작했다. 마지막 책을 쓰거나 1년에 6개월 동안은 쉬어야 할지도 모른다. 여행을 떠나거나 돌아올 때, 게이트로 이어지는 공항 복도가 점점 더 길어지는 것 같았다. 나는 나이가 든다는 것이 어떤 것인지, 속도를 늦추고 그 과정을 존중하는 일에 몰두하고 있었다.

나는 늙어가는 느낌을 음미하는 동시에 나도 모르게 다소 기이한 행동을 하기 시작했다. 나는 내가 더 이상 육체의 형상 안에 갇힌 존재가 아닌 양 살아가려고 애쓰고 있었고, 나도 모르게 더 젊게 행동하려고 노력하고 있었다. 나는 서른세 살짜리 친구와 함께 남태평양으로 바디서핑*을 하러 갔다. 나는 타히티에서 열다섯 살에서 스무 살 사이의 아이들에게 둘러싸여 파도를 타고 놀았다. 하지만 나는 고군분투하고 있었다. 나는 회전을 잘못 하는 바람에 산호초에 부딪혀 돌아오는 파도를 맞아 다리를 베었다. 어린 서퍼들은 동정 어린 눈으로 나를 바라보았다. "도대체 여기서 내가 뭘 하고 있는 거지?"라는 생각이 들었다.

그 순간, 아버지가 낭송하시곤 하던 시구가 떠올랐다.

당신을 늙게 만드는 것은
당신의 눈 밑 처짐이나 잿빛 머리칼이 아니야.
당신의 마음이 움츠러들면
당신의 몸도 어쩔 수가 없어.
당신은 한물간 퇴물이 된 거야.
형제여, 당신은 이제 늙은이가 된 거야.

노화로 인한 고통의 대부분은 과거의 기억에 매달리는 데서 온다. 나는 63세에 노화에 관한 책을 썼는데, 나는 내 기력이 예전 같지 않으며 내 삶의 패턴이 바뀌는 방식을 지켜보면서, 그 고통을 피하려고 애쓰지 말고, 나에게 주어진 인생 커리큘럼의 이 부분에 이르러서도

---

* 물갈퀴만으로 파도를 타는 스포츠.

춤을 출 수 있어야 한다는 것을 깨달았다. 예를 들면, 나는 이제 더 기력을 아끼면서 살아야 한다. 이 사회는 나를 노인으로 편입시키면서 내 힘을 빼앗아가기 일쑤이다. 하지만 상황의 모든 변화와 맞서 싸우려고 할 필요가 없다. 청춘이든 노년이든 언제나 새로운 순간이 주어질 뿐이다.

노화에 대한 문화적 태도

미국에서는 55세나 65세, 또는 그 이후에 은퇴할 수 있다. 건강관리를 위한 메디케어는 65세부터 시작되지만, 경로 할인 자격을 얻기 시작하는 것 외에는 노인이 되기 위한 명확한 통과 의례가 따로 없고, 그러한 구분이 무엇을 의미하는지에 대해서도 잘 알 수가 없다.

경제적 생산성과 사회적 역할은 현대의 사냥 부족인 우리들에게 많은 스트레스를 준다. 전통적인 수렵 사회에서는 부족이 계속 활동해야 하고, 노인이 되어 따라잡지 못하면 그냥 뒤에 남겨지곤 했다. 노인은 '할 수 있는 일이 별로 없는 사람'으로 취급된다.

어느 노인에 대한 중국의 민담이 생각난다. 그는 가족들을 도와 밭에서 일하기에는 너무 늙었다. 어느 날 가족들이 모여 앉아 이야기를 나누고 있을 때, 노인의 아들이 생각한다. "그는 너무 늙었다. 음식만 축낼 뿐이다. 아무런 이익이 없다. 이제는 인생을 끝마칠 때가 된 것 같다." 그래서 그는 손수레에 나무 상자를 싣고는, 아버지에게 그 상자 안으로 들어가라고 한다. 아버지는 잠자코 상자 안으로 들어간다. 아들은 상자의 덮개를 덮고는 산을 타고 올라간다. 절벽 가장자리에 다다랐을 때, 상자를 안에서 두드리는 소리가 들리고, 아버지가 말한다. "아들아, 나는 네가 무엇을 하고 있는지, 무엇 때문에 이렇게 하는지, 다 알고 있다. 하지만 내가 부탁하는데, 덮개를 열고 나를 꺼내어 그냥 절벽 아래로 던져버리고, 상자는 그냥 가지고 가라. 상자는 장차 아이들에게 쓸모가 있을 것이다."

내가 서구의 청소년들이 흔히 갖게 되는 편향적 모델에 갇히지 않게 된 것은, 여행을 많이 한 덕분인 것 같다. 다른 문화에서는 노화에 대한 정서가 얼마나 다른지, 항상 놀라웠다.

인도에 있는 동안, 나는 산속 마을에서 오랜 친구를 만났다. 그가 나에게 말했다. "람 다스, 너무 늙어 보여. 어느새 은발이 되었어!" 거기에 대한 나의 첫 번째 반응은 서양식 문화에 길들여진 조건화의 결과물이었다. "정말 모욕적이야! 맙소사, 끔찍하다!" 하지만 마음이 조금 진정되고 나자, 나는 그가 말하는 어조를 다시 떠올리고는, 그가 큰 존경심과 애정을 가지고 그렇게 말했다는 것을 깨달았다. 나는 그 사회에서 존경받는 노인이 된 것이다. 그는 이렇게 말하고 있었다. "넌 어느새 존경받는 원로가 되었어. 넌 우리가 경청해야 할 지혜를 가져서 모두가 의지할 만한 어르신이 된 거야."

인도의 베다 철학에는 삶의 네 가지 주요 단계가 있다.

- 20세까지: 배우는 시기.
- 20세에서 40세까지: 자녀를 키우며 돈을 버는 가장의 시기.

- 40세에서 60세까지: 자녀가 다 자라서 사업을 이어받아 여유가 생겨서, 인생 철학을 공부하고 성지순례를 하고 수행을 하는 시기.
- 60세부터: 아무런 책임이 없어서 자유로운 시기. 세상은 당신의 지혜를 필요로 하기 때문에 공동체가 당신을 지원해 준다.

대가족 제도를 가진 문화에서는 모든 사람이 자연스러운 역할을 갖고 있으며, 노인들은 우대와 존경을 받는다. 그들은 가족의 일부로 남아 있고, 노인과 젊은이는 서로가 서로에게 배우는 '지혜로운 바보들'이 된다. 그 모두가 시스템에 이미 갖추어져 있다. 그러나 서양 문화에는 노화를 문제로 다룬다.

서양의 기술은 너무 빨라서, 우리는 빠르게 유효기간이 지난 폐물이 된다. 우리 사회의 장로들이 과연 얼마만한 지혜를 가졌는지, 그 유용성이 의심스럽다. 나는 새로운 컴퓨터 프로그램을 배우려고 애썼고, 늙은 개들도 새로운 기술을 배울 수 있는 법이라고 스스로를 다독였다. 하지만 솔직히, 배우고 싶은 새로운 트릭들이 그다지 많지 않다. 나는 차라리 유효기간이 지난 폐물로 남을 것이다.

적어도 우리는 조화와 균형을 잃은 시스템에 살고 있다는 것을 알았으면 좋겠다. 당신과 나는, 사람들에게 존재의 자질을 기르도록 함양하는 대신 생산성과 성과, 소비 능력으로 사람을 평가하는 물질 위주의 사회에서 성장한 대가를 톡톡히 치르고 있다. 개인의 독립성과 개성을 키우기 위한 열정은, 가족과 공동체뿐만 아니라 자연으로부터도 멀어지게 하여 우리를 더 심오한 존재가 되지 못하게 하는 데에 이바지

했다.

우리 중 많은 사람들이 그렇듯이, 자연과 단절된 우리는 계절의 순환, 즉 태어남과 성장과 결실, 추수, 겨울의 죽음, 봄의 부활이라는 자연의 순환을 제대로 실감하지 못한 채 살아간다. 자연의 순환을 보면 우리는 노화가 어떤 의미를 갖는지, 직관적이고 본래적인 뜻을 알 수 있다. 모든 일은 지금 여기에서 때맞춰 일어난다. 노인들이 목적을 상실하고 공허감 속에서 살아간다면, 그것은 우리 문화가 삶의 마지막에 대한 비전을 결여하고 있기 때문일 것이다.

변화에 대처하기

한 노인이 길을 걷고 있는데, "쉿, 저 좀 도와주시겠어요?"라는 목소리가 들린다.

그는 주위를 둘러보지만, 아무도 보이지 않는다. 그는 다시 한 번 "잠깐만, 저 좀 도와주시겠어요?"라는 말을 듣는다.

아래를 내려다보니, 커다란 개구리가 있다. 그는 당황한다. 개구리가 정말 말을 했단 말인가? 그래서 그는 "네가 나에게 말한 거야?"라고 말한다.

개구리가 말한다. "그래요, 저를 좀 도와줄 수 있나요?"

"그래, 무슨 문제인데 그래?"

"나는 저주를 받았어요. 당신이 나를 안고 키스를 해준다면, 나는 다시 아름다운 처녀로 변신할 것이고, 당신을 섬기면서 요리를 하고,

당신의 침대를 따뜻하게 덥혀줄 것이며, 당신이 원하는 것은 뭐든 다 해줄 거예요."

남자는 잠시 그 자리에 서 있었다. 그런 다음 그는 개구리를 집어 주머니에 넣고 계속 걸었다.

잠시 후 개구리가 말했다. "여보세요, 당신은 나한테 키스하는 걸 잊었어요."

그 남자는 "알다시피, 내 나이가 되면, 말하는 개구리를 그냥 갖고 있는 편이 더 낫다고 생각하게 되는 것 같아."

노화의 본질은 변화와 관련된다. 우리는 노년의 변화에 대비할 수 있어야 한다. 몸의 변화, 기억의 변화, 관계의 변화, 에너지의 변화, 가족과 사회적 역할의 변화—이 모든 것이 죽음으로 이어지는 우리네 삶의 커다란 변화이다. 인생의 마지막 부분인 이 단계를 감축이나 축소로 볼 수 있다. 하지만 영적 관점에서 보면, 참으로 놀라운 변화를 겪게 된다고 할 수 있다. 에고의 소란이 가라앉고, 동기가 명확해지며, 지혜가 발휘되기 시작한다.

지혜는 나이가 들어도 줄어들지 않는다. 지혜란, 주어진 순간에 세상을 있는 그대로 받아들이고 조화롭게 사는 법을 터득하는 것이다. 지혜가 깊어지면, 우리 모두가 같은 배를 타고 있다는 깊은 이해에 다다르게 된다. 거기에서 연민과 자비가 우러난다. 자신과 다른 사람들, 세상에 대한 연민과 자비심이 생기는 것이다. 당신은 변화를 허용하고 그것을 기뻐하며, 거기에 저항하기보다는 변화에 내재된 지혜를 찾고 있는가?

변화하는 현상은 끝없이 경이롭고 매혹적이다. 그러나 우리가 생각하는 우리가 변하기 시작하면, 매혹은 두려움으로 바뀐다. 노화는 신체적, 심리적으로 개인적인 변화를 가져온다. 몸이 예전에 하던 방식으로 하지 않고 다른 방식으로 작동하기 시작하면, 고통스럽고 혼란스러워진다.

신체의 변화는 끝이 없다. 몸과 자기 자신을 동일시하면, 몸의 변화는 당신의 의식을 완전히 사로잡을 수 있다. 플로리다의 세인트 피터스버그나 애리조나의 피닉스 같은 곳에 있는 선벨트 지역*에는 벤치에 앉아 서로에게 이러한 변화에 대해 썰을 푸는 사람들로 가득하다. 우리는 들을 만한 시간 여유가 없는 한, "잘 지내?"라는 안부 인사를 하지 않는다.

물론 어떤 사람들에게는 '잘 지낸다'는 것이 대단히 절실한 문제가 될 수 있다. 앨버트 아인슈타인, 파블로 피카소, 클로드 모네, 마르크 샤갈, 밥 호프, 그랜마 모지스, 마가릿 미드 같은 사람들과 벤치에 앉아 이런 이야기를 나눈다고 상상해 보자. 그들은 과연 어떤 반응을 보일까?

변화에 대처하는 방식 중 일부는 우리의 인식에 달려 있다. 우리들 각자는 에고와 영혼이라는 두 존재로 살아간다. 에고와 영혼은 의식의 다른 차원에서 기능한다. 우리가 주로 영혼의 차원에서 살고 있다면,

---

* 미국 남부 약 북위 37도 이남의 따뜻한 지역.

신체의 변화는 날씨의 변화처럼 흥미로운 것이 된다.

　인식에 대해서 생각해 보자. 가까이에 텔레비전이 있다고 가정하고, 의식의 다양한 차원이 이 텔레비전의 채널들이라고 가정해 보자. 우리들 대부분은, 이 문화권에 있는 대부분의 시간 동안, 마치 1채널이나 2채널 세트를 가지고 있는 것처럼 행동한다. 수백 개의 채널이 있는 케이블이나 위성 TV가 없다. 하지만 케이블에 대해 들어보기는 했을 것이고, 우리가 그것을 선택하지 않더라도 방안에는 여러 다른 채널들이 떠돌고 있다는 것은 인정할 수 있다. 우리는 수신기를 조정하는 방법을 모르기 때문에 그것들을 수신할 수가 없다. 인식이 바로 이런 것이라고 할 수 있다.

　채널 1에서, 우리는 다른 사람을 볼 때 그 육체를 본다. 늙고, 젊고, 밝고, 어둡고, 날씬하고, 뚱뚱하다는 식으로 판단한다. 특히 자신의 육체에 집착하는 경우에는, 세상을 볼 때 다른 사람의 육체를 보게 된다. 그것이 우리가 보고 있는 채널이다. 젊음, 섹스, 피트니스, 패션, 미용, 스포츠─그런 것에 관심을 갖도록 프로그램되어 있다.

　채널 2로 돌리면, 당신은 심리사회적 영역에 있게 된다. 당신은 힘을 보고, 행복과 슬픔과 노이로제를 본다. 이것은 테라피와 사회적 역할에 관한 채널이다. 여기에서, 우리는 엄마, 트럭 운전사, 변호사 등으로서, 다양한 역할과 정체성, 성격과 상호 작용의 복잡성, 모든 사회적 요소를 가지고 있다. 세상이 돌아감에 따라, 매혹적이고 끝나지 않는 멜로드라마가 에피소드에서 에피소드로 계속해서 이어진다. 대부분의 사람들은 채널 2에 만족한다. 당신이 만나는 사람들의 98%는 항상 이 두 채널을 오가느라 바쁠 것이다.

이제 다른 채널로 전환한다고 가정해 보자. 이것은 아스트랄 채널이다. 여기서 여러분은 원형, 융의 원형을 보게 된다. 당신은 아스트랄, 곧 신화적 역할들과 신화적 정체성들이라고 불리는 것을 다룬다. 여기에서는 사람들의 개성 구조가 아닌 그들의 신화를 통해 사람들을 보게 된다. 당신은 나를 보고, "그는 양자리야. 그냥 알 수 있어."라고 말할 것이다. 같은 방식으로, 당신은 누군가가 궁수자리나 사자자리라는 것을 알 수 있다. 이 채널에는 다양한 순열 중 12가지만 있다.

하지만 다음 채널로 넘어가면, 모든 개인차를 떠나 당신이 보는 모든 사람들이 당신 자신과 마찬가지로, '영혼'이다. 겉포장은 저마다 다르지만, 안에는 당신과 똑같은 또 다른 존재가 있다. "당신, 그 안에 있어요? 나는 여기 안에 있어요. 어떻게 그 '하나' 안에 들어가 있는 거지요?"라고 말할 때, 우리는 영혼을 가리키고 있는 것이다. 모든 개성, 아스트랄체, 신화적 원형, 물리적 형태 등—그 모든 것이 겉포장이다. 안에는 개별적인 영의 실체가 있다.

이제, 재미로 채널을 한 번 더 돌려보자. 여기에서, 당신은 자신을 바라보고 있는 자신을 바라보고 있다. 순수 자각이 스스로를 보고 있는 것이다. 그리고 거기에는 오직 '하나'만 있다.

당신은 이 같은 다른 의식 차원들에 대한 앎과 조화를 이루는 방식으로 살려고 애쓴다. 그 조화는 나이가 듦에 따라 오는 지혜의 일부이다. 늙어가는 법을 배우는 것은 지혜의 절정이자 위대한 삶을 위한 기술 중에서도 가장 어려운 부분에 속한다.

에고의 미묘한 함정, 채널 1 또는 2에 사로잡힌 마음의 함정 중 하나는, 시간 개념이다. 노화는 시간과 관련이 있기 때문이다. 그러나 시간에 속하지 않는 부분이 있으며, 그 장소를 찾고 그 안에서 쉬는 것이 신비로운 여정의 핵심 부분이다. 당신은 영적 여정을 통해 당신이라는 존재 안으로 점점 더 깊이 들어간다. 당신은 변하는 당신의 뒤쪽으로 들어가 변하지 않는 부분을 찾기 시작한다.

모든 우주는 바르게 읽어야 할 신호에 다름아니다. …전쟁과 평화, 사랑과 이별은 다른 세계로 가는 감추어진 문이다. …대부분의 사람들이 자기 주변에서 보는 것을 진실이라고 믿으면서 늙어가지만, 그래서는 안 된다.

라마야나에서 윌리엄 벅 William Buck

우아하게 나이 들기

상황은 변하기 마련이다. 자동차도 늙어가고, 내 몸도 늙어간다. 외부의 변화는 명백하다. 더 어렵고 미묘한 일은, 생각과 감정도 변해간다는 것을 알아차리는 것이다.

나이가 들어감에 따라, 삶 속에서 일어나는 생각과 감정 중 일부는 우리가 우리라고 생각하는 자신의 정체성의 핵심 모델과 반대되기도 하여, 그것이 트라우마가 되기도 한다. 당신의 생각과 감정을 자기 자신과 동일시하는 한, 그 생각과 감정이 당신이라고 생각하는 한, 그것들은 고통의 원인이 될 것이다.

노화와 관련된 변화에 직면할 때, 우리는 절망, 우울, 무가치함, 좌절, 의심, 연약함, 건망증, 짜증, 자신감 상실, 미래에 대한 두려움, 소유물에 대한 집착, 무의미함, 친구 상실, 돈이 충분하지 않다는 두려움, 돌보아줄 사람이 아무도 없음, 기력이나 영향력 상실, 집중력 상실, 목표 의식 실종 등으로 암울한 마음의 병을 앓기 쉽다. 이런 심리적 덫의 일부는 사회적 지원 시스템인데, 그 시스템도 은퇴할 때가 되면 달라지게 마련이다. 때로는 집을 떠나야 할 수도 있다. 예전보다는 책임져야 할 것들이 적어지고, 열심히 일하면 더 주어지던 보상 시스템도 더 이상 작동하지 않는다. 현 상태를 그대로 유지하여 심리적 안정감을 가지려고 애쓰지만, 상황이 어떻게 변할지는 아무도 알 수가 없다.

중국 국경 근처에 한 노인이 아들과 함께 살고 있었다. 이 노인에게는 무엇보다도 귀중하게 여기는 말 한 마리가 있었는데, 어느 날 노인이 기르던 말이 국경을 넘어 오랑캐 땅으로 도망쳤다. 소식을 들은 동네 사람들이 찾아와서 "정말 안됐습니다. 이를 어찌합니까." 하고 노인을 위로했다. 하지만 노인은 의외로 담담했다.

몇 달이 지난 어느 날, 도망친 말이 세 마리의 야생마를 데리고 돌아왔다. 기쁜 소식을 들은 동네 사람들이 몰려와서 축하해 주었다. "정말 운이 좋으시군요." 이웃들의 축하에도 노인은 "그런가요?"라고 할 뿐, 그다지 기쁜 내색을 하지 않았다.

그로부터 며칠 후, 노인의 아들은 새로 들어온 말을 길들이겠다며 타다가 말에서 떨어져 다리가 부러지고 말았다. 마을 사람들이 걱정스런 표정으로 노인을 위로했다. "끔찍한 일이 벌어지고 말았군요. 이런 일이 벌어질 줄 누가 알았겠습니까?" 하지만 노인은 이번에도 무표정이었다.

아들이 다리가 부러진 지 얼마 지나지 않아, 북방 오랑캐가 침략했다. 나라에서는 징집령을 내려 젊은이들을 모두 싸움터로 내몰았다. 하지만 다리가 부러진 노인의 아들은 전쟁터에 나가지 않았고, 마을의 젊은이들 중에는 전사자가 많았지만, 노인의 아들은 무사했다.

두렵고 무서운 낡은 심리적 모델 대신, 우아하게 나이를 들게 해줄 영적 모델이 있다. 마틴 부버는 "시작한다는 것의 의미에 큰 중요성을 두지 않는다면, 늙는다는 것은 영예로운 일이 될 수 있다."라고 말했다.

노화에 대한 새로운 불확실성과 부정적인 감정을 깨어나라는 자명종 소리로 들으라. 당신 자신에게 연민을 갖고, 변화를 열린 마음으로 받아들이면, 나머지 일들은 저절로 펼쳐질 것이다.

어느 축하 카드에서 나는 '정신을 잃어버리는 것'에 대한 시를 본 적이 있다. 망각이 큰 선물인 것은, 기억한다는 것을 새롭고 흥미로운 관점에서 보게 해주기 때문이다. 그러나 우리의 가장 큰 심리적 두려움은 정신을 잃어버리는 것이다. 이 시는 이렇게 노래한다.

할 말은 딱 한 줄, 내가 살아있다는 것, 아직 죽지 않았다는 것.
점점 더 건망증이 심해지고 머릿속이 복잡해지긴 하지만.
가끔은 계단 밑에 서 있으면서, 올라가야 하는지
방금 내려온 것인지조차 기억이 나지 않을 때가 있다.
냉장고 앞에서 가련한 내 마음은 의심에 가득 차서 헤맬 때가 있다,

방금 음식을 정리한 것인지, 아니면 뭘 좀 꺼내러 왔는지.
밖이 어둑어둑할 무렵, 때로는 머리에 나이트캡을 쓰고서
이제 곧 잠자리에 들어가려고 하는 것인지
이제 막 침대에서 나온 것인지도 모를 때가 있다.

그러니 내가 당신에게 편지를 쓸 차례라면 괴로워할 필요가 없다.
나는 내가 글을 썼고 지루한 글이 아니었으면 좋겠다고 생각한다.
나는 당신을 사랑하고, 당신이 여기 있었으면 좋겠다.
그것을 기억해 주었으면 좋겠다.
이제 편지를 부쳐야 할 시간이므로 작별인사를 해야겠다.
나는 얼굴이 붉어진 채 우체통 옆에 서 있었다.
나는 내 편지를 부치는 대신 우편함을 열어 보았다.
새로 맞춘 이중초점 안경이 마음에 들고,
틀니가 나에게 딱 맞는다.
내 보청기는 완벽하지만, 주님, 저는 제 마음이 그리워요.

변화가 자신의 개성과 상관이 없을 때에는 노화의 변화에서 벗어나기가 더 쉽다. 몸을 하나의 대상으로서 볼 수 있을지는 모르지만 자신의 개성을 자기 자신과 너무나 오래 동일시하고 살아왔다면, 개성을 대상으로 보기란 매우 어려운 일이다. 당신은 당신의 개성을 자기 자신이라고 생각한다. 개성 또한 계속해서 변하기 마련이지만, 그럼에도 사람들은 개성이 갖는 생각들과 감정들을 자기 자신과 동일시한다.

이제 우리는 문제의 핵심으로 더 깊이 들어가고자 한다. 변화와

관련하여 두려워하지 않을 수 있으려면 어떻게 해야 할까? 당신은 변화하는 가운데, 심지어는 그 변화를 즐기면서 살 수 있는가? 변화와 더불어 일하고, 원로가 되고, 변화와 관련된 일들을 하면서 동시에 평정심, 순수성, 사랑의 의식, 연민, 기쁨을 함양할 수 있는가? 이러한 자질들을 조화롭게 유지하는 것은, 진정으로 심오한 영적 작업이라 할 수 있을 것이다.

존재의 자유

많은 사람들에게 노년이 그토록 당혹스러운 이유 중 하나는, 그들의 역할이 바뀌고 그러한 변화로 인해 목적 상실을 경험하기 때문이다. 가치관과 정체성, 자존감 감소, 행동 방법에 대한 혼란, 자신이 더 이상 필요하지 않다는 느낌은, 살아야 할 목표 의식을 지워 버린다. 사람들은 자신의 삶을 어떻게 재구성해야 할지, 예전과는 완전히 다른 생소한 역할을 하는 존재로서 어떻게 살아가야 할지, 불확실성에 휩싸이게 된다. 은퇴와 자녀의 독립은 역할에 큰 변화를 초래한다.

한편으로는 세상에서 쓸모있는 사람으로 머물기를 원하고, 다른 한편으로는 사유와 명상의 세계로 빠져들고 싶기도 하다. 사유와 명상의 세계에 대해 조금 더 여유를 갖고 고려해 보기를 권하고 싶다. 그런 충동을 잘못된 것이라고 상정하고 피하려 들지 말고, 거기에 물을 조금만 더 주고 햇빛을 조금만 더 쬐어 줄 일이다. 꿈도 희망도 사라졌다는 것, 어린시절로부터 아득히 멀어져 있다는 것, 세상을 떠난 사람들에 대한 추억과 별리의 아픔을 피하려고만 하지 말고, 자기 자신에게 진정으로 슬퍼할 수 있는 기회를 주어야 한다.

두려움을 느끼거나 자신의 상황에 대해 확신이 없을 때마다 써먹을 수 있는 매우 아름답고 강력한 만트라가 있다. "신의 권능이 내 안에 있다. 신의 은혜가 나를 에워싸고 있다." 자신을 위해서나 도움을 필요로 하는 사랑하는 사람을 위해 이 만트라를 반복하라. 이 만트라는 당신을 보호해 줄 것이다. 그 힘을 경험하라. 그것은 당신의 정수리를 통과하여 당신이라는 존재의 밑바닥까지 내려가는 단단한 강철 샤프트와 같다. 은혜는 해무리 달무리처럼 당신을 에워쌀 것이다.

노년의 선물 중 하나는, 다른 사람들이 우리에 대해 어떻게 생각하는지 더 이상 신경 쓰지 않게 된다는 것이다. 노화는 우리를 더욱 더 편향되게 만들기 쉽다. 젊었을 때, 우리는 특정한 방식으로 살아야 한다는 기대 속에서 그 기대를 저버리지 않으려고 애썼다. 하지만 나이가 들어감에 따라 우리는 주변의 기대에 신경쓰지 않고 점점 더 느슨해지게 된다. 점점 더 자유롭게 우리 자신으로서 살 수 있게 된다. 나이가 우리를 예전의 역할에서 해방시키고, 다른 종류의 자유와 진정한 존재 방식을 제공해 준다. 더욱 더 직감에 따라 살 수 있고, 실험적인 삶을 시도할 수도 있으며, 아무것도 하지 않을 수도 있다. "내 인생을 다시 살 수 있다면"이라는 시를 썼을 때, 나딘 스테어 Nadine Strair는 85세였다.

내가 인생을 다시 산다면

이번에는 더 많은 실수를 저지르리라.

마음을 푸근하게 먹고, 더 유연해지리라.

그리고 좀 더 바보가 되리라.

되도록 심각하게 생각하지 않고

보다 많은 기회를 붙잡으리라.

더 자주 여행을 다니고, 더 자주 노을을 보리라.

산에도 더 자주 가고, 강에서 수영도 즐기리라.

아이스크림도 많이 먹되, 콩요리는 덜 먹으리라.

더 많은 어려움을 겪을지도 모르지만,

미리 앞질러 괴로워하는 일은 가능한 한 피하리라.

보라, 나는 매 순간을, 하루하루를

의미있고 분별있게 살아가리라.

아, 나는 많은 순간들을 마주했으나

인생을 다시 시작한다면

나의 그 순간 순간들을 충분히 더 음미하리라.

매 순간을 살되

의미없는 시간은 갖지 않도록 애쓰리라.

먼 앞날을 내다보고 사는 대신

이 순간을 즐기면서 살아가리라.

지금까지 난 체온계와 보온물병, 비옷과 우산이 없이는

어느 곳에도 못 가는 사람이었다.

이제 인생을 다시 살 수 있다면

더 간출하게 여행길에 나서리라.

내가 인생을 다시 시작한다면

이른 봄부터 늦가을까지
신발을 벗어던지고 맨발로 지내리라.
춤도 자주 추리라.
회전목마도 자주 타리라.
데이지꽃도 더 많이 꺾으리라.

예전의 역할에 얽매이지 말아야 한다. 개성을 떠나서 살 수 있는 방식, 지켜보는 자의 순수 인식, 가슴에 있는 '나, 곧 사랑의 의식'인 그 자리를 알아차리고 기르면, 당신은 더욱 더 당신의 영혼 안에서 살기 시작할 것이다. 당신이 누구를 보든 사랑하는 사람으로 바라본다면, 당신이 보는 모든 사람은 당신 자신의 영혼을 위한 거울일 뿐만 아니라 한 영혼이 된다.

사람들을 영혼으로 보게 되면, 관계가 눈부시게 아름다워진다. 저마다 고투하면서 살아가는 여정은 너무나 정교하다. 잠시 멈추고, 그 아름다움에 감사하자. 너무나 소중한 시간이다. 대부분의 사람들은 자신들이 아름답다는 것을 모른다. 자신이 아름다운 것을 모르기에 너무나 바쁘다. "이렇게 저렇게만 할 수 있다면, 훨씬 더 아름다워질 텐데…."라고 생각하기 때문이다. 하지만 그들의 본래 모습은 모두가 다 아름답다. 그들의 고통과 그들의 기쁨 모두가 다 아름답다.

당신 앞에는 사랑할 만한 사람이 이런 모습 저런 모습을 하고 계속해서 나타난다. 당신은 사람을 영혼으로서 보는 능력을 기르고, 연습할 수 있다. 다른 사람의 내면에 깃든 미묘함을 보는 것 또한, 당신 자신 안에서 그것을 알아보고 인정하는 당신의 능력에 달려 있다. '하나'는 '하나'를 알아본다.

흘려보내기, 다시 흘려보내기

의식적인 노화는 내려놓는 것과 관련이 있으며, 이를 통해 현재의 순간, 즉 영으로 들어갈 수 있다. 꽉 붙잡고, 가볍게 내려놓으라.

진정으로 끝나지 않은 일을 끝냈다고 믿게 되면, 신께로 가는 여정이 느려질 것이다. 마찬가지로, 이미 끝난 것을 붙잡으려고 해도, 여정이 느려질 것이다.

어떻게 해야 할까? 당신을 신께로 인도하지 못하는 것들을 내려놓아야 한다. 무엇을 내려놓아야 할까? 물질적인 것만이 아니다. 당신 자신의 정체성, 자기 자신에 대해 느끼는 방식 또한 내려놓아야 한다. 예를 들면, 당신 스스로 무가치하다고 생각하는 그 생각을 내려놓으라. 분석하지 말고, 그냥 내려놓아야 한다. 죄책감, 분노, 자신의 멜로드라마에 대한 집착을 내려놓아야 한다. 그것은 단지 연속극이고 멜로드라마일 뿐이다. 그것이 어떤 식으로 전개되는지, 당신은 이미 알고 있지 않은가?

당신은 고통과 당신이 처한 상황들을 통해서 할 일이 있기 때문에 이 지구에 몸을 입고 태어난 것이다. 태어나서 수행하게 되어 있는 당신만의 커리큘럼이 있다. 모든 문제와 힘든 일들이 있는 바로 여기가, 당신이 있어야 할 그곳이다. 이것이 바로 그것이다. 완벽하다. 신의 동역자로서 충만하고 풍요롭게 살아라. 열린 마음과 사랑으로 펼쳐지는 모든 일들을 받아들여라.

있는 그대로 존재하는 일

부패란 더럽기만 한 것이 아니다. 그것을 끔찍한 아름다움으로도 볼 수 있을 만큼 세상에 대한 인식을 확장해 보자. 부패하는 모습을 보고, 그것이 나름대로 얼마나 아름다운지를 음미해 보라. 내 친구 로라 헉슬리는 부엌 싱크대 위에 아름다운 약 단지들을 진열해 놓고 있었다. 그녀는 오래된 사탕무 잎과 오렌지 껍질 등을 항아리에 넣고 물을 부어 놓아서 곰팡이가 생기고 부패하게 만들었다. 햇빛이 비추면 기이한 아름다움이 항아리 안에 연출되었다. 부패를 주제로 하는 멋진 예술이었다.

만물 안에는 공포와 아름다움이 내재한다. 내 손을 보면, 썩어가고 있는 중이라는 것을 알 수 있다. 아름답기도 하고 끔찍하기도 한 모습이다. 나는 그저 그것과 더불어 살아가고 있다. 당신 주변의 세상과 당신 자신 안에 있는 부패의 아름다움과 완벽함을 보고, 있는 그대로 허용하라.

노화에는 잘 인식되지 않는 몇 가지 이점이 있다. 노년의 허약함은 그 비밀을 쉽사리 노출시키려 하지 않는다. 당신이 많은 사람들에게 별 영향력 없는 사람이 되면, 그로 인해 당신에게는 내면의 일을 할 시간이 더 많이 주어지게 된다. 요양원에 거주하는 프랜시스는 나에게 이런 편지를 보냈다. "몸에 힘이 없으니 활동을 훨씬 덜 하게 되고, 고요 속에 있는 시간이 많아졌습니다. 그들은 나를 노인네라고 부릅니다. 노인네라는 것은 '부적응'을 걸 수 있는 편리한 못입니다. 일련의 새로운 능력들이 작동되고 있는 것 같습니다. 나는 세계의 경이로움에 눈을 뜨고서, 창조의 광대함과 다양성을 얼핏이나마 엿보고 있습니다. 내 인생의 그 어느 때보다 나는 회전하는 행성과 그 위 하늘의 아름다움을 인식하고 있는 것 같습니다. 노년은 내 인식을 예리하게 다듬어주고 있습니다."

노화가 영적으로 어떻게 도움이 되는지 살펴보는 것은 자못 흥미로운 일이다. 나는 명상을 하기 위해 미얀마에 가곤 했다. 나는 독방에서 지낸다. 책도 없고, 텔레비전도 없고, 컴퓨터도 없고, 대화할 사람도 없다. 나는 그냥 앉아서 내면으로 들어간다. 가능하면 고요해지려고 애쓴다. 나이가 들면 어떻게 되는가? 청력을 잃고, 시력을 잃고, 행동이 굼뜨게 되고, 속도가 느려진다. 명상하기에 정말 이상적인 시간이다. 명확한 메시지가 있다면, 이것이 바로 그것이다. 그러나 우리는 노화를 뭔가 잘못되었다고 느끼거나 실패로 취급하기 일쑤다.

그러한 왜곡은 우리 자신을 존재가 아닌 행위로 정의하는 데서 비롯된다. 그러나 모든 행위, 모든 역할의 뒤안에는 순수한 인식, 순수한 의식, 순수한 에너지가 자리하고 있다. 현재 순간에 온전히 거주하면, 우리는 시간과 공간 밖에 있게 된다.

트룽파 린포체는 "우리의 삶은 일상의 마법을 통해 깨어난다."라고 적었다. 기적은 날이면 날마다 일어나고 있다. 지금 여기에 있는 연습을 계속해 가면, 우리 삶 속에서 벌어지는 나날의 기적을 알아차리고 감사할 수 있는 감수성이 발달한다.

한동안 나는 낡은 스쿨버스에서 살았는데, 캠프장에서 이웃 어르신들과 많은 시간을 보냈다. 이 사람들은 일찍부터 미래를 계획하는 데에 집중해 왔다. 이제는 그 미래가 여기에 있지만, 그들의 의식은 과거에 사로잡혀 있었다. 나는 감상적인 몽상을 질릴 정도로 많이 들었다. 여기에 대해 생각할 때마다 나는 의아스러웠다. "지금 이 순간 무슨 일이 일어났단 말인가? 그냥 차를 끓이고 있을 뿐인데, 무슨 일이 일어났단 말인가? 별빛 아래 이 아름다운 곳에 함께 있다는 이 의식에는 무슨 일이 일어난 건가?"

그들의 마음은 과거를 되살림으로써 끊임없이 자신의 정체성을 강화하면서 붙들고 있었다. 당신이 매달리는 최고의 순간에 대한 기억은, 당신으로 하여금 현재 순간을 살지 못하게 한다. 그리고 영은 바로 지금 여기에 살아있다. **여기**가 아니고서는, 있을 곳이 없다.

지금은 나중을 위한 준비가 아니다. 여기 그리고 지금이 **그것**이다. 거기에는 열려 있는 공간이 있고, 그 순간에 있는 것을 수용하는 마음이 있으며, 그래서 모든 것에 "그래, 아 그래!"라고 말한다. 추하거나, 아름답거나, 지루하거나, 혼란스럽거나, 죽었거나, 분노하거나, 영혼의 어두운 밤이거나, 영의 찬란한 빛이거나, 그 모든 것에. 이것이 바로 **그것**이 존재하는 방식이다. 그리고 그것이 존재하는 그 방식 안에 영이 **있다.**

이 순간만으로도 충분하다. 그 순간에 점점 더 온전히 들어가는 것은, 자신이 영적 존재라는 것에 충분히 감사하는 일이다. 영 안에 있는 것, 사랑하는 이와 함께 있는 것이 어떤 것인지 맛본 후에는, 거기에서 멀리 떨어져 있을 수가 없게 된다. 온전히 순간 속에서 살아가는 것은, 의식의 또 다른 차원으로 들어가는 것과 같다. 아무런 판단 없이, 지금 여기에 있는 것, 이것이 곧 영 안에 있는 것이다.

헨리 데이비드 소로는 『월든 Walden』에서 이렇게 썼다.

때로… 나는 일출부터 정오까지 햇볕이 잘 드는 문간에 앉아 소나무와 호두나무와 옻나무에 에워싸여 누구에게도 방해받지 않는 고독과 적막 속에서 몽상에 빠져들곤 했다. 새들이 주위에서 넘나들며 집안을 들락거리며 소리 없이 날아다녔다. 서쪽 창문으로 해가 비쳐들거나 멀리 떨어진 도로에서 여행자의 마차 소리가 들려오면, 그제야 비로소 시간이 많이 지났다는 것을 알아차렸다. 그 시기에 나는 옥수수가 밤새 자라듯 쑥쑥 자랐다. 이런 시간은, 손을 써서 어떤 일인가를 하고 있을 때보다 훨씬 더 좋았다. 내 삶에서 낭비된 시간이 아니라 나에게 예정되어 있었던 것보다 훨씬 더 많은 것이 주어진 듯한, 선물 같은 시간이었다.

동양인들이 일손을 놓고 명상에 잠기는 이유가 무엇인지 알 것 같았다.

한 편지에서 그는 또 이렇게 썼다. "어느 정도는, 그리고 드물게는, 나는 수행자이기도 하다."

제5장

깨어 있는 삶,
깨어 있는 죽어감

노화는 우리의 삶 속에서 경험하게 되는 어두운 그늘을 깨어남을 위한 수단으로 사용하는 법을 배울 수 있는 기회를 제공한다. 그리고 죽음은 모든 사람들에게 가장 긴 그늘이다. 죽음을 어떻게 바라보고 어떤 관계를 맺느냐 하는 것이야말로, 노년에 이르러 우리 모두에게 주어진 핵심적인 영적 작업이다. 당신이 죽음을 어떻게 보는가 하는 것은, 당신이 죽음을 얼마나 잘 이해하고 있는지를 나타내 준다. 에고는 죽는다. 영혼은 죽지 않는다. 라이너 마리아 릴케는 이렇게 썼다.

그러나 이것은 표현할 수 없나니,
죽음을, 죽음 전체를 포함하는 것,
인생이 시작되기도 전에도,
가슴에 품을 수 있는 것,

부드럽게, 그리고 계속 살아가기를 거부하지 않게 되는
그것은 표현할 수 없나니.

나는 당신에게 권유한다. 죽음과 평화롭게 지내라고. 죽음을 삶이라는 이 모험의 절정으로 보라고. 죽음은 잘못된 것이 아니다. 실패가 아니다. 나의 아스트랄계 스승인 임마누엘은 "죽음이란 꽉 죄는 신발을 벗는 것과 같다."고 말했다. 공자는 "아침에 도를 얻으면 저녁에 기꺼이 죽을 수 있다."고 말했다.

우리 중 일부에게는 죽음이라는 주제를 이야기하기가 어렵지 않지만, 일부에게는 위협적이고 두려운 일이다. 나는 그런 상황을 잘 알고 있다. 그러나 나이를 불문하고 우리에게 필수적인 영적 작업은, 죽음과 함께하는 방법을 찾는 것이다.

오래된 어느 묘비 비문에는 다음과 같이 쓰여 있다.

사랑하는 친구에게.
이 곁을 지나갈 때는 알아두세요
알다시피, 나도 한때는 당신과 같았지요.
내가 지금 이렇듯이, 당신도 그렇게 될 거예요.
나를 뒤따를 준비를 하세요.

그 비문을 저 너머에서 보내온 축복으로 받아들이고 준비하자. 죽음에 대해 아는 것처럼 이야기하는 것이 주제넘은 짓임을 잘 알고 있지만, 나는 형식과 권위에 얽매이지 않고 끊임없이 질문하고 도전하면서 살아왔다. 지난 50년 동안 의식의 영역을 구불구불 탐사하고 다니다 보니, 죽음에 대한 태도를 획기적으로 바꾸게 된 일들이 일어났다. 죽음을 둘러싼 많은 두려움이 나를 떠났다.

그것은 내가 구루와 함께 있고 그의 관점을 얼핏이나마 엿볼 수 있기 때문이다. 그는 삶과 죽음을, 육신을 넘어선 관점에서, 탄생과 죽음의 기나긴 퍼레이드의 일부로 보았다.

두려움에 대처하기

모든 사람이 다 죽음에 대해 이야기할 준비가 되어 있는 것은 아니다. 우리는 개인차를 존중해야 한다. 몇 년 전 아버지가 작은 수술을 받아야 하셨을 때, 나는 그 전날 밤에 아버지를 방문했다. 여든 살이 되면 어떤 수술도 사소한 일이 아니게 된다. 잠시 시간을 보낸 후, 내가 재킷을 입고 문을 반쯤 나갔을 때 아버지가 나를 불러세웠다.

"일이 잘못될 경우에 대비해, 내가 알아두어야 할 것이 있을까?"라고 그가 물었다.

나는 다시 그의 머리맡으로 가서 말했다. "제가 말씀드릴 수 있는 것은, 어떻게든 다 잘 될 거라는 거예요. 아버지가 어디로 가시든, 저는 거기에 있을 거예요."

아버지가 말씀하셨다. "그래, 그래! 그것이 바로 내가 알고 싶었던 전부야. 다음에 또 보자."

우리 중 많은 이들은, 우리 또는 우리가 사랑하는 사람이 언제 죽게 될지를 생각하면, 지금 여기에 있지 못하게 된다. 우리는 언제 죽게 될까? 어떻게 죽게 될까? 죽은 후에는 어떻게 될까? 사랑하는 사람들은 어떻게 될까? 우리가 그렇게도 성취하기를 바랐던 모든 것들은 어떻게 될까? 우리의 생존에 대한 이러한 깊은 두려움과 불안은 우리로 하여금 지금 이 순간을 온전히 살지 못하게 한다.

우리 중 대부분은 자기 자신을 '자신이 생각하는 자신', 곧 에고라고 확신하며 살아간다. 에고는 몸을 입고 태어난 우리의 일부이다. 그것은 몸과 함께 죽고, 그것이 우리가 그토록 죽음을 두려워하는 이유이다. 죽음은 '당신이 생각하는 당신'을 무섭도록 위협한다. 당신이 자기 자신을 몸이라고 생각하고 살아간다면, 더욱 더 그렇다. 죽음을 가까이에서 경험하거나 죽음을 의식하게 되면, 우리는 자기 자신의 더 깊은 부분을 열 수 있다. 삶의 어두운 그림자, 특히 죽음의 그림자는, 빛에 이르는 방법을 가르쳐 주는 가장 위대한 교사이다.

죽음에 대한 그런 두려움은 능히 예상될 수 있는 것이다. 죽음에 대한 유일하고 참된 준비는, 순간에서 순간으로 이어지는 삶 자체이다. 지금 이 순간 속에서 충만하게 살 때, 당신은 미래나 과거 속에 살고 있는 것이 아니다.

과거를 연장하지 말고,
미래를 초대하지 말라.
본래 있는 각성을 바꾸지 말고,

겉모양을 두려워하지 말라.
그 이상은 없다!

패트룰 린포체 Patrul Rinpoche

당신이 그 순간에 온전히 현존할 때, 당신은 미래가 아니라 바로
지금 여기에 있기 때문에, 예상되는 두려움이나 불안이 없다. 우리가
우리의 영혼 안에서 쉬고 있을 때, 죽음은 책 속의 한 장章을 닫는
것일 뿐이다.

고통 다루기

고통이나 고통에 대한 두려움은, 죽어가는 과정에서 에고가 겪게
되는 주요한 덫 중 하나이다. 영적 수행이 인생의 가장 큰 도우미이지만,
고통은 가치가 있는 역경이다. 영혼으로서 존재하고 만트라를 반복하여
중심 자리에 머무는 것이, 나에게는 큰 도움이 된다. 우리는 우리의
몸이 아니지만, 몸이 고통을 경험할 때에는 그것을 기억하기 어려울
때가 많다. 우리가 건강할 때 수행을 해야 하는 중요한 이유 중 하나는,
건강하지 못하게 되었을 때 영 안에서 중심을 유지하기 위해서이다.

육체적인 고통이나 감정적인 고통은, 감각일 뿐만 아니라 생각이기
도 하다. 고통을 다루기 위해서는, 고통에 대한 생각과 감정을 지켜보면
서 그것들을 자신과 동일시하지 말아야 한다. 당신은 당신의 고통이
아니다. 고통은 당신의 몸과 마음 안에 있다. 영혼으로 존재하도록

애쓰라. 물론, 쉽지 않다. 웨비 그레비Wavy Gravy는 "고통은 널 빨아먹지!"라고 잘 요약한다. 자신이나 다른 사람이 당하는 고통의 정신적, 정서적 측면을 진정으로 달래주는 길은, 영적 가슴으로 지켜보면서 영적 중심을 유지하고, 고통스러운 감각과 생각 및 감정과 자신을 동일시하지 않는 것이다. 고통은 사나운 동기부여자이다. 영적인 관점에서 보면, 그것은 자동차 바퀴가 도로와 만나는 지점이다.

사람들은 이제 의사와 상의하여 진통제의 양을 스스로 결정할 수 있다. 자신의 통증을 스스로 통제할 수 있다는 사실을 알게 되면, 약을 훨씬 덜 써도 괜찮다는 것이 밝혀졌다. 통증은 실제로 통증에 대한 두려움으로 인해 심해지는 경우가 많기 때문이다.

통증이 오면, 여유를 갖고, 그것의 존재를 허용하고, 고통에 대한 인식이 고통 자체와 분리되어 있음을 알아차려야 한다. 열린 마음으로 고통을 대하면, 고통은 당신이 지켜보고 있는 현실의 일부가 되어 저항이 줄어들고, 긴장하지 않을 수 있는 여유가 생기게 된다. 고통을 있는 그대로 알아차리고, 여유를 갖고, 다른 감각으로 그것을 인식해 보라. 고통이 있고, 당신이 **있다**.

시인이자 교사인 스티븐 레빈Stephen Levine은 그의 저서 『명상, 구도, 치유 Guided Meditations, Explorations and Healings』에서 고통을 놓아주기 위한 명상을 안내한다.

고통에 대한 저항과 두려움은 고통 자체가 야기할 수 있는 것 이상으로 고통을 부풀릴 수 있다. 고통에 대한 저항이 어떻게 마음의 문을 닫아걸고 몸과 마음을 긴장과 불편함[dis-ease]으로 채우는지를 알아차리라. 고통에 대한 저항과 압박감을 점점 더 느슨하게 풀어주라. 고통스러워하는 나를 '부드럽게' 쓰다듬어 주라.

지니 Ginny는 내가 캘리포니아에서 봉사하고 있던 호스피스 시설의 환자였다. 내가 그녀를 처음 방문했을 때, 그녀는 회의적이었다. 그녀는 신경계 암으로 죽어가고 있었고, 극심한 통증에 시달리고 있었다. 그녀는 죽어가는 과정이 너무 길고 지루하다고 말했다. 나는 그녀에게 '지금 여기에 있는' 연습을 해보라고 했고, 잠시 동안 함께 지금 이 순간 속으로 들어가는 연습을 했다. 열린 창문으로 아이들이 노는 소리가 들렸다. 나는 그녀에게 아이들의 소리를 그녀의 내면으로 가져오라고 제안했다. 잠시 후, 나는 그녀의 방에 있는 시계의 똑딱거리는 소리가 그녀의 내면에서 들리도록 의식을 확장시켜 보라고 했다. 그녀는 매우 적극적으로 참여했다. 그녀가 그 순간과 자신의 영혼 속으로 완전히 들어가자, 그녀는 시간과 공간에서 벗어났다. 이런 식의 삶의 태도는 인생에서 매우 중요하다. 누군가가 죽어가고 있을 때에는 더욱 더 그렇다. 영혼은 시간과 공간에 구애받지 않는다.

지니와 나는 절친이 되었다. 그녀가 너무 약해져서 그녀의 침대 옆에 앉아 있어 줄 뿐, 할 수 있는 일이 아무것도 없게 되는 때가 왔다. 그녀는 문자 그대로 고통에 몸부림치며, 머리를 비틀고 손으로 몸을 비비고 있었다. 극심한 통증에 괴로워하고 있었다. 나는 그녀 옆에 앉아, 썩어가는 몸에 대해서 불교식 명상을 했다. 인체의 부패

단계에 대한 공식적인 명상이었다. 나는 거기에 앉아 눈을 감거나 다른 곳으로 가지 않고, 그저 그녀와 함께 있으면서, 고통을 알아차리고, 다른 모든 것을 알아차렸다. 나는 내 감정이 흘러가도록 내버려두었다. 어느 것에도 붙잡거나 매달리거나 판단하지 않았다. 나는 단지 우주 법칙이 펼쳐지고 있는 것을 지켜보고 있었다. 죽음 가까이에서, 특히 사랑하는 사람이 죽음을 앞두고 있는 상황에서는, 감정적 애착으로 인해, 지켜보기가 쉽지 않다.

거기에 앉아서 고통과 괴로움을 지켜보면서, 나는 아주 깊은 고요함을 경험하기 시작했다. 방안이 환해졌다. 그 순간, 지니는 고통으로 몸부림치면서도 나를 돌아보며 속삭였다. "나는 정말 마음이 편안해졌어." 이 명상적인 환경에서, 그녀는 고통을 넘어 깊은 평화를 경험할 수 있었다. 우리는 함께 있을 수 있는 진동 공간을 창조했다. 그녀도 나도 그 순간 우주의 다른 곳에 있고 싶지 않았다. 지복이 방안 전체에 스며들었다. 내가 실제로 한 일은, 그녀가 죽어가고 있거나 고통스러워하고 있다는 것에 겁을 먹지 않은 것뿐이었다.

무엇이 죽는가?

우리들 각자에게는 해야 할 일이 있고, 저마다 고유한 카르마적 곤경이 있게 마련이다. 그러나 가장 중요한 것은 당신이 그것을 어떤 관점에서 행하느냐이다. 당신은 당신의 에고, 당신의 역할, 당신의 개성을 바탕으로 그것을 하고 있는가, 아니면 당신 안에 있는 변하지 않는 자라—당신의 영적 가슴, 당신의 영혼에 바탕을 두고 하고 있는가?

당신은 시간에 갇혀서 살아가고 있는가? 시간은 태어나서 죽을 때까지, 평생토록 흐르는 강이다. 시간 안에 있으면, 당신은 고통을 받고 죽을 것이다. 당신의 정체성을 '유한한 목숨을 가진 자'에서 당신의 영혼으로 바꾸면, 당신은 시간을 포함하면서도 시간을 초월하는 인식의 영역으로 이동한다. 그때, 당신은 '하나'의 부분인 한 영혼이다. 그리고 영혼은 죽지 않는다.

릴케는 "사랑과 죽음은 우리 중 많은 사람들이 포장도 뜯지 않은 채로 간직하고 있는 놀라운 선물이다."라고 말했다.

죽음에 대한 감정과 화해하는 것은, 지금 여기에서 기쁘게 살기 위한 전제 조건이다. 삶을 즐기기 위해 죽음을 적으로 취급할 필요는 없다. 죽음을 가장 큰 미스터리 중 하나로, 놀라운 변화의 순간으로 의식 속에 간직하는 것은, 이 순간에 풍요로움과 에너지를 더해준다.

죽음의 공포를 마주한 순간, 삶의 의미가 바뀐다. 만약 그렇지 않다면, 당신의 두려움은 언제까지나 당신의 인식을 왜곡시켜서, 누군가가 죽음에 가까워지는 것을 보면 패닉 상태가 되고 말 것이다. 그것은 당신이 그런 공포스러운 생각들을 자기 자신과 동일시하기 때문이다.

의식 확장의 여정은, 삶의 모든 신비에 마음을 엶으로써 조화롭게 살아가는 길이다. 머릿속이 이것 저것 개념적인 생각들로 가득 차 있으면, 가슴을 열 수 없다. 기대가 충족되지 않아서 마음이 쓰일 때에는, 내가 다시 현재의 순간에 존재하기까지 시간이 얼마나 걸리는지 지켜보자. 내가 원하는 것을 얻지 못하고 있는데도 그 마음을 놓아버리고 있는 그대로 있을 수 있으려면, 시간이 얼마나 걸릴까?

유한한 목숨을 당신 자신과 동일시하는 한, 죽음에 대한 두려움이 늘 있게 된다. 죽음으로써 더 이상 존재하지 않게 될 것이라는 걱정과 불안이 바탕에 깔린 채로 살아가게 되기 때문이다. 나는 60년대에 환각 버섯을 경험함으로써, 내 몸을 초월한 순수 의식을 깊이 체험하고는, 내 의식의 본질이 죽음 너머에 있다는 것을 알게 되었다. 올더스 헉슬리가 티모시 리어리와 나에게 『티벳 사자의 서』를 선물해 준지 얼마 지나지 않아서였다. 라마승들은 누군가가 죽어가면, 임종과정 중에나 죽음 이후 며칠 동안 이 책을 큰 소리로 읽어 준다. 이 책은 수 세기 전에 씌어졌지만, 내가 환각 버섯을 먹고 겪었던 것과 동일한 경험이 기술되어 있어서, 나는 이런 경험의 보편적인 본질에 대해 알게 되었다.

죽음과 고통, 고난의 문제는, 삶의 신비를 다루는 우리 마음의 능력을 경계선까지 밀어붙인다. 죽음에 대한 두려움을 극복하고 스스로 안심하기 위해 많은 사람들이 종교에 의존한다. 그러나 종교의 가르침은 마음의 구조의 일부인 믿음 체계이며, 두려움은 믿음 체계 안에 내재되어 있다. 우리가 죽을 때 우리의 마음도 죽고, 그와 함께 믿음 또한 사라져 없어진다. 믿음은 추운 밤에 당신을 따뜻하게 해줄 수 없다.

믿음은 당신에게 도움이 될 수 있다. 외부의 것에 대한 믿음이 도움이 된다는 뜻이 아니다. 도움이 되는 것은, 믿음 **안에서** 사는 것이다. 위대한 신비의 현존 안에서, 절대적인 경이로움 속에 살고 있다는 의미에서의 믿음이다.

서양 문화에서는, 죽음이 벽장에서 나오긴 했지만 여전히 공개적으로 경험되거나 논의되지 않는다. 인도에 살면서, 나는 죽음에 대한 우리의 관점과 그들의 관점에 큰 차이가 있다는 것을 실감했다. 인도에서는, 죽음이 삶의 친숙한 한 부분이다. 죽음이 삶 속에 그토록 강렬하게 자리잡고 있으니, 매 순간이 그만큼 소중해지기도 하고 죽음을 그만큼 자연스럽게 받아들이게 된다.

인도에서는, 길을 따라 시신을 운반하고 강변의 화장터로 옮기는 광경을 흔히 볼 수 있다. 시신이 집을 떠날 때는 머리가 집 방향을 향하게 하지만, 화장터로 가는 길의 절반쯤에 이르면, 시신의 방향을 한 바퀴 돌려서 머리가 화장터를 향하도록 한다. 이는 영적인 집으로 가게 된다는 것을 상징한다. 행렬에 참여하는 사람들은 "람 남 사티아 하이 사티아 볼, 사티아 하이"라고 찬가를 부르는데, "신의 이름은 참이다."라는 뜻이다.

어느 날 고참 헌신자와 함께 걷고 있던 마하라지가 갑자기 고개를 들고, "마Ma가 방금 세상을 떠났다."라고 말했다. 그녀는 나이가 든, 독실한 헌신자였다. 그녀는 먼 도시에 살고 있었기 때문에, 마하라지는 다른 차원에서 그녀의 죽음을 본 것이 분명했다. 그런데 잠시 후, 그가 낄낄대며 웃는 것이 아닌가. 마하라지와 동행하던 고참 헌신자는 그렇게 아름답고 순수한 여인이 죽었다고 하면서 웃다니, 마하라지가 마치 '백정' 같아 보인다고 말했다. 그러자 마하라지가 돌아서서 말했다. "내가 어떻게 해주기를 바라죠? 꼭두각시처럼 행동하라고?"

마하라지는 헌신자들의 죽음에 대해 자주 이야기했고, 그의 인식은 죽음에 대한 나의 태도에 큰 영향을 미쳤다. 그는 "몸은 사라진다. 신의 사랑 외에는 모든 것이 영원하지 않다.", "몸은 죽지만 영혼은 죽지 않는다."라고 말했다. 또, "이 세상은 모두 집착이다. 그대들이 괴로워하는 것은 집착하기 때문이다."라고 말했다.

남인도의 위대한 성자 라마나 마하리쉬가 암으로 죽어갈 때, 의사들은 그를 치료하기를 원했다. 하지만 그는 "이 몸은 쓸 만큼 썼다."며 거절했다. 그를 극진히 사랑했던 그의 헌신자들은 "스승님, 우리를 떠나지 마십시오, 우리를 떠나지 마십시오."라고 외쳤다. 그러자 그는 "바보같이 굴지 마라. 내가 어디로 갈 수 있단 말이냐?"라고 대답했다.

죽어서 영혼이 진리나 지혜나 영으로 거듭 태어난다는 성경적 개념은, 죽음과 관련하여 진정으로 우리가 풀지 않으면 안 되는 문제이다. 바가바드 기타가 말하듯이, "우리는 자연의 세계에 태어났다. 우리의 두 번째 탄생은 영의 세계로 가는 것이다."

몸, 개성, 마음을 자기 자신이라고 생각하는 동일시에서 벗어나면, 시야가 넓어져서 죽음이 존재의 끝이 아니라 삶의 과정의 일부가 될 수 있다는 것을 알아차리기 시작한다. 나는 이것을 깊이 느끼고 있다.

사람들은 나에게 죽음 이후에도 연속성이 있다고 믿느냐고 묻곤 한다. 나는 그것을 믿지 않는다고, 그건 그냥 사실이라고 말한다. 나의 이런 태도는 과학하는 내 친구들을 끝없이 화나게 하는 모양이다. 그러나 믿음이란 당신이 알음알이로 아는 것이 아니다. 나에게 있어서 믿음은 앎을 훨씬 뛰어넘는다. 바가바드 기타는 또 이렇게 말한다. 크리슈나가 말하듯이, "왜냐하면 우리 모두는 항상 존재해 왔기 때문에 …존재할 것이고, 우리 모두 영원토록 존재할 것이다."

고대 어느 불교 국가에서 있었던 일이다. 점령군들이 마을을 돌아다니면서 닥치는 대로 사람들을 죽였다. 징기스칸 시대에 융성했던 불교를 말살시키기 위해 승려들을 전부 잡아죽이려고 하고 있었다. 잔인하기로 소문난 대장이 그 마을에 이르러, 부관에게 물었다. "이 마을은 어떤가?"

부관이 말했다. "백성들이 모두 대장님께 절을 하고, 대장님을 두려워합니다. 절에서 살고 있던 중들은 모두 산으로 도망갔습니다. 한 명만 제외하고는."

사령관은 한 스님이 아직 거기에 있다는 사실에 분노했다. 그가 절에 도착하여 문을 밀치고 들어서자, 안뜰 한가운데에 스님이 서 있었다. 대장은 그에게 다가가 말했다. "내가 누군지 몰라? 나는 눈 하나 깜박이지 않고 칼로 당신의 배를 찌를 수 있어."

그러자 스님이 말했다. "당신은 내가 누군지 몰라요? 나는 눈 하나 깜박이지 않고 당신 칼이 내 배를 찌르게 할 수 있소."

대장은 스님에게 절을 하고 떠났다.

영적 문헌들은 죽음을 심각하게 보지 않는다. 한 선사가 죽어가고 있었다. 깨달은 선사들은 임종게를 남겨야 하는데, 그는 아직 자신의 시를 쓰지 않았다. 제자들은 그가 시를 쓰기도 전에 죽을 것을 매우 염려했다. 그들은 계속 말했다. "어떤 글을 남기시겠습니까? 어떤 글을 남기시겠습니까?" 그래서 그는 붓을 들고 이렇게 썼다. "땅은 이렇고, 죽음은 이렇다. 글을 쓰든 안 쓰든, 무슨 소란인가?" 그리고 그는 죽었다.

1960년판 『티벳 사자의 서』 서문에서 라마 아나가리카 고빈다 Lama Anagarika Govinda는 다음과 같이 썼다.

어느 한 사람도 죽음의 세계에서 돌아온 자가 없기 때문에, 누구도 죽음에 관해서 자신 있게 논할 수 있는 사람은 없다. 어느 누가 죽음이 어떠한지, 죽음 이후에는 무슨 일이 일어나는지를 알 수 있겠는가?

사실 우리들 모두는 이번 생에 태어나기 전에 무수한 죽음을 겪었다. 우리가 기억하지 못할 뿐이다. 우리가 태어남이라 부르는 것은 죽음의 반대편에 불과하다. 그것은 동전의 양면 가운데 한 면과 같다. 문 바깥에서 우리가 '입구'라고 부르는 문이, 방 안에서는 '출구'다.

우리 모두가 지난번 생의 죽음을 기억하지 못한다는 것이 훨씬 더 이상한 일이다. 이 기억상실증 때문에 대부분의 사람들은 자신이 이미 수많은 죽음을 체험했다는 사실을 믿지 않는다. 사람들은 자신이 태어난 순간을 기억하지 못하지만, 자신들이 이번 생에 태어났다는 사실은 의심하지 않는다.

죽어가는 사람과 함께 있는 일

나는 죽어가는 사람들과 함께 앉아 있곤 했다. 나는 누군가가 죽을 때 함께 있는 것을 즐기는 괴짜라고 할 수도 있을 것이다. 내가 그렇게 죽어가는 자를 옆에서 지켜보는 것은, 내가 **진실** 앞에 있게 될 것임을 알기 때문이다. 나는 어머니와 함께 있었고, 나중에 계모가 죽을 때에도 함께 있었다. 그런 경험들에 깊이 감사한다.

엄마는 1966년 2월 초 보스턴의 한 병원에서 죽어가고 있었다. 나는 그녀의 머리맡에 앉아 있었다. 그때까지 나는 몇 년 동안 나 자신의 의식을 이해하기 위해 애써 왔다. 그녀는 쉬고 있는 중이었다. 나는 일종의 명상 모드에 잠겨 있었는데, 그냥 열린 마음으로 무슨 일이 일어나는지를 지켜보고 있었다. 친척들과 의사들, 간호사들이 병실을 드나들었다. 나는 한 간호사가 "거트루드, 좀 어떠세요?"라고 짐짓 밝은 목소리로 묻는 소리를 들었다. 나는 어머니가 죽음을 부정하는 분위기로 둘러싸여 있다는 것을 깨달았다. 나는 사람들이 병실로 들어오고 나가는 것을 지켜보았다. 모든 친척들과 의사들과 간호사들이 그녀가 더 좋아 보인다고, 잘 지내고 있다고 말하고는 방을 나갔다. 하지만 그들은 방을 나가자마자, 그녀가 일주일을 넘기지 못할 것 같다고 자기들끼리 말하곤 했다. 인생에서 가장 심오한 전환기를 겪고 있는 인간이 속임수에 완전히 둘러싸여 있다는 것은 얼마나 기이한 일인가! 그런 속임수를 당해 본 적이 있는가? 한 여성이 들어와서 말했다. "의사 선생님이 도움이 될 만한 신약이 나왔다고 말씀하셨어요."

모두가 너무 겁에 질려 있었기 때문에 아무도 그녀에게 똑바로 말할 수 없었다. 그들 모두가 다, 심지어는 랍비까지도. 어머니와 나는 거기에 대해 이야기했다. 한 번은 방에 아무도 없을 때 그녀가 나를 불렀다. 나는 그냥 거기에 앉아 있었다. 아무 판단도 하지 않고, 아무 일도 하지 않고, 그냥 앉아 있었다.

엄마는, "리치, 난 아무래도 오래 못 갈 것 같아."라고 말했다.

나는 "예, 저도 그렇게 생각해요."라고 대답했다.

자신의 죽음이 가까웠다는 것을 확신하는데, 누군가가 아마 그렇게 될 거라고 맞장구를 쳐주었다고 상상해 보라. 그녀는 자신의 친구들, 친척들, 의사들, 간호사들 중 어느 누구에게서도 자신의 확신을 확인할 수가 없었다.

그녀는 "그래, 네 생각엔 어떻게 될 것 같아, 리치?"라고 물었다.

내가 말했다. "음, 물론 제가 알 수는 없지요. 그러나 엄마, 엄마를 바라보고 있노라니 집이 무너져 내리는 모습을 보고 있는 것 같아요. 집이 불타고 있는 것처럼 보이기도 하고요. 하지만 엄마는 여전히 거기에 계실 거예요. 건물은 불에 타서 없어지겠지만, 엄마는 여전히 거기 계실 거예요. 이 몸이 해체되어 사라지더라도, 엄마와 나의 연결 상태는 변하지 않을 것 같아요. 엄마는 지금까지 소리를 내셨던 것처럼 소리를 내실 거예요. 나는 늘 느껴왔던 것처럼 느낄 거고요. 이 몸은 무너져내리고 있지만요. 나는 엄마와 제가 서로를 사랑하고 있다고 생각하고, 사랑은 죽음을 초월한다고 믿어요."

그렇게 우리는 가슴으로 서로 연결되어 있다는 것을 느끼고 있었다.

나중에 나는 암으로 죽어가는 계모 필리스와 함께 있었다. 필리스는 예순아홉 살이었고, 아버지는 열여덟 살 위였다. 아버지가 그녀와 결혼하셨을 때, 나는 신부 후보를 한 명 포기해야 했다. 우리는 좋은 친구였다. 이제 그녀는 죽어가고 있었고, 내 역할은 그녀와 함께 있으면서 그 과정을 통해 그녀를 돕는 것이었다.

그녀와 나는 함께 의사에게 갔고, 진단서와 처방을 받고 갖가지 감정을 다스리는 일을 함께 했다. 필리스는 강인한 뉴잉글랜드 여성이었고, 멋지고, 성실한 여성이었다. 그녀는 논쟁적이고 의지가 굳고 놀기를 좋아했다.

그녀는 자신의 감정을 쉽사리 드러내지 않는 성격이었고, 죽음에 대해서도 같은 방식으로 접근했다. 내가 해야 할 일은, "여보세요, 다 드러내 보여야 해요."라고 말하는 것이 아니었다. 그것은 내가 윤리적으로 해야 할 일이 아니었다. 내 일은 그저 그녀와 함께 있어주는 것뿐이었다. 그래서 나는 침대 위에 가까이에 누워서, 이야기를 나누곤 했다. 우리는 죽음과 그것이 어떤 상태일 것인지에 대해 이러쿵저러쿵 이야기하곤 했지만, 그녀는 여전히 매우 강인했다.

암의 고통은 극심했고, 시간이 지남에 따라 그녀의 의지도 마침내 바닥이 났다. 그녀가 죽기 4~5일 전, 그녀가 모든 것을 포기하지 않으면 안 되는 순간이 왔다.

우리 문화에서 포기는 실패로 간주된다. 모두가 계속 노력하라고, 계속 노력하라고 말한다. 그 결과 우리는 때로 우리 자신의 두려움에서 비롯된 거짓된 희망으로 죽어가는 사람들을 에워싸고 고문하기도 한다.

필리스와 함께하면서 나는 마음이 열려 있었고, 그녀는 자기 마음대로 무엇이든 나에게 물어볼 수 있었다. 나는 "이제 내가 죽는 것에 대해 가르쳐 줄게요"라고 말하지 않았다. 그녀가 그것을 거부할 것이기 때문이었다. 하지만 그녀는 모든 것을 포기했다. 그녀가 모든 것을 다 내려놓고 항복하는 순간, 나는 마치 알이 부화하는 것을 보고 있는 것 같았다. 눈부시게 아름답고, 현존하며, 밝고 기쁨에 겨운 새로운 한 존재가 출현했다. 깊은 직관적 차원에서 보면, 그녀는 자신이 어떤 존재인지를 알고 있었지만, 성장하고 나서부터는 그런 존재로 살아볼 시간을 갖지 못했다. 그녀는 이 존재에게 마음을 열었고, 우리는 함께 그 빛나는 광채를 만끽했다. 그 순간 그녀는 의식의 다른 차원으로 들어갔다. 우리는 함께 이야기를 나누고 있었지만, 통증과 죽어가는 과정은 어쩔 수 없는 현상이었다. 그녀는 죽음을 서두르지 않았다. 그녀는 단지 존재했고, 죽음의 과정이 일어나고 있었다.

이 이야기를 완성하기 위해서인지, 이 변화가 얼마나 놀라운 것인지를 여러분에게 이렇게 전해드리기 위해서였는지, 마지막 순간에 그녀가 말했다. "리처드, 나를 일으켜 세워줘."

내가 그녀를 자리에서 일으켜 앉혔더니, 그녀의 몸이 앞으로 넘어졌다. 그녀의 가슴에 손을 받쳐주었더니, 그녀의 몸이 뒤로 넘어지려고 했다. 나는 다른 손을 그녀의 등에 받쳤다. 머리를 가누지 못하여, 나는 그녀의 머리를 내 어깨에 기대었다. 우리는 그냥 그렇게 거기에 함께 앉아 있었다. 그녀는 세 번 숨을 천천히, 깊게 쉬더니, 떠났다.

고대 티베트 경전에는, 깨달은 라마승이 몸을 떠날 때에는 일어나

앉아 세 번 심호흡을 하고 떠난다는 내용이 나온다. 필리스는 누구였을까? 그녀는 그것을 어떻게 알았을까? 그녀는 과연 어떤 존재였을까? 우리는 이렇게 신비와 함께 살아가고 있다.

나의 절친인 데보라Deborah는 뉴욕의 마운트 시나이Mount Sinai 병원에서 죽어가고 있었다. 그녀는 뉴욕 선 센터Zen Center 회원이었고, 매일 저녁 센터의 친구들이 명상을 위해 그녀의 병실에 왔다. 병실에 들어오는 의사들은 촛불이 켜져 있고 향이 타오르는 가운데 명상에 빠진 사람들의 평화로운 모습을 보고 놀랐다. 이 분주한 대도시 병원에서 명상을 하는 이 사람들은 죽음이라는 것을 재정의해 주었다. 어디에 있든 우리는 우리만의 세계를 창조할 수 있다는 것을 보여주었다. 병원은 단지 그 내용물이 무엇이든 특정 모델을 공유하는 존재들의 집합체일 뿐이다. 매일 밤 의사들은 더 부드럽고 온화한 자세로 그녀의 병실에 들어갔다.

몸의 병은 언제든지 치료할 수 있는 것이 아니지만, 영혼 차원에서의 치유는 항상 가능하다. 죽어가는 사람들과 함께 일하면서, 나는 사람들이 죽어야 할 때 죽을 수 있도록 개방된 분위기를 제공하고자 한다. 나에게는 다른 사람이 어떻게 죽어야 하는지 정의할 권리가 없다. 나는 그들의 대전환을 돕기 위해 거기에 있지만, 나는 어디까지나 도우미일 뿐이다. 내 역할은 침대 옆에서 '사랑의 바위'가 되어 있어주는 것뿐이다.

호그 팜Hog Farm 공동체의 광대 왕자 웨비 그레비는 아이들에게 죽음에 대해 이야기할 때면, "낡은 옷을 벗듯이 몸을 벗어버리고 친구인 하나님께로 데려다줄 빛을 향해 나아가라."고 말한다.

죽어가는 자와 함께 일하는 것은, 이 위대한 죽음의 통과 의례를 위한 조산사가 되는 것과 같다. 아기가 첫 숨을 쉬도록 조산사가 돕는 것처럼, 당신은 한 존재가 마지막 숨을 쉬도록 돕는다. 거기에 온전히 있기 위해서는 연민과 사랑에 깊이 뿌리를 내리고 있어야 한다. 이런 경우, 연민이란 오른손이 왼손을 돌보는 것처럼 두 사람이 본연의 상태 그대로 함께 있는 것이다.

스티븐 레빈은 『명상, 구도, 힐링』에서 이렇게 썼다.

죽음은 우리 모두가 말려 들어가기 쉬운 환상이다. …그러나 죽음은, 가슴에 집중할 수 있게 해주는 것은 무엇이든 그렇듯이, 우리 안에 있는 최고의 것을 이끌어내게 한다. 우리는 많은 사람들이 죽음을 둘러싼 혼란을 겪다가 그 절망을 넘어 그 과정과 하나가 되는 것을 보아 왔다. …그들은 아마도 자신들이 완성하기 위해 태어난 그 일을 심화시킨다. 그들은 더 이상 분리된 누군가가 아니다. '의식적으로 죽어가는' 누군가가 아니다. 그들은 그저 공간 속의 공간, 빛 속의 빛일 뿐이다.

죽어가는 사람에게서 영원한 '그것'만을 보자. 그러면 당신은 영혼 대 영혼으로서 소통할 수 있을 것이다.

죽어가는 사람과 함께 있을 때는, 그냥 그들과 함께 있어 주자.

당신이 주어야 할 모든 것은, 당신 자신의 존재 자체이다. 정직해지자. 고통이나 혼란이 있다는 것을 자각하고, 명상하자. 우리는 여기에서 고요한 평정 속에 있다. 우리 모두는 인내심에 한계를 지니고 있다. 누군가가 죽음에 가까워질 때에는 가능한 한 명료한 의식으로 깨어 있어야 한다. 어떤 일이든 생길 수 있으니, 예상치 못한 일에 마음을 열어놓고 있으라. 마음을 열고, 중심을 잃지 말라. 중심을 잡고 있으면, 차분한 있음 자체가 주변의 모든 사람을 자유롭게 하는 데 도움이 된다. 당신 자신의 고요한 내면으로 들어가라. 지혜는 거기에서 나온다. 그리고 지혜에는 연민과 공감이 따른다. 연민은 삶과 죽음을 이해하고, 끌어안는다. 죽음에 대처하는 해답은, 지금 이 순간에 존재하는 것이다. 죽는 법을 배우는 것은 사는 법을 배우는 것이다. 그리고 그것을 행하는 방법은, 매 순간을 사는 것이다. 이 순간, 지금 이 순간, 바로 지금 여기에 있는 것이다.

영혼이 육체를 떠나는 순간은 명료하면서도 심오하다. 죽어가는 사람과 의식을 공유하고, 그들과 함께하며 그들이 의식적으로 죽도록 돕는 것은, 섬김의 가장 절묘한 표현 중 하나이다. 그것은 당신이 시도해 볼 만한 가장 중요한 역할 중 하나이다.

의식적인 죽어감

나의 죽음관은 죽음, 곧 '죽음의 순간'을 하나의 의식儀式으로 보는 쪽으로 나아갔다. 당신이 이 죽어가는 의식을 통과할 때, 당신을 돕기를 바라면서 함께 있는 사람들이 있다면, 그들로 하여금 당신을 당신의 에고가 아닌 한 영혼으로 보도록 그들을 도와주도록 하라. 그들이 당신을 에고로 본다면, 이 의식이 끝나가는 중에도 그들은 당신의 대변화를 촉진하는 대신, 당신에게 집착하여 당신을 나아가지 못하도록 뒤로 끌어당길 것이다.

특정 수련이든 전체적인 영적 변형이든, 사다나(Sadhana: 수행)는 에고로서 시작되어 영혼인 당신 자신으로 나아가게 해준다. 몸/마음을 입은 자아인 에고는 죽음의 순간에 끝난다. 반면, 영혼은 많은 죽음들을 경험했다. 사다나를 온전히 수행했다면, 죽음에 대한 두려움이 없을 것이며, 죽음은 또 다른 순간일 뿐이다.

의식적으로 죽는다면, 대비해야 할 현재 같은 시간이란 존재하지 않는다. 이제, 자신의 죽음을 맞이하기 위한 몇 가지 방법을 간략하게나마 체크해 보자.

- 당신의 삶을 의식적으로 그리고 충만하게 살아라. 당신은 당신의 에고가 아니라 당신의 영혼이다. 영혼으로서 존재하는 법을 배우라.
- 가슴을 사랑으로 가득 채우라. 당신의 마음을 신, 구루, 진리를 향하게 하라.
- 명상, 만트라, 키르탄, 모든 형태의 헌신과 같은 모든 영적 수련을 계속하라.
- 부모님, 사랑하는 사람, 또는 반려동물의 죽음에 대비하여, 현존하는 연습을 하라. 당신이 고요한 상태에서 그들을 당신의 의식으로

데려올 때, 사랑하는 사람들의 존재가 당신 곁에 있을 것임을 알라.

• 라마나 마하리쉬 같은 위대한 성인들이 쓴, 죽음에 관한 책들을 읽어보라.

• 임종 시 통증이 있다면, 가능한 한 의식이 깨어 있도록 유지하라. 통증을 없애주는 약물은 약간의 위안을 제공하지만 인식을 둔화시킨다.

• 죽음의 순간에 평화를 누리려면, 오늘 내면의 평화를 구하라. 죽음은 또 다른 순간일 뿐이다. 오늘 평화롭지 않다면, 내일도 평화롭지 않을 것이다.

급작스러운 죽음은 여러 면에서 점진적인 죽음보다 영적으로 다루기가 더 어렵다. 죽음이란 언제라도 닥쳐올 수 있다는 것을 자각한다면, 우리는 매 순간 마음에 주의를 기울이면서 더 지속적으로 우리 자신을 위해 일하기 시작할 것이다. 지금 여기에 있는 법, 삶의 순간 순간 속에 온전히 존재하는 법을 연습한다면, 그래서 당신이 그 공간에 살고 있다면, 죽음의 순간은 또 다른 순간일 뿐이다.

한 스님이 호랑이에게 쫓기고 있다. 그는 온 힘을 다해 도망갔지만, 그의 앞에는 절벽이 기다리고 있다. 그는 절벽 아래로 뻗어 있는 덩굴을 잡고 내려가기 시작한다. 그런데 아래를 내려다보니, 독사들이 우글거리고 있는 것이 아닌가. 위에는 호랑이, 아래에는 독사. 올라가지도 못하고 내려가지도 못하고 덩굴에 매달려 있는데, 절벽 틈에서 까만 쥐가 기어 나오더니 덩굴을 갉아먹기 시작한다. 잠시 후 까만 쥐가 들어가니까 이번에는 하얀 쥐가 다른 쪽에서 기어나와 덩굴을 또 갉아먹는다. 그 절박한 순간, 그는 자신이 매달려 있는 근처에서 통통하고 잘 익은 산딸기를 보게 된다. 그는 그것을 따서 먹기 시작한다. 얼마나 달콤한지!

이것이 바로 우리들 모두의 시한부 인생이다. 티베트에서는 삶의 마지막에 이르게 되면 다음과 같이 지침을 준다. "흙의 요소가 떠나면 몸이 무거워질 것이다. 물의 요소가 떠나면 체액이 말라 건조함을 느낄 것이다. 불의 요소가 사라지면 추위를 느낄 것이다. 공기 요소가 떠나면 날숨이 들숨보다 길어진다. 이렇게 징후가 나타나면, 세세한 부분까지 놓치지 말고 알아차리고, 정신을 잃지 말아야 한다. '아, 너무 목이 마르구나.'라고, '저 여자가 목말라 하는구나. 물을 갖다줘야지.'라고 하지 말고, '아, 물의 요소가 떠나가는구나'라고 알아차리기만 하라."

죽음으로 진입해 들어갈 때 '팽창감'을 느낀다고 하는데, 그것은 하나의 은유일 뿐이다. 한 차원에서 다른 차원로 옮겨간다는 개념은 사다리를 올라가는 것이나, 앞서 말했듯이, TV 채널을 돌리는 것과 같다. 물질계를 떠날 때는 다 내려놓아야 한다. 내가 사이키델릭 여행을 안내할 때, 사람들은 의식이 확장되고 영원성을 마주하게 되지만, 내려놓지 못함으로써 나쁜 여행을 하곤 했다. 당신의 개성, 당신의 이름, 당신의 역사, 당신의 친구, 당신의 고양이, 당신의 몸을 모두 내려놓고 떠나보내야 한다. 그렇게 놓아줌으로써 무한을 만나게 된다.

마음을 비우고 비워
고요함을 지켜 유지하라…
만물은 저마다 자라서 무성해지지만
결국엔 저마다 근원으로 돌아가고
근원으로 돌아가면 고요해진다.
근원을 알지 못하면,
슬픔과 혼란 속에서 걸려 넘어지지만,
당신이 어디에서 왔는지를 깨닫게 되면
세상 만물을 포용하고 저절로 밝아져서
하늘과 통하게 된다.
하늘과 통하면 도道와 하나가 되니
무슨 일이 닥치든 능히 다룰 수 있고,
내 몸이 사라질 것을 두려워하지 않게 된다.

노자, 『도덕경』 16장

죽을 준비는 미리 미리 해두어야 한다. 죽음을 준비해야 하는 순간은 바로 지금이다. 매 순간이 죽는 순간이다. 매 호흡이 첫 호흡이자 마지막 호흡이다. 깨어 있는 존재는 어디에도 매이지 않는다.

애도

나는 종종 누군가를 잃고 슬퍼하는 가족과 함께 일한다. 그들은 이 우주에서 안전하고 사랑받고 평화롭다고 느끼는 그들 자신의 고향 같은 장소에 연결되기를 바라면서 슬퍼한다. 가까운 사람이 죽으면, 그런 안도감과 안정감이 전복된다. 나는 사람들에게 저마다 자신이 느끼는 감정에 충실할 것을, 슬프면 마음껏 슬퍼해도 괜찮다고 말해준다.

우리 서양 문화는 흔히 이렇게 말한다. "이제 다 끝났어. 넌 인생을 다시 시작할 수 있어." 그러나 사랑하는 사람에 대한 우리의 애착은 매우 깊고, 슬픔은 제 갈 길을 다 가야 한다. 인간적인 고통을 거부하거나 피하려고 하지 말고, 허용할 일이다. 시간은 강력한 치유의 명약이다. 치유가 진행되는 동안, 당신 자신을 사랑으로 에워싸고 감싸도록 하자.

당신은 슬픔 속에서 모든 감정적 반응을 겪을 것이다. 그러다 문득 그 사람과 나누었던 사랑이 여전히 여기에 있다는 사실을 깨닫는 순간이 온다. 일몰을 보고 있거나, 그냥 조용히 앉아 있는 순간, 그 사랑이 여기에 현존하고 있다는 것을 실감한다. 그 순간 당신은 그 사람이 분리된 존재라는 사실을 내려놓기 시작하면서, 당신의 영혼 안으로 합쳐져 하나라는 것을 허용하게 된다. 사랑 안에서.

당신과 다른 사람이 함께 사랑 안으로 들어갈 때, 당신은 죽음을 초월하는 하나됨의 순간으로 들어선 것이다. 당신이 사랑했던 모든 사람들로 인해 당신은 훨씬 더 풍요로워졌다는 것을 실감한다. 그들의 형상을 잃어버렸다는 상실감은 어느새 사라지고 없다. 당신은 그들이 당신의 마음속에 계속 살고 있다는 것을 깨닫게 된다. 당신이 사랑했던 모든 사람이 당신이라는 존재의 피륙을 이루는 씨실과 날실이다. 그리고 바로 거기에서 슬픔은 살아있는 사랑으로 넘쳐나는 공간으로, 고통은 영적 초월로 변형된다.

사랑은 죽음을 초월한다. 그럼에도 그 지혜로서 '존재하는' 것은 그것에 대해 아는 것과는 다르다. 죽음은 한 순간, 대전환의 한 순간일 뿐이다. 당신은 영혼으로서 태어나고 죽고, 태어나고 죽으면서 다양한 환생을 겪어 왔다. 당신이 애도하는 사람들도 탄생과 죽음을 거듭 겪어 온 영혼들이다.

당신이 자신을 한 영혼으로 보면, 당신은 다른 차원에 있는 다른 영혼들과도 소통할 수 있다. 나의 구루 마하라지는 1973년에 몸을 떠나셨지만, 나는 여전히 그와 소통한다. 그가 죽은 후, 그는 어디에나 있었다.

열한 살의 레이첼과 이 소녀의 여자친구는 동네 유대인 커뮤니티 센터에 테니스를 치러 갔는데, 레이첼이 강간과 살해를 당했다. 그날 밤 나는 한 친구에게서 전화를 받았다. 그 친구는 레이첼의 부모가 내 책을 읽고 테이프를 들었다고 말했다.

이 순간 내가 그들에게 해줄 수 있는 말이 있다면 무엇일까? 나는 할 말이 있다면, 내일로 미루어서는 안 된다는 것을 알았다. 당장 해야 했다. 그들의 고통이 너무나 클 것이기 때문에. 그래서 나는 그들에게 편지를 썼다. 그것을 여러분과 공유한다.

친애하는 스티브와 아니타 님께

레이첼은 지상에서 자신의 할 일을 다 마치고 무대를 떠났습니다.

지상에 남겨진 사람들은 연약한 믿음의 끈이 심하게 흔들려 번민과 고통으로 울부짖었습니다. 전통적인 가르침을 따르고 거기에 길들여져 살아온 사람이라면, 어느 누가 제 정신을 유지할 수 있을 만큼 강할 수 있겠습니까? 아마 거의 없을 것입니다. 사람들은 대부분 분노, 슬픔, 공포, 황폐의 소용돌이 속에서 평정과 평화의 속삭임을 거의 들을 수가 없을 것입니다.

나는 어떤 말로도 당신들의 고통을 달래줄 수 없으며, 그렇게 해서도 안 될 일입니다. 당신들의 고통은 레이첼이 당신들에게 남겨준 것이기 때문입니다. 레이첼이나 내가 그러한 고통을 가하기로 선택한 것은 아니지만, 어쨌든 당신들은 고통을 당하고 있습니다. 그리고 그 고통은 완전히 연소되고 연소되어 정화의 길로 이어져야 합니다. 당신들이 참을 수 없는 것을 참을 때에는, 당신들 안에 있는 중요한 무엇인가가 발아되지 못하고 죽어버리기 때문입니다. 당신들이 하나님이 보시는 것처럼 보고 하나님이 사랑하시는 것처럼 사랑할 수 있으려면, 영혼의 어두운 밤을 통과하지 않으면 안 되기 때문입니다.

지금은 당신들의 슬픔이 표현되어야 할 때입니다. 거짓은 힘이 없습니다. 조용히 앉아서 레이첼에게 말을 걸어 보십시오. 지금은 몇 년 동안 당신들과 함께해 준 것에 대해 감사하고, 레이첼이 무슨 일을 하든 계속해서 나아갈 수 있도록 격려해 주어야 할 때입니다. 이러한 경험을 통해서 당신들은 지혜와 연민이 몰라보게 자라날 것입니다. 나는 가슴으로 알고 있습니다. 당신들과 레이첼은 계속해서 만날 것이고, 서로를 알 수 있는 여러 가지 길이 있다는 것을 알게 될 것입니다. 그리고 당신들이 만날 때, 당신들은 지금까지 당신들이 알도록 허락되지 않았던 것들을 순식간에 알게 될 것입니다. 그래서 왜 일이 이렇게 되었어야만 했는지를 환하게 알 것입니다.

우리의 이성적인 마음으로는 무슨 일이 일어났는지 이해할 수 없지만, 우리의 마음을 하나님께 열어둘 수만 있다면, 우리는 직관으로 밝히 알 수 있게 됩니다. 레이첼은 지상에서 자신의 할 일을 하기위해서 당신들을 통하여 세상에 왔습니다. 자신의 죽음의 방식도여기에 포함됩니다. 이제 레이첼의 영혼은 자유로워졌고, 당신들과레이첼의 사랑은 변화하는 시간과 공간의 바람 앞에 조금도 흔들리지않습니다.

그 깊은 사랑에 저를 포함시켜 주십시오.

사랑을 담아

람 다스

죽음은 삶을 온전히 살도록 상기시켜 주는 도우미

동양의 전통에서는, 삶의 마지막 순간에 어떤 의식 상태를 갖느냐를매우 중요하게 여기기 때문에 임종을 준비하는 데 평생을 바친다. 인도의 위대한 지도자 마하트마 간디는 기자회견을 하기 위해 정원으로걸어 들어갔다가 암살당했다. 그는 쓰러지면서 "람!" 하고 신의 이름을불렀다.

메허 바바는 말했다. "신성한 사랑은 항상 당신과 함께, 당신 안에,당신 주위에 있나니, 그분과 분리되어 있지 않다는 것을 알라."

나는 형태도 없고, 한계도 없다.

공간 너머, 시간 너머

나는 모든 것 안에 있고, 모든 것은 내 안에 있다.

나는 우주의 축복이다.

모든 것이 나다.

스와미 람 티르타 Swami Ram Tirtha

올더스 헉슬리는 그의 소설 『아일랜드 Island』에서 죽음의 순간을 아름답게 묘사한다. "내 사랑… 이제 모든 것을 다 내려놓아요. …낡고 오래된 몸을 떠나보내요. 이제는 더 이상 몸이 필요하지 않아요. 떠나보내요. 낡은 옷을 벗어버리듯이, 거기 그대로 벗어 놓으세요. …내 사랑, 계속 가세요. 빛 속으로, 평화 속으로 가세요. 투명한 빛으로 가득한, 살아있는 평화 속으로 들어가세요."

죽음과 화해하고 그 순간에 온전히 현존하면, 우리는 사랑 속에서 우리 자신을 잃어버리도록 기꺼이 허용할 수 있다. 자신과 다른 모든 것들을 사랑하는 가운데, 기쁨은 물론 고난과 고통마저도 끌어안는 큰 사랑 속에서, 순간 순간 현존하면서 살아갈 수 있다. 아름다움에 대한 사랑과 신의 창작품들에 대한 경외심 속에서, 우리는 우리 자신을 기꺼이 잃어버릴 수 있다. 순간이라는 영원한 현재 속에서, 우리는 시간으로부터 자유로워진다. 그때, 죽음은 '영원한 현재'인 바로 그 순간이 된다. 우리가 온전히 열려 있을 때에는, 모든 것이 가능하다. 죽음의 순간에 당신은 모든 것을 다 내려놓고, 신의 품에 안겨 있게 된다. 우리가 가볍게 놓아버리면, 우리는 **빛** 속으로, **하나**를 향하여,

신께로 나아간다. 얼마나 은총인가!

산다는 것은 죽어가는 것이다. 죽음에 대한 대비책 같은 것이 있다면, 잘 사는 것보다 더 나은 대비책이 있을 수 있을까? 인생이라는 게임의 최종 목적지는, 당신이 있는 이곳에서 정직하게, 의식적으로, 최선을 다해 충만하게 존재하는 것이다. 잠에서 깨어난 후에는, 다시 잠자는 상태로 돌아갈 수 없다. 세상에서 무슨 일이 일어나든, 나는 여전히 마하라지의 지침을 한결같이 따를 것이다. 모든 사람을 사랑하고, 모든 사람을 섬기고, 언제나 신을 기억하라는 가르침에 따라 살려고 애쓸 것이다. 사랑하고, 섬기고, 기억하라.

살다 보면, 자신의 행위를 진실로 깨끗이 정리하고 싶은 시점이 온다. 당신은 정화의 불을 찾기 시작한다. 당신은 갑자기 버튼을 누르고 싶어지는 상황을 찾고 있었기 때문에, 기다리던 그 순간이 오면 때가 왔다는 것을 알아차린다. 당신은 이번 생에서 당신이 해온 역할들을 더 깊이 살펴본다. 부모, 자녀, 국가, 종교, 친구들, 그리고 당신 자신이 해온 역할들을 당신의 더 깊은 본질의 입장에서 살펴보고 조화롭게 통합시킨다.

자신과의 관계는 자신의 몸을 돌보고 건강을 증진시키는 일에 책임을 지는 일이다. 몸은 영혼의 성전이다. 그것은 당신이 이 지구에 몸을 입고 살아가기 위한 도구이고, 온전히 깨어 있는 의식적인 존재가 되어 신과 하나 되기 위한 수단이다. 몸을 존중하고, 알뜰살뜰 보살펴주어야 한다. 나는 내 몸을 다루는 방식에 대해 온전히 깨어 있지 못했고, 뇌졸중으로 큰 대가를 치러야 했다.

당신이 마음을 고요히 할 때, 당신은 당신이라는 존재의 여러 구성요소들 중에서 어떤 것이 조화롭지 않은지를 알아차린다. 예를 들어, 때로는 몸이 자기를 잡아당기는 것을 느낄 수 있다. 그것은 에너지가 고갈되어 있다는 신호일 수 있다. 근육이 강화되거나 이완되어야 한다는 징후일 수도 있다. 당신의 몸이 당신 영혼의 성전이라는 것을 기억하고, 몸과 함께 일해야 한다. 긴장을 풀고 에너지의 조화와 균형을 유지하도록 하라. 에너지의 요가인 하타 요가는 영혼에 이르는 방편으로 쓰여질 수 있다. 안정되고 편안한 자세를 취하는 것(아사나)은, 신과 대화하기 위한 최적의 상태를 조성해 준다. 당신의 몸 상태가 어떠한지, 늘 깨어서 살펴보아야 한다. 인간의 몸은 신의 표현이다. 몸을 존중하라.

영적인 수행의 많은 부분은, 우리의 마음과 가슴이 조화를 이룰 수 있도록 충분히 여유를 갖는 일에 쓰여진다. 바가바드 기타에서 크리슈나는 아르주나에게, "그대의 마음과 가슴을 나에게 바치라, 그러면 그대는 나를 맞이하리라."라고 말한다. 그것은 "항상 나를 생각하고, 항상 나를 사랑하라. 그러면 내가 너의 가슴과 너의 행위들을 이끌어주리라."라고 말하는 것과 마찬가지이다. "내가 그렇게 하듯이, 그대를 구루께 온전히 바치라, 그러면 구루의 축복이 그대에게 쏟아지리라." 사랑과 헌신으로 하여금 당신의 가슴을 인도하게 하라. 생각으로 헤아리는 마음을 내려놓고, 사랑과 헌신의 가슴으로 조화와 균형을 이루라.

지금 여기에 있는 것은, 이론이 아니라 경험이다. 당신이 그 순간에 있을 때, 시간은 느려진다. 이 순간 안에서, 당신은 세상의 모든 시간을 가진다. 그러나 한 순간도 낭비하지 말라. 진정한 당신은 시간을 초월한다. 그리스도께서 "보라, 내가 만물을 새롭게 하노라."라고 말씀하실 때, 그것은 당신이 지금 여기에서 현존하면서 모든 순간을 새롭게 맞이하라는 뜻이다. 당신이 진실로 이 순간에 있을 때, 이것이 바로 존재하는 전부이다. 그리고 죽음의 순간은 또 다른 순간일 뿐이다.

제6장

고통에서 은총으로

살다 보면, 참을 수 없는 일을 참아야 할 때가 있다. 그것은 육체적 고통이나 질병일 수도 있고, 우리 자신이나 우리에게 소중한 사람들, 또는 타인들의 감정적 고통일 수도 있다.

당신은 마음의 문을 닫아걸지 않고 고통에 반응하면서도, 여전히 가슴이 열린 상태를 유지할 수 있는가? 가슴을 보호하기 위해, 통증이나 불편함을 피하기 위해, 고통을 합리화하려고 마음을 쓰는 것은, 거의 본능적인 반응인 것 같다. 그러나 그럴 때, 당신은 당신 자신과 타인들에 대한 진정한 연민으로부터 자신을 차단시키고 있는 것이다.

세상에 존재하는 엄청난 고통에 대처할 때, 우리들 대부분은 갑옷을 입고 가슴을 보호하려고 한다. 방금 성대한 아침 식사를 마치고서는, 굶주리고 있는 사람들을 보고도 외면한다. 우리가 할 수 있는 일은 아무것도 없다고 느끼면서, 고통을 마주보려 하지 않는다. 가슴을 갑옷으로 무장하는 것은, 가슴을 여는 것과 반대된다. 우리는 다른 사람을 사랑하는 느낌을 알고 있다. 그 사랑이 우리를 어떻게 먹여주는지, 우리는 잘 안다. 사랑은 우리가 서로를 먹여 살리는 방식이지만, 압도적인 고통을 겪게 되면, 우리는 방어적으로 가슴을 닫아버린다. 우리의 가슴은 보호를 받고 있고 상처를 덜 받을 수 있다고 느낄지 모르지만, 그 과정에서 우리의 심장도 죽어간다. 가슴을 닫고 무장하는 것은, 우리들 모두의 영혼에 영양을 공급하는 우주 에너지와의 영적 교류를 차단하는 일이다.

우리 모두는 고통을 두려워한다. 사람들은 주변의 고통, 자신과 타인의 고통에 압도된 나머지, 세상이 무섭다고 생각한다. 미국의 대도시에서는 길에서 잠을 자는 노숙자들을 쉽게 볼 수 있다. 인도에서는, 캘커타의 경우, 인구의 절반이 거리에서 사는 것 같다. 부유한 미국에서는 빈부 격차가 너무 심하여, 왜 어떤 사람들은 그렇게 잘 살고 어떤 사람들은 그렇게도 극심한 빈곤에 시달리는지, 기이하기까지 하다. 음식과 의복, 몸 눕힐 곳은 모든 사람에게 다 제공되어야 하지 않을까? 우리는 왜 다른 사람들의 고통에 대해 그토록 우리의 가슴을 닫아걸고 사는 것일까?

나는 표면의식 너머의 의식을 계발하고, 지켜보는 자가 되고, 우주 법칙을 알고 인정함으로써, 내 주변의 엄청난 고통을 다루고자 애쓴다. 잎사귀나 한 방울의 물, 별과 행성을 바라보면서 자기 자신과 하나라고 인식하는 지점에 도달할 수 있을 때, 우리는 눈에 보이는 현상들의 절묘한 상호관계를 보기 시작할 수 있다. 물리학, 천문학, 음악, 유전학, 수학, 화학 등, 각 분야마다에서 우리는 우주 법칙을 찾을 수 있다. '하나임'의 관점에서 볼 때, 우리는 만물이 작동하는 방식의 웅장함에 경외감을 느끼지 않을 수 없다. 그리고 고난이나 통증 또한 만물이 작동하는 방식의 일부임을 깨닫게 된다.

고통은 왜 있는가?

부처님은 보리수 아래에서 깨달으신 후, 새로운 제자들에게 소위 사성제四聖諦를 설하셨다. 첫 번째 성스러운 진리는, 모든 존재가 괴로움을 특징으로 한다고 말한다. 태어나고 늙고 병들어 죽는 삶의 모든 과정에는 괴로움이 따르게 마련이다. 원하는 것을 얻지 못하는 것도 고통이고, 원하지 않는 것을 얻는 것도 고통이다. 원하는 것을 이미 얻은 상태나 원하지 않는 것이 나에게 없는 상태에서도 고통이 따를 수 있는데, 둘 다 시기가 있기 때문이다.

시간 속의 모든 것은 영원하지 않다. 예수는 "너희는 자기를 위하여 보물을 땅에 쌓아두지 말아라. 땅에서는 좀이 먹고 녹이 슬어서 망가지며, 도둑이 뚫고 들어와서 훔쳐간다."고 말씀하셨다. 시간에 매여 살아가는 한, 고통이 따르게 마련이다. 두 번째와 세 번째 성스러운 진리는 고통의 원인을 다루는데, 좋아하고 싫어하는 것과 거짓 자아에 대한 집착심이 그 근원이라는 것을 밝힌다. 네 번째 성스러운 진리는 괴로움에서 벗어나기 위한 팔정도八正道이다.

은총의 길

나는 부처님을 깊이 공경하며, 한때는 불교 공부와 명상에 빠져서 지냈다. 하지만 나의 영적 구도의 길은 구루 마하라지를 통하여 주로 이루어졌다. 구루는 우리의 참자아를 반영한다. 참자아를 알게 되면, 구루는 우리의 가장 심오한 참자아이다. 우리의 참자아를 보려면, 우리는 각자 자신의 존재의 거울을 닦아야 한다.

마하라지와의 관계는 믿음의 관계이다. 그 믿음은, 나에게 오는 모든 것을 그분의 은총으로 보게 해준다. 모든 것이 그분의 은총임을 기억하는 것, 그것 자체가 은총인데도, 은총 안에서 산다는 것이 때로는 쉽지 않다.

1997년 2월 19일, 출혈성 뇌졸중(경색이 아니라 출혈)이 나를 덮쳤다. 나는 노화에 관한 책을 집필 중이었고, 늙고 병들고 고통받는다는 것이 어떤 것인지 상상하려고 하면서 침대에 누워 있는데, 바로 그때 엄청난 뇌졸중이 온 것이다.

전화 벨이 울렸다. 전화를 받으려고 침대에서 일어나려다 바닥에 쓰러졌다. 나는 한쪽이 마비되었다. 가까스로 전화기 있는 데까지 가서 수화기를 들었지만, 말이 나오지 않았다. 뉴멕시코에서 전화를 걸어온 내 친구는 뭔가 잘못되었음을 깨닫고, 도움이 필요하면 전화기를 두드리라고 했고, 나는 즉시 그렇게 했다.

몇 분 지나지 않아, 비서인 마를렌과 조안이 왔고, 곧 이어 구급대원들이 왔다. 나는 들것에 실려 병원으로 옮겨졌다는 것을 기억한다. 처음

며칠 동안은 내가 과연 살아남을 수 있을지 아무도 알지 못했다. 내 소식은 인도에까지 빠르게 퍼졌다. 전국의 기도 서클들이 나에게 치유의 에너지를 보내주고 있었다. 나를 둘러싼 사람들, 의사와 간호사, 내 친구들과 친척들 모두 표정이 어두워졌다. 그들은 말했다. "아이쿠, 불쌍한 사람, 어쩌다가 이렇게 되었을까! 정말 안됐네. 뇌졸중이래!"

그들의 마음속 생각들을 흡수하면서, 나는 나를 불쌍한 사람에다 또 한 명의 뇌졸중 희생자로 생각하기 시작했다. 그들은 뇌졸중이 의료 재앙이라는 관점을 나에게 투사하고 있었다. 거의 모든 사람들이 그랬다. 내 방을 들락거리는 청소부 아주머니를 제외하고는. 그녀는 온전히 나와 함께 있어 주었다. 그녀는 **알고 있었다**.

뇌졸중으로 쓰러지기 전, 나는 내가 구루의 우산 아래에서 은혜로운 삶을 살고 있다고 느꼈다. 뇌졸중은 구루의 보호에 대한 나의 믿음을 산산조각 냈다. 나는 은혜와는 너무나 거리가 멀다고 느꼈다. 나는 믿음을 잃었고, 한동안 매우 우울했다.

나는 병실 벽에 걸어둔 구루의 사진을 보고 말하곤 했다. "내가 뇌졸중으로 쓰러졌을 때 당신은 어디에 있었죠? 점심을 먹으러 나갔나요?" 처음 두 달 동안, 나는 거의 전적으로 누군가에게 의존해야 했고, 신체적·심리적·영적 고통을 겪었다. 나는 병실에 앉아 무슨 일이 일어났는지를 이해하려고 애썼다. 한편에는 뇌졸중이 있었고, 다른 한편에는 마하라지의 은총이 있었다. 이 두 가지는 서로 맞지 않는 것 같았다. 동시에 있을 수가 없는 일 같았다.

천천히 상황이 바뀌기 시작했다. 나는 뇌졸중을 다른 방식으로 보기 시작했다. 뇌졸중이 어떤 식으로든 은총이 될 수는 없을까? 무지막지한 은총? 뇌졸중으로 쓰러졌다는 것은 확실히 내 에고를 높여주지는 않았지만, 내 영혼에는 도움이 되지 않았을까? 뇌졸중으로 인해 나는 몸의 일부가 마비되었고, 실어증으로 불편을 겪게 되었으며, 다른 사람들에게 의존하지 않으면 안 되게 되었다. 그것을 새김질하면서, 그것이 은혜라면 도대체 어디에 그 내용물이 감추어져 있는지 알아내려고 애썼다. 결국 이것은 여전히 마하라지의 놀이였고, 그의 릴라였다. 나는 뇌졸중이 마하라지의 은혜라는 것을, 이 병이 나를 신께로 데려가는 데 어떻게 도움이 될 수 있는지를 알아내려고 했다.

초기에 나는 실어증이 심해서 전혀 말을 할 수 없었다. 말하는 법을 다시 배우는 것은 어려운 일이었다. 말을 하려면 늘 더듬거려야 했다. 나는 침묵을 다루는 법을 배워야 했다. 말 없는 침묵은 내 마음을 고요하게 했기 때문에, 영적으로 큰 도움이 되었다. 나는 머릿속 헤아림이 아닌, 직관적인 가슴의 침묵 속으로 들어가야 했다. 가슴에 몰입될수록 분리감이 사라지고, 가슴이야말로 머리로 헤아리는 앎이 지혜에 자리를 내어주는 곳임을 깨닫게 되었다. 뇌졸중을 앓은 지 약 1년 반 후, 나는 다시 대중을 상대로 강연을 하기 시작했다. 500명의 사람들이 나의 말을 기다리고 있다는 것은, 실어증 치유에 좋은 동기가 되어주었다.

뇌졸중이 오기 전 내가 강연을 할 때면, 청중 가운데에는 배우자나 친구의 강권에 의해 마지못해 온 사람이 한두 명쯤은 있게 마련이었다. 군중 속에서 그들을 알아보는 것은 쉬운 일이었다. 그들은 팔짱을

끼고, 이 시간을 견디고 있다는 것이 역력한 표정을 지으며 앉아 있곤 했다. 나는 그들이 가슴을 열도록 애썼다. 그런데 이제는 휠체어를 탄 내 모습이 그들의 가슴을 열어주곤 했다. 그리고 휠체어 덕분에, 어디를 가든 항상 내 자리가 보장되어 있었다.

뇌졸중은 나에게 의존하는 법도 가르쳐주었다. 나는 스포츠카를 즐겨 몰곤 했는데, 이제는 운전자가 아닌 동승자가 되었다. 나는 이제 다른 사람들의 도움을 필요로 하는 몸을 가지고 있었다. 승객으로서 지나가는 나무들과 구름들을 여유롭게 감상할 수가 있게 된 것도, 교통 상황에 늘 주의를 기울여야 하는 운전자로서는 할 수 없었던 일이었다.

나는 『돕는 법 How Can I Help?』(폴 고먼과 공저)이라는 책을 쓴 적이 있는데, 이제는 "도움을 받는 법 How Can You Help Me?"이라는 책을 써야 할 판이다. 뇌졸중 이후, 나는 다른 사람들이 나에게 보내는 연민에 의해 많이 겸손해졌다. 이렇게 멋진 사람들이 돌봐주고 있다니, 나는 축복받은 사람이었다. 이제 그들은 내 몸을 돌보고, 우리는 함께 서로의 영혼을 돌본다.

관점 바꾸기

내가 보기에, 우리는 세 가지 주요한 의식 차원에서 살아가고 있다. 첫 번째는 개성의 차원인 에고이다. 두 번째는 우리 개인적인 영혼이며, 앞서 이야기한 '지켜보는 자로서의 의식'은 여기에 속한다. 세 번째는 우리들 존재의 신비이다. 퀘이커 교도들은 이것을 내면의 '고요하고 작은 소리' 또는 '내면의 빛'이라고 부른다. 힌두교인들은 이것을 '아트만 Atmān'이라고 부르고, 우리는 '유일자'로 생각할 수 있다.

우리들 각자는 이 세 채널을 모두 가지고 있다. 그것들은 모두 동시에 여기에 있지만, 우리가 현실을 경험하는 방법은 우리의 인식이 어느 채널에 맞춰져 있는가에 달려 있다. 직관적인 자아에 깊이 머물 때, 우리는 영혼의 차원에 있는 것이다. 그 인식을 따라 깊이 깊이 들어간다면, 신 의식, 곧 아트만에 이르게 된다. 그와 똑같은 자각이 당신 안에도 있고 내 안에도 있다. 신 의식은 우리 모두의 내면에 존재한다. 우리가 자신을 '몸을 입은 영혼'으로서 생각하게 되면, 우리의 영혼은 그 모든 것을 지켜보면서, 궁극적으로는 우리들 각자 안에 거하는 우주적 신 의식에 연결된다.

요즈음 나는 나 자신을 '뇌졸중을 앓는 몸을 가진 한 영혼'으로 본다. 내 에고가 자신을 뇌졸중을 앓는 사람으로 생각하는 동안, 뇌졸중으로 인한 고통은 나로 하여금 '몸을 가진 나'를 지켜보는 나의 영혼이 되도록 나를 밀어붙였다. 뇌졸중을 겪는 것보다 뇌졸중을 지켜보는 것이 훨씬 덜 고통스럽다.

나는 온몸이 다 아프다. 나는 의사에게 여기가 이렇게 아프고 저기가 저렇게 아프다고 늘어놓는다. 하지만 나는 그것들과 나를 동일시하지 않는다. 나는 통증이 아니라 통증을 지켜보는 자이다. 육체의 고통은 몸 안에 있고, 나는 내 몸이 아니다. 내 몸은 저기 바깥에 있고, 나는 여기에 있다. 통증은 몸의 일부이다. 심리적 고통에 대해 이야기하자면,

그것은 에고에서 오는 것이다. 나는 내가 나의 의식이고, 나의 자각임을 떠올린다. 나는 그 안에 있고, 통증과 더불어 살고 있다. 통증으로서 사는 것이 아니라, 통증과 더불어 함께 살고 있는 것이다.

뇌졸중은 나를 나의 영혼으로 밀어넣었다. 그것이 바로 뇌졸중이 유익할 수 있다는 증거이다. 뇌졸중은 몸이 가진 문제들에 내가 삼켜지도록 놔두지 않고, 나의 영혼성으로 데려다주었다.

고통인가, 은혜인가?

라마야나에서, 마왕 라바나는 람Rām 신과 결혼한 대지의 어머니 시타Sita를 스리랑카 섬에 있는 악마들의 소굴로 납치한다. 원숭이들과 곰들의 군대가 시타를 찾아 인도 해안에 도착하자, 곰들의 왕 잠바반Jambavan은 하누만Hanuman에게 그가 신의 파워를 지니고 있음을 상기시킨다. 그러자 하누만은 자신의 믿음을 크게 도약시켜, 시타를 찾으러 바다 위로 날아간다.

내가 뇌졸중을 받아들이려고 마음속으로 고군분투하고 있을 때, 인도에 있는 절친으로부터 메시지가 왔다. 하누만이 자신의 힘을 상기시킬 필요가 있었던 것과 마찬가지로, 절친 K. K. 샤Sah는 나에게 믿음의 힘을 상기시킬 필요가 있다고 느꼈던 모양이다. K. K.는 마하라지가 나를 위해 그에게 전해준 몇마디를 적어 보냈다. "내가 그를 위해 뭔가를 해줄 것이다." 그 몇마디만으로도 나의 믿음은 몰라보게 키가 자랐다. 내 영혼은 다시 한 번 마하라지가 펼치는 사랑의 담요에 푹신하게 감싸였다.

마하라지의 아쉬람을 관리하는 '어머니' 싯디 마 Siddhi Ma는 믹키 렘Mickey Lemle이 제작한 나와 뇌졸중에 관한 다큐멘터리 영화 「사나운 은총 Fierce Grace」을 보았다. 영화 속에서, 나는 뇌졸중을 마하라지의 은총으로 보려고 애쓴다고 대사를 읊었다. 그녀는 마하라지가 어떻게 나에게 뇌졸중 같은 것을 일부러 앓게 하겠느냐고 메시지를 보내 왔다. 그걸 보고서야 나는 비로소 뇌졸중이 내가 짊어져야 할 카르마의 자연스러운 결과라는 것을 깨달았다. 그 과정에 마하라지의 은혜가 있었다면, 뇌졸중이라는 결과물에 대한 나의 대처 방식에 있었을 것이다. 분명한 것은, 뇌졸중의 고통을 이길 수 있었던 것이 내 인생을 바꾸었다는 사실이다.

나는 분명히 어느 누구도 뇌졸중으로 쓰러지기를 원하지 않지만, 어쨌든 뇌졸중이 나에게 긍정적인 영향을 준 것은 부정할 수 없다. 한동안은 믿음을 잃었지만, 시간이 지나면서 나의 믿음은 더욱 더 깊어지고 단단해졌다. 한동안은 고통에 압도당했지만, 결국 나는 이 뇌졸중이 나의 깨어남을 돕는 역할을 했다고 느끼게 되었다. 그것은 확실히 은혜였다.

완전함과 고통 모두와 더불어 사는 것은, 통증을 밀어내려고 하는 일이 없이 그것과 함께 살게 해준다. 우리 자신 안에는 그러한 균형감각이 있기 때문이다. 나는 그 모든 펼쳐짐의 일부이고, 거기에는 고통도 포함된다.

계모인 필리스가 임종할 때 겪은 고통은 그녀로 하여금 몸에 대한 집착을 내려놓게 했고, 그녀는 결국 죽기 며칠 전 영적으로 깨어났다. 내가 전능자라 할지라도 그녀에게 그런 고통을 주려고 하지는 않았을 것이지만, 그런 것을 누가 판단할 수 있겠는가? 하지만 나는 감성적인 가슴을 가진 인간으로서, 때로는 고통 속에 은혜가 있음을 이해하는 동시에 고통을 덜어주고 싶다는 역설에 직면한다. 영적인 관점에서 보면, 고통은 때로 사람들을 깨우는 연마제이다. 일단 영적으로 깨어나기 시작하면, 우리는 자신의 고통을 다시 자리매김하고 그것을 더 큰 깨달음을 위한 도구로 사용하기 시작한다.

고통을 겪을 때에는, 고통이 온통 자기 자신을 에워싸고 있는 것 같다. 구름 사진이 액자에 들어 있다고 생각해 보자. 사진의 일부분을 잘라서 틀에 넣어 보면, 회색 구름만 보인다. 하지만 사진 전체를 보면, 구름 주변의 파란 하늘을 볼 수 있다. 그것이 은혜이다.

믿음

전체 게임은 믿음을 기반으로 한다. 믿음은 은혜로 말미암아 온다. 성경에서 사도 바울은 "너희는 그 은혜에 의하여 믿음으로 말미암아 구원을 받았으니 이것은 너희에게서 난 것이 아니요 하나님의 선물이라. 행위에서 난 것이 아니니 이는 누구든지 자랑하지 못하게 함이라." (에베소서 2:8)라고 했다.

믿음이 충분히 강하면, 존재 자체로 이미 차고 넘친다. 믿음이 없으면, 우리 모두가 가지고 있는 실존적 두려움과 불확실성이 우리를 지배하게 된다. 믿음이 있으면, 두려움이 없다. 믿음이 없으면, 두렵다.

뇌졸중으로 쓰러진 후 나는 나 자신의 믿음에 의문을 품으면서, "무엇을 믿는단 말인가?"라고 묻기 시작했다. 나는 나의 믿음이 '하나임'에 있다는 것을 발견했다. 한 개인으로서의 마하라지에 대한 믿음이 아니었다. '하나임'을 향한 문으로서의 마하라지를 믿고 있었고, 마하라지 안에 있는 '유일자'를 믿고 있었다. '하나임'은 존재의 한 상태이다. 다시 말하지만, 남인도의 위대한 성자 라마나 마하리쉬가 "신, 구루, 자아는 하나"라고 말했을 때의 바로 그 상태이다. 마하라지는 단순히 손가락 하나를 들어 보이며, "모두 하나"라고 말씀하셨다.

믿음은 당신의 영혼의 거울에 비친 '하나임'의 반영이다. 믿음은 당신이 '하나임'이라는 우주적 진리에 연결되는 길이다. 믿음과 사랑은 밀접하게 얽혀 있다. 라마야나에서 말하듯이, 자기를 내려놓고 바치지 않고서는 믿음이 설 자리가 없다. 믿음이 없으면, 헌신도 없다.

믿음은 머릿속 헤아림으로 이루어지는 것이 아니다. 진정한 믿음은 가슴에서 우러나온다. 믿음은 우리 자신의 내면에서 나온다. 영적인 가슴을 열고 머릿속 헤아림을 멈추고 고요해짐으로써, 우리는 우리 자신의 참자아를 만날 수 있고, 참자아를 자기 자신으로서 인식하고 느끼게 된다. 마음을 고요하게 했을 때, 우리는 비로소 참자아에 자신을 열게 된다. 참자아의 특성은 평화, 기쁨, 연민, 지혜, 사랑이다.

모든 것이 이미 완전하다

마하라지의 현존 안에 있어 온 나는, 그것이 우주 안에 있는 것과 같다는 것을 믿게 되었다. 그것은, 당신보다 더 높은 곳에 살고 있어서 당신이 볼 수 있는 것보다 더 멀리 볼 수 있는 누군가를 알고 있는 것과도 같다. 거기에서 바라보는 관점은 완전함이다. 도달해야 할 어떤 것으로서의 완전함이 아니라, 있는 그대로의 완전함이다. 마하라지는 나에게 다양한 방식으로 계속해서 묻곤 했다. "람 다스, 모든 것이 완전해 보이지 않아?" 마하라지는 늘 거기에서 사람들과 함께 있으면서, 평생을 보냈다. 그는 그들을 돕고, 그들을 먹이고, 그저 그들을 사랑했다.

삶의 기술은, 연약한 상태로 활짝 열려 있으면서도 동시에 신비와 경외감, 참을 수 없는 고통과 함께 앉아 있는 것이다. 그 모든 것과 더불어 함께 있는 것이다. 나는 지난 40년 동안 "지금 여기에 살라"라는 멋진 캐치프레이즈로 성장해 왔다. 지금 여기, 그 안에는 풍요가 차고 넘친다.

누군가 나에게 "람 다스, 당신은 행복합니까?"라고 묻는다면, 나는 멈춰서 내면을 들여다보고, "네, 행복합니다."라고 대답한다. "람 다스, 슬픈가요?"라고 물으면, "네, 슬프네요."라고 대답할 때도 있다. 그런 질문들에 답하다 보면, 나는 그 모든 감정이 현존한다는 것을 깨닫는다. 한 순간 안에 모든 것이 존재하는 그 풍요로움을 상상해 보라. 가슴 에이는 듯한 아픔, 아기를 안고 있는 엄마의 기쁨, 활짝 핀 장미의 정교한 아름다움, 사랑하는 사람을 잃은 슬픔. 이 순간에는 그 모든 것이 있다. 그것이 살아있는 진실이다.

영혼의 관점에서 고통을 지켜볼 수 있다는 것은, 구원의 은총이다. 달리 말하자면, 구원의 은총은 믿음을 갖는 것이다. 기쁨과 고통, 그리고 그 모든 것 안에 깃든 완전함을 목격하고 충만한 순간에 살면서, 우리의 가슴은 고통받는 사람들에게로 향한다.

우리가 지금 이 순간에 산다면, 우리는 시간 속에 있지 않다. 당신이 "나는 은퇴한 사람이야. 내 역할은 끝났어."라고 말한다면, 당신은 자신의 삶을 돌아보고 있다. 그것은 백미러에 비친 삶이다. 당신이 젊다면, 당신은 "인생 전체가 내 앞에 펼쳐져 있어. 이것은 내가 나중에 해야 할 일이야."라는 식으로 생각할지 모른다. 하지만 그것은, 시간에 묶여 살게 되는 사고방식이다. 그런 사고방식은 우리로 하여금 과거나 미래에 집중하게 하고, 다음에 올 일에 대해 걱정하게 만든다.

과거의 기억에 사로잡히거나 미래에 대해 걱정하는 것은, 스스로 짐을 짊어지는 것이다. 은퇴자이든 청춘이든, 앞으로 나아가고 있다고 볼 수 있다. 뭔가 다른 것을 위한 시간, 뭔가 새로운 것을 향해 나아가고 있는 것이다. 싱싱하게 시작하자. 매 순간이 새로운 순간이다. 노인이 되었다는 것은 최고 정점에 도달했다는 뜻이 아니다. 청춘은 훗날을 위한 준비가 아니다. 이것은 경계의 끝이거나 시작이 아니다. 지금은 뒤를 돌아보거나 미리 계획할 시간이 아니다. '지금'은 그냥 현존하고 있는 시간이다. 현재는 시간에 갇혀 있지 않다. 지금 이 순간에 있는 것, 있는 그대로 여기에 있는 것, 거기에는 나이가 없고, 영원하다.

우리는 우리가 생각하는 우리 자신보다 훨씬 더 크고 밝은 경이로운 존재들이다. 훨씬 더 심오한 우리 자신의 본질을 사느냐, 그렇게 살지 않느냐는, 한 생각의 차이일 뿐이다. 한 생각의 차이일 뿐이지만, 본질과 멀어진 삶은 너무나 많은 고통을 야기한다. "나는 이 몸이다."라는 생각은, 우리를 고통으로 몰아넣는다. "그래, 내 몸은 이것을 할 수 있었어. 내 머리는 예전에는 이렇게 백발이 아니었어. 나는 훨씬 더 강했어. 나는 더 날씬했어. 나는…." 몸이 바로 나라는 생각 때문에 몸의 변화는 괴로움을 일으킨다. 우리는 안전하고 건강하게 지내기 위해 최선을 다하지만, 병과 나이 듦, 시시때때로 일어나는 사건 사고는 피할 길이 없다. 마하라지는 "자신의 몸을 안전하게 지킬 힘을 가진 사람은 아무도 없다."라고 말했다. 부처님 말씀이 옳다. 이 몸은 시간에 얽매여 있다. 하지만 우리는 지금 여기, 이 순간에 있을 뿐이다.

섬김의 길

살아 계시는 성령과 접속하는 은총을 경험했다고 할지라도, 당신은 그런 경험을 세상에서 표현하고 실천하면서 사는 것이 어려운 일임을 알고 있을 것이다. 가슴이 곧 나의 영혼이 머무는 곳임을 알게 된 지금, 영적 연결을 심화시키기 위해서는 어떤 삶을 살아야 할까? 기도와 탐구, 하타 요가를 통한 신체 에너지의 재정렬, 키르탄을 통한 헌신의 노래 등, 많은 길이 있다.

우리 중 많은 사람들이 섬김의 길, 즉 같은 인간 존재들의 고통을 덜어주기 위한 봉사, 다르마와 깊은 조화를 이루는 봉사에 강하게 끌린다. 섬김의 길은, 가슴의 인도를 받을 때 신과 사랑을 나누고 있는 것 같은 느낌을 갖게 한다. 생각해 보라. 테레사 수녀는 번민하고 고통스러워하는 '변장한 예수'가 아닐까?

주는 것과 받는 것은 어떻게 하느냐에 따라 양쪽 모두를 고무시킬 수 있다. 받는 사람은, 다른 사람에게 봉사할 기회를 줌으로써 그들이 은혜와 축복을 받았다고 느끼는 도우미들일 수 있다. 받는 기술은 "나는 영혼이다. 당신은 영혼이다. 우리는 함께 있고, 우리가 어떤 역할을 맡고 있든 상관이 없다."는 심경이 되는 것이다. 마찬가지로, 섬김을 통해 당신이 다른 존재들에게 진정으로 제공하는 것은, 당신 자신이다. 아낌없이 자기 자신을 내어줄 때, 진정한 치유가 일어난다. 당신의 열린 가슴이 상대방의 가슴을 열게 한다. 열린 가슴으로 하는 돌봄은, 관련된 모든 사람들에게 선물이 된다.

부모 돌보기

늙는 것은 더 많은 고통의 원인이 될 수도 있고, 은혜의 상태가 될 수도 있다. 자립하기 위해 고투해 온 사람들은 "나는 의존하는 것이 싫다."고 말한다. 반면, 늙고 연약하여 보살핌을 필요로 하면서도, 자기 자신과 잘 지내는 사람들도 있다. 그들은 매우 우아하고 사랑스러워서, 그들을 돌보는 사람들은 자신들이 오히려 보살핌을 받고 있다고 느낀다.

아버지가 한때 내 기저귀를 갈아주셨듯이, 나도 아버지의 기저귀를 갈아준 적이 있다. 사람들은 '더러운 것을 만지는 일'로 생각하고는 진저리를 친다. 하지만 아버지와 나에게는 전혀 역겨운 일이 아니었다. 그것은 사이클의 아름다운 완성이었다. 그의 마음은 내면으로 향했고, 눈부시도록 행복해하고, 평화로웠으며, 편안했다. 그는 살면서 내내 외적인 것에서만 행복을 찾았지만, 지금은 내면의 기쁨을 발하고 있었다. 그의 안의 무언가가 변형되었고, 그는 완전히 다른 사람이 되었다. 나는 그를 목욕시켰고, 그것은 마치 부처님을 씻는 것과도 같았다. 아버지는 믿을 수 없을 정도로, 항상 행복에 겨워하셨다. 그는 자신의 예전 모습조차 알아보지 못했다. 정치적으로나 사회적으로 왕성하게 활동하시고 성공의 길을 달리셨던 아버지는, 나이가 듦에 따라 매우 조용해졌다. 그저 늘 미소를 지어 보일 뿐이었다. 나는 그와 함께 앉아 그의 손을 잡고 석양을 바라보곤 했다. 우리는 예전에는 그런 일을 한 적이 없다. 은혜스러운 일이었다.

"나는 그것을 감당할 수 없어."라거나 "나는 그렇게는 못해."라고 말할 정도로 극단에 이르렀을 때, 우리는 자신이 매달리고 있는 사고방식을 살펴보아야 한다. 거기에 고통의 뿌리가 있을 것이다. 바로 그곳이, 우리의 마음이 있는 그대로의 실상을 바로 보지 못하고 있는 그 자리이다.

고통 너머를 보라

내 친구 웨비 그레비 Wavy Gravy는 어떻게 고통을 변화시킬 수 있는지를 보여주는 생생한 본보기이다. 웨비는 병원에 입원해 있는 아이들을 방문하는 전문 광대이다. 그는 광대 의상을 입고, 크고 둥글고 빨간 코를 붙이고, 위독하거나 죽음을 눈앞에 두고 있는 아이들과 어울린다. 그는 풍선을 불고, 때로는 아이들과 게임을 한다. 때로는 얼굴에 페인트 칠을 하고 나타나 아이들을 기쁘게 한다. 때로는 그냥 놀기만 하면서, 아이들의 짐을 나누어진다.

웨비는 말한다. "난 모르겠어. 어린 아이들이 자신들의 꺼멓게 타버린 피부와 머리칼이 다 빠져버린 머리를 어떻게 할 수 있겠는가? 그냥 바라볼 수밖에. 아이들이 정말 너무 아프고 두려움 속에서 죽어가고 있을 때, 지켜보는 사람들의 가슴은 찢어지지. 하지만 그저 바라보면서, 무슨 일이 일어나는지 지켜볼 수밖에. 무슨 일을 할 수 있을까? 팝콘을 들고 가야겠다는 생각이 들었지. 아이가 울면, 팝콘으로 눈물을 톡톡 두드려 내 입이나 아이의 입에 쑤셔 넣었어. 우리는 같이 둘러앉아 눈물을 먹곤 해."

1971년 인도에 갔을 때, 방글라데시에 끔찍한 참화가 있었다. 나는 돕고 싶었고, 마하리지의 축복을 받기 위해 그에게 갔다. 그는 나에게 "넌 모든 것이 완전하다는 것을 알 수 없어?"라고 말했다. 나는 이 남자를 너무나 깊이 사랑했지만, 이것은 확실히 아니라는 생각이 들었다. 굶어죽는 아이들을 보고, 어떻게 완전하다고 말할 수 있단 말인가? 그러나 그는 믿을 수 없을 정도로 연민과 자비심이 넘치는 사람이었다. 그는 모든 사람을 먹이고, 하루 종일 사람들을 도왔다. 그는 내가 균형을 잃었고, 고통에 사로잡혀 더 큰 그림을 보지 못하고 있다고 말했다.

이것은 우리가 우리의 가슴을 닫지 않은 채로 세상의 고통과 함께할 수 있도록 허용해야 한다는, 우리의 인식에 관한 이야기다. 우리의 관점에 관한 이야기다. 우리가 세상에서 살아남으려고 가슴을 닫거나 갑옷으로 무장을 한다면, 우리는 세상을 치유할 수 없는, 부서져 버린 도구가 된다. 그러니 고통을 덜어주고 열린 가슴으로 살기 위해서는 우리가 할 수 있는 모든 일을 다 해야 한다.

인도의 성자인 스와미 (파파) 람 다스는 신에 대한 헌신으로 평생을 살았다. 어느 날 밤 그가 강가에서 자고 있을 때, 모기가 물어대는 통에 잠을 잘 수가 없었다. 그의 반응은 이랬다. "오, 신이시여, 이 모기들을 저에게 보내주셔서 밤새도록 당신을 생각하면서 깨어 있게 해주시니 감사합니다."

우리들 대부분은 그럴 준비를 충분히 갖추지 못했다. 그러나 고통이 정화의 불이라는 인식은 중요한 개념이다. 깨어나지 않은 사람에게 있어서 게임은 쾌락을 극대화하고 고통을 최소화하는 것이다. 하지만 많이 깨어 있을수록, 우리는 지구에서의 삶이 곧 고苦라는 붓다의 첫 번째 성스러운 진리의 실재를 인식하게 된다. 그리하여 우리가 더 많이 깨어 있을수록, 우리는 고통이 그 순간 우리 자신에게 필요한 가르침이 내려오는 방식이라는 것을 더 많이 알아차리게 된다. 그 고통을 어떻게 경험하느냐는 우리의 집착, 우리가 얼마나 에고라고 부르는 것과 자신을 동일시하느냐에 달려 있다.

장애아를 갖는다는 것은 일반적으로 슬픔, 고통, 불행의 상황으로 간주된다. 하지만 다른 관점에서 보면, 이 영혼은 해야 할 특정한 일을 가지고 그런 몸으로 태어난 것이라고 바라볼 수 있다. 그런 아이는 먼저, 자신이 주변 세상을 온전히 이해하거나 평가할 수가 없다는 것을 알아야 한다. 부모로서는 어떻게든 자녀의 고통을 덜어주고 싶다. 그러나 우리가 영적 눈을 떠서 이 존재를 영혼으로 만난다면, 우리는 그/그녀로 하여금 장애와 관련이 없는 자기 존재의 어느 부분을 알아차리도록 도울 수 있다. 그 아이를 장애아로 보는 한, 우리는 그 아이가 고통받게 될 특정한 현실을 강화하고 있는 것이다. 우리는 우리 자신을 영혼으로 볼 수 있어야 하고, 장애 뒤에 있는 영혼 또한 볼 수 있어야 한다. 우리 자신에 대한 우리의 작업은 우리의 자녀들에게 선물이 될 수 있다.

나에게는 젊은 친구가 있다. 켈리는 아홉 살 때 머리에 상처를 입었는데, 잘못된 진단을 받았다. 그는 온전히 깨어 있었고, 총명했으며, 서른셋의 나이에 늘 기뻐하면서 살고 있었다. 그의 손을 알파벳 보드 위에 올려놓아 주면, 그는 한 글자씩 또박또박 발음하면서 의사소통을 했다. 의사들과 전인적인 치유사들 앞에서 강연을 하게 되었을 때, 나는 켈리로 하여금 나를 소개하게 한 적이 있다. 500명가량의 청중이 모여 있었는데, 켈리는 휠체어를 타고 무대 위로 나갔다. 그들은 모두 입을 다물지 못할 정도로 놀랐다. 켈리는 또박또박 말했다. "RD(람다스)는 우리가 우리 몸이 아니라고 말합니다. 아멘."

어떻게 도울 수 있을까?

우리는 종종 고통당하는 사람들, 특히 우리와 가까운 사람들의 고통 앞에서 무력감을 느끼고, 어떻게 도울 수 있을지 궁금해한다. 서로를 사랑으로 돌보는 사람들 사이의 고요한 침묵의 순간들이나 관심과 걱정을 표현하면서 도움, 기도, 음식을 제공하는 친구와 가족의 지원과 같이, 단순한 친절의 행위는 매우 의미가 있다. 음식은 육신에 영양을 공급해 주는 것 이상으로, 큰 의미를 지닌다. 정원의 꽃을 꺾어 선물할 수도 있고, 고통받는 사람의 두려움과 감정에 귀를 기울여 줌으로써 그들이 혼자가 아니라는 것을 느끼게 해줄 수도 있다. 때로는 열린 가슴으로 평화와 평온에 뿌리를 내린 존재로서 그냥 거기에 있는 것만으로도 충분하다. 이런 것들은 예기치 않은 은총을 상기시켜 주고, 영혼을 살찌우게 하는 도우미들이다.

연민 Compassion

참을 수 없는 것을 참는 것, 이것은 세상에서 가장 깊은 연민의 뿌리이다. 견딜 수 없다고 생각하는 것을 견딜 때, 우리가 생각하는 우리 자신은 죽게 된다. 우리는 연민이 된다. 우리는 연민을 가지지 않는다. 우리가 연민이다. 진정한 연민은 공감을 넘어, 함께하는 다른 사람의 경험과 '함께 있는' 상태이다.

상실, 실패, 슬픔, 육체적 고통 등 당신 자신의 고통은 지옥처럼 아프게 마련이고, 가슴이 찢어질 정도가 된다. 하지만, 여기 당신이 있다.

고통으로 인해 당신 안으로 깊이 깊이 타 들어가서, 당신이라는 존재의 다른 자질을 창조했던 경험이 있는가? 그것은 당신의 고통이 당신을 깨우도록 강요했던 경험이다. 고난이라는 것은 결국 온전한 인간이 되기 위한 코스의 일부이고, 그것이 곧 영적 커리큘럼이다. 고난이 영적 커리큘럼이 아닌 경우를 상상하기란 어려운 일이다. 고난은 '사나운 가르침'이다.

고통은 피하려고 하면서 쾌락을 추구하고, 원했다가 그것을 가지게 되면 혐오하게 되는 패턴은, 우리를 마야, 곧 분리의 환상 속에서 살게 한다. 이런 패턴을 꿰뚫어보고 내려놓고 포기하는 것은 영적 가르침의 일부이다. 애써 고통을 피하려고 했던 노력을 멈추면, 어떤 일이 일어날까? 무엇인가가 달라지기를 바랄 때에는, 그 실상을 있는 그대로 볼 수 없다. 도덕경에 이런 구절이 있다. "진실은 갈망으로 흐려지지 않은 눈을 기다린다." 거울에서 욕망의 안개를 걷어내면, 사물을 있는 그대로 비추기 시작한다.

당신이 사랑의 자각에 더 많이 머물러 사물을 있는 그대로 볼 때, 당신은 분리의 경계를 넘어 확장되기 시작한다. 새로운 방식으로 외부 세계를 경험하기 시작하여, 다른 사람과 관계를 맺는 것이 아니라 그 사람 자체가 된다. 그 순간 우주의 고통은 바깥이 아닌 당신 안에 있게 된다. 진정한 연민은 내가 당신이고 당신과 내가 하나인 의식의 차원에서 일어난다.

다음은 불교의 자애 명상 중 일부이다.

모든 존재가 위험에서 벗어나기를.

모든 존재가 정신적 고통에서 벗어나기를.

모든 존재가 육체적 고통에서 벗어나기를.

모든 존재가 평화를 알기를.

옴

제7장

존재 자체만으로 이미 충분하다

해변의 날

일주일에 한 번, 나는 마우이의 해변에 가서 핵심 단골 크루들과 함께 바다 수영을 한다. 섬을 방문하는 사람들이 동행하는 경우도 있다. 우리는 해변에서 잠시 시간을 보낸 다음, 물속으로 들어간다. 우리가 수영 안전지대를 표시하는 부표를 향해 헤엄치기 시작하면, 탐Tom은 꽃 바구니를 가져와 물 위에 던져 준다. 나는 바다에 있는 시간을 아주 좋아한다. 때로 우리는 노래를 부르고, 가끔씩은 웃음을 터뜨린다. 우리는 사랑에 둘러싸여 '어머니의 바다'에 떠 있다. 우리는 물속에서 공놀이를 한다. 나는 부표를 만지면서 "오 보이buoy, 오 보이, 오 보이!"*라고 외친다. 나는 해변으로 돌아가고 싶지 않아

---

* buoy(부표)가 boy와 발음이 비슷하여 어린시절로 돌아간 듯 말장난을 즐기고 있다.

매번 나 자신을 설득해야 한다.

어느 날 누군가가 우리에게 다가와, 무엇을 축하하고 있느냐고 물었다. 우리 중 한 사람이 말했다. "오늘이어서 축하하고, 우리가 함께 있어서 축하하고 있어요." 우리는 그 말이 조금도 우스꽝스럽지 않았다. 우리는 모든 것이 날마다 신성하다는 것을 알고 있었다. 모든 것이 날마다.

해변의 날은 나의 충만감이 완벽하게 표현되는 시간이다. 마우이의 해변에서라면 만족하기가 쉬울 것이라고 생각할 수도 있다. 사실이다. 멋진 해변이다. 그러나 이것은 육신의 만족에 관한 것이 아니다. 요가에서 '만족'을 뜻하는 산토샤santosha는 마음을 가라앉히고 가슴을 열기 위한 수행이다.

만족은 당신의 의식을 '하나임'으로 향하게 하는 마음가짐 중 하나이다. '하나임'은 요가의 핵심이다. 진정한 만족은 단지 실존적인 것에 그치지 않는다. 그것은 에고나 개성이 아닌 영혼의 태도이다. 그것은 영혼의 차원에서 삶을 바라보는 관점이다.

사랑과 연민은 영혼으로부터 일어나는 감정이다. 자신을 한 영혼으로 볼 때, 우리는 사랑의 우주에 살고 있는 것이다. 영혼은 모든 사람을 사랑한다. 그것은 태양과 같아서 우리들 각자의 아름다움을 이끌어낸다. 우리는 우리 가슴에서 사랑이 발산되고 있다는 것을 느낄 수 있다. 그 사랑 안에 있을 때, 우리는 어디에 있든 존재 자체만으로도 기쁘고 즐겁다. 그런 충만감에 대해서는 할 말이 아주 많다.

충만감을 주는 경험의 종류를 생각해 보라. 자연 속에 있는 것 자체, 새소리를 듣거나 파도가 해변에 부딪히는 소리를 듣는 일, 저녁노을이나 밤하늘의 별을 바라보는 일, 정원에서 장미를 바라보는 일…. 노래를 부르거나 음악을 듣는 일, 따뜻한 욕조에 몸을 담그는 일, 몸을 편안하게 해주는 터치…. 아이를 바라보거나 개나 고양이와 함께 있어도 뿌듯한 만족감에 잠길 수 있다. 사랑하는 사람의 눈을 바라볼 때에도 경험할 수 있다. 그것은 우리 자신의 영혼을 만지는 경험이다.

서양에서는 '충만감'이 우선순위 목록에서 상위를 차지하지 않는다. 우리는 모두 성취와 소비, 더 많은 것을 얻는 것에 열중한다. 우리는 모든 사람이 만족하면서 살아간다면 진보의 수레바퀴와 경제가 멈추지 않을까 봐 두려워하는 것이 아닐까. 언젠가 누군가가 명상가를 두고 '소 같은 수동성'을 지녔다고 비난했던 기억이 있다. 현재를 사는 것, 완전히 현존한다는 것은 결코 수동적인 일이 아니다. 그러나 진정한 명상은 모든 것이 충분하다는 심오한 느낌, 깊은 충만감으로 이어진다.

충만하다는 나의 느낌의 대부분은 마하라지와의 관계에서 비롯된다. 나는 그의 존재에 대한 기억을 바탕에 깔아두고 살아간다. 그와 관계를 맺는다는 것은, 나의 가장 깊은 존재를 항상 밝게 비추어 주는 무한히 깊은 사랑과 지혜의 빛을 품에 안고 사는 것과 같다.

그리고 당신은 언제나 다시 파도입니다,
모든 것을 다 휩쓸어 가는.

라이너 마리아 릴케, 『시간의 책 Book of Hours』

마하라지는 나의 지성과 가슴 두 가지 모두를 충족시켜 준다. 그가 거주하는 공간에는 바다처럼 넓고 깊은 사랑의 느낌이 있었다. 그의 주위에는 아우라가 있었고, 그의 존재감이 너무 강력해서 근처에 있는 것만으로도 정화되는 느낌이 들었다. 지금도 그를 가슴으로 불러들일 때마다 똑같은 일이 일어난다.

주님을 만난 날부터
우리의 사랑놀이는 끝이 없네.
나는 눈을 뜨고 미소를 지으며
어느 곳에서나 그분의 아름다움을 보네.
나는 그의 이름을 말하고
내가 보는 것은 무엇이든 그를 생각나게 한다네.
내가 무엇을 하든 그것은 그분에 대한 예배가 되네.
……
가는 곳마다 나는 나도 모르게 그분 주위를 맴돌고 있네.
내가 성취하는 모든 것은 그분을 섬기는 일.
내가 누울 때, 나는 그분의 발 앞에 엎드려 있네.
……
일어나 있든 앉아 있든, 나는 결코 그분을 잊을 수 없어라.
그분의 음악이 내 귀에 맴돌기 때문에.

카비르

마하라지를 향한 나의 사랑은 나 자신을 열기 위한 나의 방법이다.

그는 언제나 여기에 있고, 끊임없이 그의 현존을 나에게 일깨워 준다. 매 순간 나는 이 의식의, 사랑의, 빛의, 현존의 존재와 어울려 놀고 있다.

다음은 마하라지가 사랑에 관해 말한 내용이다.

최악의 벌은 누군가를 그대의 마음에서 쫓아내는 것이다.
어떤 사람의 가슴도 어지럽히면 안 된다.
누군가 그대에게 상처를 주더라도, 그에게 사랑을 주라.
신을 사랑하면, 모든 더러움을 이긴다.
모든 사람을 신으로 여기고 사랑해야 한다.
서로 사랑하지 않으면, 이 세상에 온 목적을 이룰 수 없다.
그리스도는 모든 존재를 신의 자녀로 여기고
사랑하고 섬기라고 말씀하셨다.
가난한 자에게 모든 것을 다 주어라, 그대의 옷까지도.
모든 것을 다 내려놓으라.
예수님은 모든 것을 내어주셨다, 자신의 몸까지도.

어떤 사람이 마하라지에게 명상 방법을 묻자, 그는 "그리스도께서 명상하신 것처럼 명상하십시오."라고 대답했다. 그리스도께서 어떻게 명상하셨느냐는 질문에, 마하라지는 "그는 사랑 속에서 자기 자신을 잃어버렸습니다."라고 말했다. 그는 또, 말했다. "그리스도는 모든 존재와 하나이셨고, 세상의 모든 것을 사랑하셨습니다. 십자가에 못 박히셔서 그의 영이 온 세상에 퍼질 수 있도록 하였습니다. 그는 하나님과 하나였습니다. 그는 진리를 위해 자신의 몸을 희생했습니다. 그는 결코 죽지 않았습니다. 그는 결코 죽지 않았습니다. 그는 모두의 가슴 속에 살고 있는 아트만입니다. 모든 존재들은 그리스도의 반영이지요."

그분은 또 나에게 말씀하셨다. "넌 그리스도의 축복으로 신을 향한 순수한 사랑을 얻게 될 것이다. 하누만과 그리스도는 하나다. 그들은 동일하다."

누군가 가장 좋은 명상 방법이 무엇인지 묻자, 마하라지는 대답했다. "예수께서 하신 것처럼 행하여 모든 사람에게서 하나님을 보십시오. 모두를 불쌍히 여기고, 모두를 하나님처럼 사랑하십시오. 예수님이 십자가에 못 박히셨을 때에도, 그분은 사랑 속에 있었고, 오직 사랑만을 느끼셨습니다."

고관절 수술

2009년 어느 날 책을 사러 갔다가 실수로 넘어졌고, 엉덩이를 다쳤다. 이제 여든이 넘었으니, 그럴 만한 일이 벌어진 것이다. 하지만 엉덩이를 다친 것은 내 실수였다. 나는 대개 휠체어에 타고 있는데, 그날은 휠체어로 옮겨지다가 집중하지 못하고 넘어지고 말았다. 나의 딜레마는, 온종일 내 몸에 주의를 기울여야 하고 휠체어로 옮겨지는 중에도 그래야 하는데, 그렇게 되면 대부분의 사람들과 마찬가지로, 내 의식이 내 영혼과 함께 있지 않게 된다는 것이다. 부주의는 대개 분리감에서 온다. 만약 내가 정말로 '하나임' 안에서 살고 있다면, 영혼 의식과 육체 의식 사이에 간격이 없을 것이다.

나는 고관절을 고치기 위해 병원에 입원해 있다. 병원은 신체 지향적이다. 바디숍들이다. 대부분의 병원 직원들에게 나는 엉덩이를 다친 322호실의 노인네다. 그것이 그들의 전문가적인 관점에서 볼 때의 '나'다. 간호사들과 의사들은 몸에 생긴 문제들을 보고 치료하는 역할을 하는 영혼들이다. 그들은 자신들이 영혼이라는 것을 알아야 한다. 그렇지 않은가?

병원에서의 압도적인 사고방식은, 우리가 우리의 몸이라는 것이다. 그러나 우리는 영혼이기도 하다. 그렇지 않은가? 내 견해는, 나는 나의 참자아를 배우기 위해, 내 영혼에 대해 배우기 위해, 몸을 입고 태어났다는 것이다. 그렇게 살다 보니, 뇌졸중과 고관절 골절에 대해서도 배우게 되었다. 내가 배운 것처럼, 당신도 그것들에 대해 여러 가지 다양한 방식으로 생각할 수 있다.

내 관점에서 보면, 육체가 하는 일들은 영혼에 도달하기 위한 '방앗간의 곡식'이나 마찬가지다. 영혼으로 살기가 힘든 것은, 이 몸뚱이가 우리의 관심을 사로잡아 버리기 때문이다. 수영을 배우는 것은 영혼의 차원에서 살아가는 법을 배우는 것에 비하면 아무것도 아니다.

우리의 마음속에서, 몸은 저기 바깥에 있고, 영혼, 곧 '나'는 여기 안에 있다. 영혼에 도달하려면, 관심을 외부가 아닌 내부로 돌려야 한다. 그러나 그러기 위해서는 내가 그렇게 선택을 하지 않으면 안 된다. 왜냐하면 그렇게 하려고 하는 것과 동시에 몸은 자신을 주목해 달라고 요구할 것이기 때문이다. 나는 내 발이 어디로 가야 하는지를 결정해야 한다. 발길 가는 대로 맡겨둘 수는 없는 일이다. 그래서 나는 필요할 때만 내 몸에 주의를 기울이고, 나머지 시간에는 영혼으로 살려고 한다.

몸과 영혼은 마차와 말과 마부와 같다. 말은 욕망이다. 마부는 에고, 즉 욕망을 제어하고 자신이 어디로 가고 있는지를 살펴보는(그리고 발이 잘못된 곳으로 가지 않도록 하는) '나'이다. 그러나 마차 안에는 승객이 있다. 마차에는 누가 타고 있을까? 우리의 영혼이다. "이봐요, 멈춰 주실래요?" "너무 빨리 가고 있어요. 속도를 좀 늦춰요." 승객은 그렇게 요구한다.

나는 내 마차를 타고 있는데, 때로는 마차에 윤활유를 칠해 주거나 새 베어링을 교체하고, 느슨해진 이음새를 조여주어야 한다. 나는 고관절을 고치기 위해 병원에 갔고, 거기에는 마차(몸)를 수리하는 전문가들이 포진하고 있었다. 내가 진정 누구인지 알고 있는 한, 모든 것이 다 괜찮다. 나는 마차가 아니라 마차에 타고 있는 승객이며, 즐겁게, 즐겁게, 즐겁게 마차를 타고 있는 것이다.

겉으로는 고관절 교체 수술을 받고 회복 중이지만, 나는 속으로 춤을 추고 있다. 나는 늙은 방귀쟁이처럼 보이지만, 속으로는 춤을 추고 있다. 얼마나 즐겁고 즐거운 춤인가! 릴라lila라고 불리는 그 춤은, 영혼의 사랑놀이이다. 릴라는 항상 진행 중이기 때문에, 언제든 참여할 수 있다. 지금 여기 이 순간에도 멈추지 않는다.

병원에서 나는 내 영혼을 잃어버렸던가? 글쎄, 잠시 동안은 영혼과의 연결이 끊어졌을지도 모르지만, 영혼을 잃지는 않았다. 그것이 어디로 가겠는가? 난 여전히 여기에 있다. 예전보다 훨씬 더 싱싱해진 엉덩이를 가지고서.

영혼의 역할

앞서 논의했듯이, 우리의 의식 안에는 다양한 관점이 있다. 에고가 있고, 영혼, 곧 우리의 영적 자아가 있다. 그것들은 의식의 두 차원이다. 영적 관점에서 보면, 우리는 모두 몸을 입고 태어난 영혼들이다. 우리는 태어나고, 이것이 우리의 성육신이다. 여기에 우리가, 우리들 각자가 개인으로서 존재한다.

미국과 인도를 오가며 여행할 때면, 뉴델리에서 버스를 타고 산 속 마을로 가곤 했다. 그 마을 사람들은 자신들이 영혼이라는 것을 알았다. 어떤 이는 청소부였고, 어떤 이는 읍장이었다. 읍장은 그냥 읍장이 아니었고, 청소부는 청소부이기만 한 것이 아니었다. 그들은 이번 생을 위해 이런 역할을 하고 있었지만, 자신들을 영혼으로 보았다. 미국으로 돌아가 뉴욕에 도착하면, 모든 사람들이 저마다 자기가 맡은 역할을 자기 자신이라고 생각했다. 나는 역할들에서 영혼들로, 영혼들에서 역할들로 오가야 했다.

우리는 자신의 역할에 너무 깊이 빠져들어 우리가 영혼이라는 사실을 잊고 지내기 일쑤다. 모든 감각, 감정, 한 몸 안에 있는 존재의 복잡성, 모든 욕망과 부대끼며 사느라, 우리는 우리의 본질을 잊어버린다. "나는 남자다. 나는 여자다. 나는 캘리포니아 출신이다. 나는 어머니,

아버지, 과부, 아이이다." 저마다 뭔가가 되어야 한다. 그렇지 않은가?

자신이 하는 일과 자신을 동일시하는 모든 방법을 생각해 보라. "나는 교사이다. 나는 의사이고 과학자이다. 나는 요리사이고, 유대인 (혹은 기독교인, 이슬람교인)이고, 주식 중개인이다. 나는 성공한 사람이다. 나는 영적 구도자이다."— 그런 정체성 속에서 살다가, 어느 날부터는 이렇게 된다. "나는 은퇴자다."

그 모든 것이 에고, 즉 당신이 생각하는 당신 자신이고, 당신 자신의 정체성에 대한 생각 뭉치이며, 당신이 사회에서 행하고 있는 여러 역할들에 관한 생각들이다. 우리는 누군가를 만나면 "안녕하십니까? 무슨 일을 하면서 지내지요?"라고 인사한다. 하지만 당신이 하는 일은 당신 자신이 스스로를 규정하는 그 정체성과 똑같지 않은가?

역할을 '나'라고 여기는 정체성은, 생각의 형태를 띤다. 우리는 우리의 영혼을 역할과 혼동한다. 당신은 나를 한 영혼으로 보지 않는다. 당신은 나를 람 다스로, 몸으로, 역할로 본다. 내가 첼리스트든, 조종사든, 교사든, 그게 무슨 상관이란 말인가? 역할을 떼어내면, 이 겉모습은 그저 몸뚱이일 뿐이다. 참나는 "어떻게 지내는지"와 관련된 것이 아니라, "어떻게 존재하는지"와 관련된다. 우리의 '내적인 나'는 형태를 초월한다.

영혼으로 살고 가슴이 열려 있을 때, 우리는 다른 영혼들을 깨울 수 있다. 한 영혼으로서 식료품점에 간다면, 그곳은 수도원이나 사원 같은 곳이 된다. 보이는 모든 사람들 각자 각자가 영혼이다. 거기에는 자신을 고객이라고 생각하는 이들도 있을 것이고, 거기에서 일하는 점원이라고 생각하는 이들도 있을 것이다. 영혼으로서 사는 사람은 계산을 하면서 점원과 잠시 눈이 마주치면서, 이렇게 생각한다. "당신, 여기에 있군? 나, 여기에 있어. 와우, 동료 영혼!"

당신에게 자녀들이 있다면, 자녀들은 영혼들이다. 그들은 단지 아이의 역할을 하고 있고, 당신은 어머니나 아버지의 역할을 하고 있다.

죽어가는 사람과 함께 있으면서 그/그녀를 영혼으로 본다면, 당신은 에고에서 영혼으로의 이사가 더 수월하게 이루어질 수 있도록 도울 수 있다. 당신이 간병인이고, 한 영혼으로서 살고 있다면, 죽어가는 사람을 한 영혼으로 보고 그들의 전환이 편하게 이루어지도록 돕기 쉽다.

잠시만 기다려줘요!

과거도 미래도 아닌 지금 이 순간에 집중할 때, 우리는 존재의 보편적 핵심(가슴)으로 점점 깊이 들어가게 된다. 결국, 이 순간에 존재한다는 것은 모든 것을 꽃피운다. 아무것도 아닌 것조차 꽃피운다. 이 순간 안에 모든 것이 있다. 이 순간은 항상 여기에 있다. 영원한 지금.

그 순간에 온전히 있는 것으로부터 얻는 기쁨은 만족감을 가져다준다. 수행으로서의 '충만감'은 무엇이 채워졌을 때의 만족과는 다르다. 수행으로서의 충만감은 어떤 일을 행함으로써 성취감을 느끼는 것이 아니다. 충만감은 그저 **그 순간 안에 있음**이다.

지금 이 순간 속으로 파고들라. 그러면 당신은 이 순간에 있고,

여기 우리도 이 순간에 있다. 무언가가 나를 이 순간에서 벗어나게 한다면, 나는 "내가 여기서 무엇을 하고 있는 거지?"라고 말하거나 "나로 하여금 충만감을 느끼지 못하도록 가로막는 것은 무엇인가? 비가 오고 있구나. 비가 오면 좋지 않은가? 꽃이 핀 것을 보니 저절로 고마운 마음이 들고, 비 오는 모습은 아름답다. 창문에 빗방울이 떨어져 굴러 내린다. 빗방울 하나하나가 아주 작은 지구본 같다. 그리고 나는 지금 충만하다. 더하고 뺄 것이 없다."

나는 다른 일을 해야 한다는 생각 없이 낮잠을 자는 것에 만족한다. 고관절이 고장나서 고치고 있는 중이어도 만족한다. 그것은 그저 늙어 가는 신체의 한 증상일 뿐, 나는 그저 여기에 있다.

1966년 내가 처음으로 인도를 여행했을 때, 나는 외국에서 온 또 한 명의 서양인에 불과했다. 랜드로버를 타고 친구와 함께 여행을 했다. 참치 통조림과 비발디의 음악이 담긴 테이프, 침대, 각종 서양식 편의용품 들이 있었다. 우리는 이국적인 문화를 창밖으로 내다보았다.

힌두교인들이 죽기 위해 간다는 도시인 베나레스에 갔을 때, 문둥병이나 다른 온갖 질병에 걸려 죽기만을 기다리는 사람들이 거리를 걷고 있었다. 그들은 저마다 천으로 된 파우치를 가지고 있었는데, 거기에는 자신의 시체를 태울 장작 비용이 들어 있었다.

자동차를 타고 이 도시 가운데를 지나가면서 나는 생각했다. "이 사람들에게는 병원이 없다. 아무런 지원 시스템도 없다. 그들은 단지 죽기를 기다리고 있을 뿐이다." 이런 우울한 생각과 만연해 있는 빈곤의 실상이 섬뜩할 정도로 끔찍하게 다가왔다. 호텔에 도착하자, 나는 문자 그대로 침대 밑에 숨었다.

6개월 후, 다시 베나레스를 방문했다. 똑같은 장면이었지만, 그 6개월 동안 나는 히말라야에 있는 힌두교 사원에서 구루의 지도 아래 살고 있었다. 이제 나는 그냥 서양인이 아니라 힌두교 물이 든 유대인이 거나 불교의 맛을 본 사람이었을 것이다. 베나레스가 무지막지한 고통 의 현장임에도 불구하고, 나는 그곳이 믿을 수 없을 정도로 기쁨의 도시라는 것을 알아가기 시작했다. 그들을 '불쌍한 사람들'로 보는 대신, 그들의 고통에 압도당하여 그 모든 것을 밀어내려고 하는 대신, 나는 멈춰 서서 그들의 눈을 들여다볼 수 있었다.

나는 두 가지를 보았다. 첫째, 그들은 나를 마치 배가 고파서 헤매는 귀신(아귀)처럼, 오갈 데 없이 여기저기 떠돌아다니는 영혼처럼, 연민의 눈으로 바라보고 있다는 것. 둘째, 그들은 스스로 만족하고 있다는 것.

그 모든 고통의 한가운데에서 그들은 어떻게 만족할 수 있을까? 당신이 만약 힌두교도이고, 신성한 갠지스 강 옆 베나레스에서 죽는다 면, 시바 신은 당신의 귓가에 속삭이면서 당신을 해방시켜 줄 것이다. 그들은 그런 믿음이 있었기에 만족하고 있었다. 그들은 적절한 시간, 적절한 장소에 있었다. 힌두교도가 죽기에 완벽한 장소에서 죽어가고 있었다.

겉모습과는 달리, 만족해하는 그들의 모습은 나를 사로잡았다. 그들 은 어떻게 그렇게 만족할 수 있을까? 그것은 나의 모든 서구적 가치관과 충돌했다. 나의 서구 생활은 항상 성취와 원함, 바람, 더 많은 행위, 더 많은 소득에 관한 것이었다. 더 나은 무엇을 향해 나아가야 했기 때문에, 나는 항상 잘못된 장소, 잘못된 시간 속에 있는 것처럼 느꼈다. 나는 영원히 다음, 그 다음의 성취를 향해 나아가고, 무엇인가를 쓸어 담고 있을 것이다. 하지만 베나레스의 그 사람들은 내가 쓸어 담을 수 없는 무엇을 갖고 있었다. 지금 이대로 다 괜찮다는 충만감.

필요한 모든 것

내가 내 영혼 안에 있으면, 다른 사람들을 볼 때, 나는 그들의 영혼을 본다. 나는 여전히 남성/여성, 부자/가난한 사람, 매력적인 사람/매력 없는 사람 등등 개인적인 차이들을 본다. 그러나 우리가 서로를 영혼으로 인식할 때, 우리는 각자를 '하나'라는 관점에서 보게 된다. 사랑이란 합쳐지고 '하나'가 되는 감정이다. 사랑은, '하나' 안으로 들어가도록 밀어붙이는 길이다.

우리는 사랑과 미움, 그리고 다른 감정들이 모두 같은 수준에 있는 것처럼 취급하지만, 사실은 그렇지 않다. 증오, 두려움, 정욕, 탐욕, 시기, 질투 등은 모두 에고의 소산이다. 오직 사랑만이 영혼의 소산이다. 당신이 당신을 영혼으로 볼 때, 당신은 사랑의 우주에 살고 있다. 영혼은 모든 사람을 사랑한다. 그것은 태양과 같다. 영혼은 우리들 각자의 아름다움을 이끌어낸다. 우리는 그것을 우리의 가슴으로 느낄 수 있다.

마하라지와 함께한 초창기에, 그는 반복해서 말했다. "람 다스, 모두를 사랑하고, 진실을 말해." 그 당시 나는 어쩌다가 한 번씩만 그런 마음이 될 수 있었다. 나는 대부분의 시간을 에고 차원에서 살고 있었다. 나는 짧은 시간 동안에 거의 모든 사람을 사랑할 수 있게 되었지만, 모든 사람을 다 사랑하지는 않았다. 내가 사람들에게 너무 화가 났던 날이 있었는데, 마하라지가 바짝 다가와 내 눈을 들여다보며 말했다. "람 다스, 모두를 사랑하고, 진실을 말해." 그는 나에게 다른 길을 걸으라고, 한 영혼이 되라고 말하고 있었다. 그가 말하고 있었던 것은, 내가 의식의 영혼계에 접속되어 '참나'로 있을 때, 모든 사람을 사랑하게 될 것이라는 뜻이었다. 내가 영혼으로서 모두를 사랑하는 가운데 있는 것, 그것이 나의 '실상'이다. 그것을 알아내는 데에 40년이 걸린 셈이다.

내면의 **진실** 위에 확고하게 서 있을 수 있는 기술을 배우라. 당신이 이 **진실** 안에 살 때, 그 결과는 마음과 가슴의 융합이요 모든 두려움과 슬픔의 끝이다. 그것은 단순한 힘이나 지식적인 앎의 무미건조한 성취가 아니다. 영의 직관적인 지혜로 밝혀진 사랑은 끊임없이 새로워지는 성취감과 끝나지 않는 달콤함으로 당신의 삶을 축복해 줄 것이다.

메허 바바, 『최선의 삶 Life At Its Best』

당신은 이 순간에 거주하면서 영혼과 접속된 상태로 머물 수 있다. 영혼은 당신의 가슴에 집중되어 있다. 그것은 가슴-마음 heart-mind 이다. 날마다 모든 일을 사랑으로 하라. 영혼은 그렇게 할 수 있다. 당신이 자신을 영혼으로 볼 때, 당신은 신의 빛을 비출 뿐만 아니라 다른 사람들로 하여금 저마다 자신의 영혼을 찾을 수 있도록 거울이 되어 준다. 영혼의 유일한 목표는 신의 뜻에 따라 '사랑하는 이'와 하나 되는 것이다.

모든 것이 마땅히 그렇게 존재해야 하는 그대로 존재한다. 나는 신께 모든 것을 내맡겼고, '하나'에 온전히 항복했기 때문에, 그렇게 말한다. '하나'는 이 순간을 완벽하게 충족시켜 준다. 나는 내면이 고요하고 평화롭다. 평화를 위해 안으로 들어가라. 연민을 위해 안으로 들어가라. 지혜를 위해 안으로 들어가라. 기쁨을 위해 안으로 들어가라. 사랑을 위해 안으로 들어가라.

명상: 나는 사랑의 의식이다

만물 안에 있는 보편적인 영혼인 아트만은 지혜, 연민, 기쁨, 사랑, 평화인 당신의 일부, 곧 개별 영혼으로서 당신 안에 자신을 드러낸다. 마음을 가라앉히고 영적인 가슴 공간으로 들어가는 것으로 시작하라. 자신의 영혼 속으로 점점 더 깊이 가라앉으라. 가슴 한가운데에 집중하고, 이 가슴 공간에 다음의 문구가 울려 퍼지게 하라. "나는 사랑의 의식이다. 나는 사랑의 의식이다…." 그것이 당신의 일부가 되도록 허용하라. 그러면 은총으로 당신은 그저 사랑의 의식이 될 것이다.

심호흡을 하면서 늘 중심 안에 있으라. 들이쉬고, 내쉬고, 들이쉬고, 내쉬고…. 코끝의 콧구멍에서 움직이는 공기, 아랫배가 부풀었다가 꺼지는 것을 관찰하다 보면, 중심을 유지하기 쉽다. 당신의 생각들이 호흡의 바다 속으로 가라앉아 잠잠해지면, 당신의 가슴 한가운데에 집중하라. 그 지점이 당신의 영적인 심장이다. 그리고 그 사랑의 의식이 바로 당신이다. 그것이 진정한 당신이다. 왜냐하면 당신은 의식이기 때문이다. 이제, 당신은 당신의 눈을 자각하고, 눈이 보는 것을 자각한다. 당신은 귀를 자각하고, 귀가 듣는 것을 자각한다. 당신은 당신의 피부를 자각하고, 그것이 느끼는 것을 자각한다. 당신은 당신의 마음을 자각하고, 당신의 마음에서 흘러나오는 생각의 강을 자각한다. 생각들, 생각들, 생각들….

그러한 생각 중 일부는 긍정적이고, 일부는 부정적이다. 일부는 당신에 관한 것이고, 일부는 다른 사람들에 관한 것이다. 내 생각이나 다른 사람들의 생각에 대해 판단하는 생각을 하기도 한다. 그러나 당신은 당신의 가슴 안에, 가슴 센터 안에, 사랑의 의식으로 머문다. "나는 사랑의 의식이다. 나는 사랑의 의식이다. 나는 사랑의 의식이다. 나는 사랑의 의식이다…."

의식은 어떤 '것'이 아니다. 우리는 거기에 이름을 붙일 수는 있지만, 단어가 아니다. 당신은 사랑의 의식**이다**. 그러니 그리스도이다. 크리슈나이다. 붓다이다. 마하라지이다. 그들은 사랑의 의식이고, 당신도 마찬가지이다. 사랑의 의식은 하나, 사랑의 의식 하나이다.

우리들 각자는 '우주 의식'이라는 손의 한 손가락이다. 사랑의 의식은 모든 사람 안에 있다. 모두가 사랑의 의식 안에 있다. 전쟁과 불일치, 분리된 국가들, 그것이 우리가 하는 게임이다. 그러나 우리는 사랑의 의식이다. 우리는 개인들이지만, 그렇지 않다. 우리는 모두 신이다.

당신은 한 개인이며, 또한 전체의 일부이기도 하다. 당신은 사랑의 의식이다. 마침내 사랑의 의식이 되기에 이르면, 그저 사랑의 의식으로 **있으라**.

지금 사랑으로 있기

나는 우리 모두의 내면에 있는 빛을 존중한다. 내가 신을 사랑하면 할수록, 나는 신의 형상들을 더욱 사랑하게 된다. 그리고 신은 모든 형상들 안에 있다. 영혼으로 사는 길은 가슴 센터로 가는 여정이라 할 수 있다. 버스를 탔다가 내릴 때쯤이 되면, 나는 평생 알고 지냈던 친밀한 가족들을 만난 것 같은 기분이 들곤 한다. 우리는 모두 서로에 대한 사랑 속에 있다. 열린 마음으로 영적 가슴 안에서 살기 위해서는 그 '하나'를 신뢰해야 한다. 그 사랑의 자각 속에서 살면 우리는, 다른 이들과 분리되어 있다고 생각하면서 에고로서 살아갈 때와는 달리, 결코 연약한 존재들이 아니다.

> 장미는 어떻게 자기 가슴을 열어서
> 자신의 모든 아름다움을 세상에 내주었을까?
> 자신의 존재를 비추어 준 빛의 격려 때문이었으리라.
> 우리에게도 그렇게 빛이 비치고 있나니
> 그렇지 않았다면 우리 모두는 겁에 질려 있었으리.
>
> 하피즈 Hafiz, "장미는 어땠어?"

우리는 어떻게 사랑의 의식이 될 수 있을까? 에고에서 영혼으로 나의 정체성이 바뀌면, 사람들을 볼 때 그들은 모두 나에게 영혼으로서 나타난다. 나는 머리가 아니고, 내가 생각하는 내가 아니다. 나는 나의 영적 가슴이다. 그렇게 변화된다. 직관으로 느끼면서 살아가는 '사랑의 의식'이 된다. 세상적인 외적 동일시에서 영적 내적 동일시로 바뀌게 된다. 가슴 한가운데에 있는 영적인 핵심(심장)에 집중하라. "나는 사랑의 의식이다. 나는 사랑의 의식이다. 나는 사랑의 의식이다."라고 반복하라.

우리의 사랑의 대상은 사랑 자체이다. 사랑은, 모든 사람과 만물 안에 깃들어 있는 빛이다. 사랑은 존재의 한 상태이다.

우리는 사람들을 **있는 그대로** 사랑하기 시작한다. 우리는 형상 안에서 신의 비밀을, 신비를 본다. 우리가 사랑 안에 살 때, 우리는 우리가 보는 모든 곳에서 사랑을 본다. 우리는 문자 그대로 바라보는 모든 사람들과 더불어 사랑 **안에** 있다.

그런 일이 일어나기 시작하면, 만나는 모든 사람과 사랑에 빠지면서, 그들 모두를 한데 모으고 싶다는 생각이 들 수도 있다. 그래서 당신은 한 사람을 얻고 "둥지를 틀자."라고 말한다. 그러고는, 가구와 커튼을 구하고 둥지를 만든다. 당신은 두부와 맥주를 사러 슈퍼마켓에 가서 계산대에 있는 사람의 눈을 들여다본다. 눈은 영혼의 창이다. 그래서 당신이 바라보면, 거기에 당신이 사랑하는 사람이 있다. 이제 무엇을 하게 될까? 이미 집에 한 사람이 있다. 당신은 세 사람이 동거할 것을 고려하게 될까?

이제는 결핍의 습관을 졸업하고, 풍요의 모델로 옮겨가야 한다.

풍요를 누릴 자격이 이미 충분한 것은, 당신이 곧 풍요이기 때문이다. 어디를 가든, 당신은 사랑을 발산하고 있다. 사랑이 되어 길을 걷다 보면, 모두가 다 가장 아름다운 사람이다. 당신은 보고 음미한다. 당신은 다른 사람과 눈을 마주칠 수 있고, 당신들 둘 다 사랑을 인식하지만, 그렇다고 해서 어떻게 해야 할 필요는 없다.

관계에서 배워야 할 것이 있다면, 당신이 속한 모든 관계, 매 순간의 모든 관계가 사랑을 일깨우는 수단이라는 것이다. 그리고 그것은 당신에게 달려 있다. 사랑하는 사람은 어디에나 있다.

강연 투어를 하다가 한 모텔에 묵고 있을 때였다. 가구며 장식품이며 모두가 플라스틱 일색이었다. 나는 도착하여 내 방으로 들어가 앉았고, 경대가 붙은 옷장 위에 작은 푸자 테이블을 설치하기 시작했다. 나는 호텔 메뉴판과 그밖의 것들을 옮기고 거기에 앉아 있었는데, 기분이 우울해졌다. '음, 몇 주만 더 있으면 이 투어가 끝나니 집에 갈 수 있겠네.' 그렇게 생각하고 있는데, 그런 생각이 고통을 창조하고 있다는 것을 알아차렸다.

나는 일어나서 방에서 나와 문을 닫고 복도를 걸어 내려왔다가, 돌아서서 내 방 앞으로 와서 문을 열고는 "집에 왔어!"라고 소리쳤다. 들어와서 자리에 앉아 거울을 바라보며 속으로 생각했다. '나라면 이런 식으로는 절대 꾸미지 않았을 텐데, 이게 뭐야!'

우주의 어느 곳에 있더라도 고향 집처럼 편안하게 느끼지 않는다면, 문제가 있는 것이다. 여기에서만 편안하고 저기에서는 안 그렇다면, 뭐가 고향 집이란 말인가? 고향 집이란 가슴이 있는 곳이다. 고향 집은 현존의 특성이다. 존재의 특성이다. 고향 집은 언제나 여기에 있다.

마음을 가라앉히라. 이런 틀, 저런 모델, 사고 형태들을 다 내려놓으라. 가슴을 열고 순수한 현존 상태가 될 때까지, 당신의 생각과 감정을 그 순간에 다 소모시키고, 찌꺼기를 남기지 마라. 이제 당신은 도道 안에서 살고 있으며, 당신이 가는 곳마다 도가 함께한다.

꽃을 보러 집 밖으로 나가지 마라.
벗이여, 그렇게 마음 쓰며 떠돌지 마라.
그대의 몸 안에 꽃이 피어 있다.
천 개의 꽃잎이 달린 꽃이 피어 있다.
그곳이 앉을 자리가 되어 주리라.
거기 꽃잎 위에 앉아
정원의 앞에서 뒤에서
몸 안팎의 아름다움을 흘낏이나마 보도록 하라.

카비르, "앉을 자리"

당신과 내가 사랑의 의식 안에서 함께 쉴 때, 우리는 사랑의 바다에서 함께 헤엄치고 있는 것이다. 항상 여기에 있다는 것을 기억하라. 고요한 마음으로 사랑의 흐름 속으로 들어가, 사랑으로 모든 것을 자신의 일부로 보라.

환영의 수레바퀴

영혼은 분리의 환상에서 깨어날 일련의 경험을 하기 위해 인간의 몸을 입고 태어난다. 이 육화의 육체적 경험이 인생 커리큘럼이며, 그 커리큘럼의 목적은 '내가 육화된 존재'라는 환상에서 나를 깨우는 것이다. 영적 수행은 이러한 목적 달성에 도움이 되는 도구이다.

당신은 순수함에서 시작하여 순수함으로 돌아간다. 한 현자가 "우리가 이 여행을 한 지 얼마나 되었습니까?"라는 질문을 받고 대답했다. "너비 10킬로미터, 길이 10킬로미터, 높이 10킬로미터의 산을 상상해 보십시오. 새 한 마리가 비단 스카프를 부리에 물고 100년에 한 번씩 산 꼭대기를 스쳐서 날아갑니다. 스카프가 산을 닳게 하는 데 걸리는 시간은 얼마나 길까요? 그렇게 우리는 여행을 해 왔습니다."

우리는 모두 '깨어남으로 가는 길' 위의 어느 지점엔가에 서 있다. 누구도 피할 수 없는 길이다. 그 메시지를 깊이 이해하면, 당신은 다른 관점에서, 영적 수행에 임할 수 있다. 시간의 효율을 따지거나 참고 인내해야 한다는 강박관념이 없이, 수행을 해 나갈 수 있다. 의무감에서나 해야 한다는 생각 때문이 아니라, 실제로 당신이 하고 싶은 일은 달리 아무것도 없다는 것을 영혼으로 알기 때문에 수행을 한다.

이는 산스크리트어로 바이라갸vairagya 라고 불리는데, 세속의 욕망에 지쳐 아무런 색깔(욕망, 집착)이 없는 상태로, 영적 성취에 대한 욕망만 남아 있는 상태이다. 영적인 끌어당김은 마지막 욕망이다.

그 욕망은 당신을 정말로 사로잡지만, 그 길을 가다 보면 당신 자신이 용해되기 때문에 그 욕망마저 저절로 용해되어 버린다. 도道는 말한다. "그대는 결국 텅 빈 골짜기처럼 되리니, 골짜기는 도가 가장 좋아하는 쉴 곳이다." 당신은 더 수용적이 되고, 더 부드러워지고, 더 열려 있고, 더 조율되고, 더 고요해질 것이다. 당신은 사랑의 바다가 된다.

영혼은 사랑으로 이루어져 있어서, 사랑으로 돌아가기 위해 항상 고투한다. 사랑이 아닌 다른 것 안에서는 결코 안식이나 행복을 찾을 수 없다. 영혼은 마땅히 사랑 속에서 자기 자신을 잃어야 마땅하다.

마그데부르크의 메히틸트 Mechthild of Magdeburg

결국, 우리의 다른 모든 욕망들은 우리와 우리가 진실로 사랑하는 자 사이에 장벽이 없기를 바라는 간절한 열망 안에서 하나로 통합된다.

에크낫 이스워런 Eknath Easwaran

시간은 과거와 미래의 생각들로 형성된 일종의 상자이다. 즉각적인 **지금**만 있을 때, 즉 과거에 머물거나 미래를 기대하지 않고 바로 지금 여기에 있을 때, 우리는 시간 밖에 있는 것이다. 순간에 거하는 것은 영혼 안에 거하는 것이고, 영혼은 영원한 현존이다.

우리가 시간 밖에 있을 때는, 주체도 없고 객체도 없다. 모든 것이 여기에 있다. 생각하는 마음은 주체와 대상만을 다룬다. 하지만 **지금**

여기에서, 당신은 시간이 흘러가는 것을 지켜본다. 당신은 시간 안에 있는 존재가 아니다. 당신은 **있고**, 시간이 지나간다. 마치 다리 위에 서서 그 모든 것이 지나가는 것을 지켜보는 것처럼.

우리의 여정은 단순함을 향한, 고요함을 향한, 시간 안에 있지 않은 어떤 기쁨을 향한 여정이다. 시간으로부터 **'지금 여기'**로의 이 여정에서, 우리는 우리가 우리 자신이라고 생각했던 모든 모델을 뒤에 남겨둔다. 이 여정은, 우리의 생각하는 마음이 주인이 아닌 하인이 되도록 우리들 존재의 변화를 포함한다. 그것은 우리의 정신과의 일차적 동일시에서 우리의 영혼과의 동일시로, 그런 다음 신과의 동일시로, 그리고 궁극적으로는 모든 동일시를 넘어서서 나아가는 여정이다.

인생이란 우리들 존재의 가장 깊은 진실을 깨우는 길이며, 풍부하고 열정적으로 살게 하는 놀라운 커리큘럼이다. 한 영혼으로서, 내게는 단 하나의 동기가 있을 뿐이다. 신과 하나가 되는 것. 한 영혼으로서, 나는 매 순간 속에서, 풍요롭고 소중한 순간 속에서 살아가고, 늘 부족함 없이 충만하다.

> 신의 축복이 그대에게 임하기를.
> 그분의 평화가 그대와 함께하기를
> 그분의 현존이 그대의 가슴을
> 지금 그리고 영원토록 밝혀주기를.
>
> 수피의 기도문

제8장

나에게 돌아가 안기는 길

날마다 영적 수행을 하면 어떤 유익함이 있을까? 우리가 순수한 영혼들이라는 자리에서, 우리 모두가 단순히 사랑의 의식이라는 관점에서 보면, 그것은 중요하지 않다. 그저 지금 여기에 있는 것뿐이다. 이 순간에 충만하게 사는 것, 거기에는 연습이 없고, 오직 '있음'만이 있을 뿐이다. 이러한 현존 상태 안에서 안정되어 있다면, 이 장을 무시해도 된다. 당신은 이미 여기에 있다.

반면, 마음이 여전히 방황한다면, 여기에 제시된 수행법들은, 당신을 당신의 참자아로 돌아가게 하고, 더 현재에 있고, 가슴을 열고, 영적인 가슴으로 사는 법을 배우는 데 도움이 될 수 있다. 수행법들은 당신의 마음과 가슴의 거울을 닦고 진실로 영을 비추어내도록, 당신의 진정한 본성인 자아와 다시 연결되도록 고안되었다.

우리들 대부분은 세상에 얽매여 있고, 이런저런 문제로 인해 너무나 쉽사리 길을 잃어버린다. 매일의 수련은 당신을 계속 상기시켜서, 당신을 뒤로 잡아당겨 다시 깨우고, 당신이 전날 어떻게 길을 잃었는지 볼 수 있는 기회를 준다. 수행은, 당신에게 일어나고 있는 세상적인 일들을 영적인 관점으로 되돌아보는 데에 매우 유용하다.

예를 들어, 나는 아침에 일어나서 몇 구절을 읽는다. 내 침대 옆에 책이 있고, 그 책을 집어 들고 거룩한 책의 한 구절, 성자의 몇 마디 말을 읽으면서 하루를 시작한다. 그렇게 함으로써 나는 이 인생 게임이 무엇에 관한 것인지를 나 자신에게 상기시킨다.

우리는 다양한 수행을 통해 영의 세계에 조율될 수 있다. 저마다 독특한 방식으로 언제나 당신에게 열려 있는 여러 방법들을 탐색해 보라. 처음에는, 다른 방법들을 시도하는 것에 대해서 자신에게 너무 인색하게 굴지 말라. 자신의 고유한 카르마에 알맞은 방법이 있을 것이다. 순수한 가슴과 자유에 대한 열망으로 수련에 임한다면, 당신의 열망의 순수함은 저절로 열매로 이어질 것이다.

영적 수행은 무언가를 성취하거나 다른 곳에 도달하기 위한 방법이 아니다. 당신은 이미 여기에 있다. 다른 상태에 도달하기 위해서가 아니라 이미 있는 자신과 접촉하기 위해, 거울의 먼지를 닦기 위해, 현재 순간에 더 충만하게 있기 위해 영적 수행을 하는 것이기 때문이다. 당신이 지금 자유로워지고 깨달을 것인지, 아니면 10,000번의 생을 거듭한 후에 깨달을 것인지는 중요하지 않다. 그밖에 해야 할 다른 일이 있을까? 어쨌든 그만둘 수가 없다. 내면의 우주에 대한 가능성에 눈을 뜨면, 그것은 마치 중력과도 같다.

당신의 기대는 덫이 될 수 있다. 덫에 갇히지 말라. 수행에 너무 집착하면, 수행 자체가 장애가 될 수 있다. 가능한 한 의식적으로 이런저런 방법을 사용해 보라. 그런 방법들이 실제로 작동하면, 그것들은 결국 자폭하여 방법 자체를 지워 버릴 것이다.

신성한 공간 만들기

집안 어딘가 조용한 곳에 수행을 위한 공간을 마련하라. 진실의 집, 무한으로 향하는 발사대, 명상의 자리, 가장 내밀한 자아를 위한 성소.

인도에서는 예배를 푸자puja라고 하는데, 푸자 테이블 또는 푸자 방은 명상, 예배, 기도, 경전 읽기, 성찰, 중심 잡기, 만트라 수행, 찬송 등을 위한 신성한 공간이다. 그것은 당신의 참자아를 기억하고, 구루와 접속하거나, 영적 위안의 원천을 위한 장소이다. 봉헌 의식을 행하거나 사랑, 꽃, 향, 음식이나 감사의 제물을 바치는 공간으로 쓸 수도 있다.

이 공간을 단순하고 순수한 느낌이 나도록 만들라. 방석, 양초, 향, 그리고 부처나 그리스도, 람이나 크리슈나, 구루와 같이, 당신이 연결되어 있다고 느끼는 깨달은 존재의 사진이나 그림 등으로 장식할 수 있다. 허리를 곧게 펴고 편안하게 앉을 수 있는 자리를 마련한다. 필요한 경우 벤치나 의자 등 편안하게 앉는 데 도움이 되는 모든 것을 사용하라. 이곳은 당신의 신성한 공간이다.

푸자 테이블을 당신에게 영적으로 의미 있는 것을 반영하는 아름다운 봉헌물로 만들라. 방 한구석이나 벽장 안에 갖다 놓을 수도 있고, 공간이 있다면 별도의 방에 배치해 놓을 수도 있다. 테이블을 천으로 덮어도 좋다. 사랑하는 이에게 바치는 신선한 꽃은 달콤함을 더한다. 거룩한 조각상, 축복하고 싶은 사랑하는 사람의 사진, 고통받고 있거나 아픈 가족이나 친구를 위해 쓴 기도문은 당신의 가슴을 여는 데에 도움이 될 수 있다. 누군가와 문제가 있는 경우, 명상 후 그들을 빛의 세계로 데려올 수 있도록 푸자 테이블에 그들의 사진을 올려놓아도 좋다. 매일 사용할 수 있도록 경전을 테이블 가까이에 두라.

이미 푸자 테이블을 가지고 있다면, 신성한 공간을 굳이 여기저기에 많이 가질 필요가 없다는 것을 알아야 한다. 당신은 언제나 영적 수행을 심화시킬 수 있다. 영이 당신의 삶에 스며들게 하라. 인생에서 정말로 중요한 것이 무엇인지 상기시켜 주는 신성한 이미지들을 주변에 배치해 두라. 그것들은 당신의 마음을 고요하게 해주고, 마음을 열어주고, 내면의 평화를 가져다준다.

책상이나 컴퓨터 자리, 조리대, 현관, 냉장고 문 위 등에도 작은 제단이나 성소를 조성할 수 있다. 정원, 문 앞, 파티오 또는 데크, 자동차 대시보드 위에 안식처를 만들라. 영적인 분위기를 조성하라. 그러나 진정한 일은 내면에서 이루어진다는 것을 알아야 한다.

아침 수행

물이 돌을 닳게 하듯 매일의 사다나sadhana, 곧 영적 수행은 환상의 장막을 엷게 해준다.

초심자라면, 영적 수행을 위한 시간을 위해 30분 일찍 일어나는 것을 고려해 보라.

푸자 테이블에 가까이 갈 때는 신발을 벗어야 한다. 사랑, 경외, 헌신, 감사의 정신으로 이 공간에 투자하라. 향을 피운다. 마음을 가다듬고, 신성한 분위기 속에서 **지금 여기에 있으라!** 이 신성한 공간에 존재하는 것 외에는, 다른 모든 것을 다 내려놓으라.

앞서 언급했듯이, 거룩한 책의 한 구절을 읽음으로써 의식적으로 하루를 시작할 수 있다면, 하루 종일 몇 번이라도 그 구절이 떠오를 수 있다. 잔잔하고 평화로운 음악을 듣거나 연주하고 싶을 수도 있고, 찬가를 부르고 싶을 수도 있다.

날마다 "지금 여기"

일기를 쓰면 자신의 생각을 반추하는 데 도움이 되며, 일기는 이 여정에서 발생하는 가르침, 느낌 또는 통찰을 음미해 가며 기록할 수 있는 도구가 된다. 때로 나는 하루 동안 얼마나 자주 길을 잃어버리고 그 모든 드라마에 휘말렸는지 마야의 목록을 만든 다음, 여러 날 동안 계속되는 해당 목록을 보고 그 패턴을 살펴보기도 한다. 그것들은 내 욕망 체계의 본질을 보여주었다. 그것들은 내가 진짜로 만든 것이 무엇인지 그 정체를 여실하게 보여주었다.

이 장의 마지막에 있는 '깨달은 존재들의 말씀들'을 읽고, 거기에 대한 자신의 소감과 성찰, 그리고 그것이 당신의 삶에 어떻게 적용되는지를 기록할 수도 있다. 하루를 보내면서, 얼마나 자주 지금 이 순간에 충실할 수 있는지, 언제 가슴이 열리고, 언제 가슴이 닫히는지, 알아차려 보라.

다르마와 더불어 조화롭게 행동하면, 평정심을 갖고 모든 일을 할 수 있다. 당신의 삶과 행동을 지켜보라. 일을 하려는 동기와 욕구를 관찰하라. 무엇이 분노, 두려움, 탐욕, 정욕, 사랑으로 이끌어가는지를 보라. 그런 마음이 생길 때마다 뒤로 물러서라. 명상을 하라. 영적 가슴으로 세상이 흘러가는 것을 지켜보라.

자신을 잃어버리더라도 그냥 지켜보기만 하고, 무엇이 그렇게 만드는지를 관찰하라. 자기 자신을 고요하게 하라. 다시 또 잃어버리더라도, 잃어버리고 있다는 것을 알아차리기만 하라. 그것을 일기에 쓰라. 매번 자신을 잃어버리게 하는 것이 무엇인지, 지켜보라. 그 모든 것을 그냥 지켜보기만 하라. 판단하지 말라. 자신이 진정 누구인지를 알아가라.

관계 속에서, 당신의 영적 중심에 무슨 일이 일어나는지 주목하라. 당신의 필요와 욕구로 인해, 당신은 누군가 다른 사람에게 당신을 지배하도록 힘을 부여할 수 있다. 당신을 평정에서 벗어나게 하는 다른 사람의 능력은, 당신의 애착과 마음의 끈질긴 집착과 관련된다. 그것은 다른 사람의 문제가 아니라, 당신 자신에 대한 당신의 일이다.

명상

명상은 마음을 고요하게 하고 우리의 더 깊은 자아인 영과 접촉하기 위한 영적 수행의 바탕이다. 명상은 모든 것의 상호 연관성과 각 개인이 담당하는 역할에 대해 더 깊은 이해를 제공한다. 이 명상 게임의 간단한 규칙은, 자신의 삶의 현재 위치에 대해 자신에게 솔직해져서 실상이 어떠한지를 배우고 들어야 한다는 것이다. 명상은 더 깊이 듣는 법이고, 따라서 명상이 깊어질수록 당신은 더 깊은 곳에서 만물의 실상에 귀를 기울이게 된다. 명상은 통찰력을 길러주고, 진정한 본성을 드러내어 보여주며, 내면의 평화를 가져다준다.

명상 수행은 잡동사니들을 치우고 당신으로 하여금 당신의 마음이 우주를 어떻게 계속해서 창조해 가는지를 볼 수 있게 해주는 매우 유용한 도구이다. 에고는 생각 형태들의 끝없는 스토리 라인으로 당신을 계속해서 점령하려 할 것이다. 그것들이 녹아 없어질 때까지 계속 지켜보라.

대부분의 전통에서는, 앞으로 나아가고 진보하기 위해서는, 정기적인 수행이 필요하다고 강조한다. 반면, 정기적인 수행은 필요하지 않으며 모든 사람이 다 있는 그대로 괜찮다고 말하는 전통들도 있다. 그러니 나는 수행이 반드시 필요한 것이라고는 말할 수가 없다. 그러나 나는 수행이 유용하다고 확신하고 있고, 사람들에게 수행을 하도록 격려한다.

내키지 않더라도 규칙적으로 명상을 하면, 생각이 어떻게 한계를 부여하고 존재를 색칠하는지 알 수 있게 된다. 명상에 대한 저항은 당신이 스스로 갇힌, 일종의 정신적 감옥이다.

왜 명상을 하고 있는지 정말로 기억하는 자리에 있으면서, 얼마간은 기쁨과 감사의 마음으로 수행을 해야 하기 때문에, 자신이 저항하고 있는지 그렇지 않은지는 판단하기가 애매하다. "아, 그래, 수행을 해야 겠어."라고 생각하면서 해나가다 보면, 결국 저항이 제거될 것이지만, 나는 그것이 반드시 좋은 일이라고는 생각하지 않는다. 주일마다 교회에 가야 하는 사람들에게도 그런 일이 일어난다. 진실로 허기증이 나서 영적 수행을 하고 싶다는 열망이 생길 때까지는, 나는 차라리 수행을 만류하고 싶다. 수행을 해야 한다고 생각하여 의무감에서 하게 되면, 수행을 하지 않거나 게으른 상태에서는 자신을 나쁜 사람으로 여기게 되고, 그것은 결국 그 모든 일들을 망치게 되고 말 것이기 때문이다. 하고 싶은 열망에서 한다면, 영적 수행은 멋진 일이다. 그러니, 하고 싶지 않다면, 하지 말라.

수많은 영적 전통이 있는 만큼, 명상법도 다양하다. 나는 그동안 나에게 가장 효과적이었던 몇 가지 방법을 여러분과 공유하고자 한다. 여기에는 위빠사나 Vipāssana (통찰) 명상, 사랑과 헌신의 길인 박티 요가의 만트라 명상, 구루 크리파(구루의 은총) 명상이 포함된다.

인도의 아쉬람에 도착한 한 서양인이 마하라지에게 명상 방법을 물었다. 마하라지는 조용히 눈을 감았다. 잠시 후, 눈물이 그의 뺨을 타고 흘러내렸고, 이윽고 그가 말했다. "그리스도께서 하신 것처럼 명상하십시오. 그는 사랑 안에서 자기 자신을 잃어버렸습니다. 그리스도는 모든 존재의 가슴속에 살아 계십니다. 그는 결코 죽지 않았어요. 그는 결코 죽지 않았어요."

사랑 안에서 그대 자신을 잃어버려라.

그대가 사랑하는 사람과 함께 있을 때
그대는 서로 대화를 나누며 즐거워하나, 진실은
그 대화 속에 있지 않다.
진실은, 단순히 '서로 함께 있음' 안에 있다.
명상은 가장 지고한 기도의 형태이다.
그 안에서 그대는 말이 필요 없을 정도로 신과 가까이에 있다.
함께 있는 것만으로도 충분하다.

스와미 체타난다 Swami Chetananda

위빠사나 명상

위빠사나, 곧 통찰 명상은 남방 불교에서 비롯된 근본 불교 명상이다. 이 명상의 초점 또는 주요 대상은 호흡이며, 수행은 호흡을 따르는 것에서부터 시작된다. 호흡에 집중하는 것을 아나판나 *anapanna*라고 하는데, 호흡을 통해 지금 바로 여기로 들어가게 된다. 우리 모두가 숨을 쉰다. 저마다 개인차가 있지만 모두가 다 숨을 들이쉬고 내쉬고 있다.

머리, 목, 가슴이 일직선이 되도록 편안하게 몸을 곧게 펴고, 편안하게 앉는다. 의도적으로 천천히 심호흡을 두세 번 하고 눈을 감는다.

숨이 들어오고 나가는 것에 집중한다. 이를 행할 수 있는 두 가지 방법은 다음과 같다.

- 태양 신경총 안의 근육(횡경막)에 집중하여, 숨을 들이쉴 때마다 아랫배를 부풀게 하여 근육을 위로 끌어올리고, 숨을 내쉴 때마다 아랫배를 꺼지게 하여 근육을 아래로 내려가게 한다.
- 코끝의 콧구멍 안쪽에 집중하여, 숨이 들이쉴 때 공기가 가만히 속삭이듯이 들어오는 것을 느끼고, 숨을 내쉴 때 공기가 가만히 속삭이듯이 나가는 것을 느낀다.

이 두 방법 중 당신이 더 하기 쉬운 방법을 선택한다. 아랫배가 부풀고 꺼지는 데에 집중하거나, 콧구멍 속으로 공기가 들어오고 나가는 것에 집중하고, 적어도 15분 동안은 그렇게 집중 상태를 유지한다.

당신은 문지기와 같다. 자동차가 들어오고 나가지만, 어디로 가는지는 볼 필요가 없다. 단지 코로 숨이 들어오고 나가는 길만 알아차리면 된다. 당신이 할 일은, 가능한 한 호흡하고 있는 자기 자신을 알아차리고 집중하는 것뿐이다.

여러 가지 다른 생각들이 떠오를 것이다. 어떤 생각이 떠오르든, 그저 자리에 앉아서 '숨을 들이쉬고, 내쉬는 일'에 집중하고, '배가 부풀어 오르고 꺼지는 일'에 집중한다. 딴생각이 나서 '이러면 안 돼.'라고 생각하고, 생각을 틀어막고 싶어지겠지만, 그러면 그 즉시 다른 생각들이 줄줄이 떠오르게 된다. 따라야 할 여러 가지 명상 규칙이 있겠지만, 그냥 무시하고, 생각이 떠오르면 떠오르는 대로 놔두면 명상 시간이 끝나게 된다. 다 괜찮다. 어느 시점에서 싫증이 날 수 있는데, 그런 경우에는 스스로 말한다. "그래, 이 15분 동안 내가 하고자 하는 일은 그저 내 숨을 지켜보는 것뿐이야. 내가 또 딴 생각을 하고 있군. 그냥 내버려두고, 호흡으로 다시 돌아가자." 그렇게 마음을 부드럽게 호흡으로 되돌리고, 그저 알아차리기만 하면 된다.

다른 생각이 나더라도 억지로 어떻게 하려고 하지 않는 것이 비법이다. 생각들을 억지로 밀어내려고 하지 말라. 딴생각을 하고 있다고 해서 자기 자신을 나무랄 필요도 없다. 그것들은 그저 생각일 뿐이다. 아주 부드럽게, 다시, 또다시, 그저 숨을 들이쉬고 내쉬는 자기 자신을 지켜보는 일에만 의식을 되돌리라. 그저 계속해서 명상에 초점을 맞추어, 호흡에서 호흡으로, 호흡에 대한 자각으로 돌아가라.

호흡이 빨라지거나 느려지는 것은 중요하지 않다. 그냥 알아차리기만 하라. 바꾸려고 하지 말고, 그냥 알아차리기만 하라. 알아차리고 있기만 하면 된다. 문지기로서 문이 열리고 닫히는 것만 지켜보고 있으면 된다. 모든 소리, 냄새, 감각 들이 오고 가도록 내버려두고, 배가 부풀어 오르고 꺼지는 것이나 숨이 들어오고 나가는 것에만 의식을 가져간다.

마음이 방황하면, 그냥 알아차린다. 그리고는, 다시 아랫배의 상승과 하강, 숨을 들어오고 나가는 길에만 집중한다. 마음이 지금 어디에 있든, 그것이 어디에 있는지를 알아차리고, 아주 부드럽게 들어오고 나가는 숨길에 마음을 돌린다. 매 호흡마다 '들숨, 날숨'이라고 스스로 생각하는 것이 도움이 된다면, 완벽하게 괜찮다. 호흡을 세는 것이 도움이 된다면, 숨을 들이쉬고 내쉬는 주기를 하나로 쳐서, 열까지 세고 다시 반복한다. 마음이 중간에 방황하면, 하나부터 다시 시작한다. 때로는 10에 도달하는 것이 정말 어려울 수 있다! 그러나 자신을 판단하지 말라. 좌절하지 말라. 성공이나 실패는 없다. 호흡에만 의식을 집중하라.

귀에 어떤 소리가 들어오더라도, 거기에 마음 쓰지 말고, 다시 호흡으로 돌아온다. 숨을 들이쉬고 내쉬는 것이나 아랫배의 일어남과 꺼짐 외에 지금 당신이 생각할 필요가 있는 것은 아무것도 없다.

들숨에는 시작, 중간, 끝이 있고, 들숨과 날숨 사이에 멈춤이 있으며, 날숨에도 시작, 중간, 끝이 있고, 날숨과 들숨 사이에 멈춤이 있다. 숨이 지나가는 모양과 형태에 주목하라.

동요, 혼란, 지루함, 행복 등을 경험한다면, 그런 것들 역시 딴 생각으로 여긴다. 그것을 알아차리고, 의식을 다시 부풂과 꺼짐, 들숨과 날숨으로 되돌린다.

졸리기 시작하면, 깊은 호흡을 몇 차례 한다. 소리, 감각, 미각, 냄새, 풍경과 같은 몸의 모든 느낌이 오고 가는 것을 알아차리고, 명상의 일차적인 대상인 호흡으로 의식을 되돌린다.

자리를 잡고, 머리를 똑바로 하고, 아랫배가 부풀고 꺼지는 것이나 숨이 들어오고 나가는 것에만 집중한다. 명상에는 시작도 없고 끝도 없다. 모든 호흡이 처음이자 마지막이다.

마음이 방황할 때마다, 부드럽지만 확고하게 아랫배가 부풀고 꺼지는 일이나 숨이 들어오고 나가는 길에 의식을 되돌린다. 깨어 있되,

마음에 힘을 주지 말라. 부드러워져라. 명상의 일차적인 목표인 호흡으로 의식을 되돌리기만 하라.

하루 중 어느 때라도 마음이 불안해지거나 초조해지면, 의식을 호흡으로 가져가, 들숨 날숨에 주목한다.

옴

구루 명상

그리스도, 성모 마리아, 무함마드, 람, 하누만, 아난다마이 마, 혹은 당신의 구루와 같이, 당신과 특별히 결이 맞다고 느끼는 깨달은 존재가 당신 앞에 서 있다고 상상한다. 이 빛나는 존재의 눈은 연민과 자비심으로 가득 차 있다. 이 존재로부터 우주와의 친밀한 조화에서 나오는 지혜가 발산되는 것을 느낀다.

사랑 자체인 존재와 사랑의 대화를 시작하는 것은, 믿을 수 없을 정도로 아름답고 멋진 일이다. 명상의 자리로 정해놓은 곳에 앉아, 신성한 사랑의 빛이 깃든 사진을 바라본다. 당신과 사진 사이에는 사랑이 오가고 있다. 그 사랑을 느껴 본다. 당신 자신을 활짝 열고, 모든 것을 다 내려놓는다.

연민과 자비심이 넘치는, 그 무엇도 판단하지 않는 거룩하신 분의 눈에 비쳐진 자신을 보고, 점점 더 자기 자신을 열어 간다. 당신은 지금 당신이 사랑하는 분과 함께 있다. 이 존재 앞에 앉아 있거나, 그러한 존재가 당신의 가슴 안에 들어와 앉아 있다고 상상한다. 그저 그 존재와 함께 있으면서, 그분에게 받은 사랑을 돌려준다. 당신이 집착하는 마음으로 아무리 자기 자신을 더럽혀 왔다고 할지라도, 스스로 무가치하다고 느끼고 자책함에도 불구하고, 거룩한 그 존재는 당신을 조건 없이 사랑한다. 이 존재와 가상의 대화를 계속하는 것은 멋진 일이다. 그런 교류는 대자유를 구가하는 이 존재의 모든 자질들—연민과 자비심, 평온함, 따뜻함, 오래 참음에 당신을 열어준다.

사랑하는 이와 하나 되는 이런 명상은 사랑하고 또 사랑받고자 하는 심리적 욕구에서 시작되어, 성인이나 구루의 지혜, 연민, 평화의 현존으로 우리를 데려다준다. 이러한 자질이 체화된 존재와 함께 있게 되면, 그런 자질들이 스며들어, 우리는 우리 자신의 내면에 있는 찬란한 빛을 알아차리게 될 정도로 더 진화된 느낌을 받는다. 우리 자신의 아름다움을 인정하게 되면, 우리는 사랑하는 이에게 더 많이 열려 있게 되고, 마침내 사랑하는 자와 사랑 받는 자가 하나로 합쳐져서, 사랑하는 분에게서 완전하다고 보았던 것이 자기 내면의 아름다움에 다름 아님을 깨닫게 된다.

그리하여 우리는 마침내 그런 종류의 사랑이 된다. 우리 자신이 바로 사랑 자체이기 때문에, 우리에게는 특별한 사랑의 공간에서 살아야 할 필요성도 없게 되고, 사랑해야 할 특별한 누군가가 필요하지도 않게 된다. 그리하여 마침내 우리 가까이에 있는 모든 사람들이 그 사랑을 들이마시게 되는 것이다. 우리가 점점 더 그 사랑의 상태가 되어갈수록, 우리는 모든 사람과 사랑에 빠지게 된다.

만트라

만트라는 반복하는 기도, 단어, 거룩한 이름, 신성한 소리이다. 내가 진정 누구인지(참자아)를 상기시키기 위해 마음속으로나 말로 되풀이 반복하는 테이프와 같다. 만트라는 나를 항상 나의 가슴으로, 영원한 현재로 데려다준다.

우리는 만트라로 신의 이름을 반복하여 부를 수 있다. 대개는 마음속으로 되풀이 읊조리지만, 큰 소리로나 작은 소리로 발성할 수도 있다. 다른 사람들의 정신을 방해하는 일이 없이, 내면화시켜서 반복하는 것이 좋다. 산스크리트어 만트라는 씨앗 음절들을 기반으로 하여 소리를 통해 진동장을 형성한다. 속으로 암송해도, 진동장이 내면에 울려 퍼진다.

만트라 중에는 의미에 비중을 두는 것들도 적지 않다. 모든 만트라는 반복을 통해 이루어진다. 계속 반복하다 보면, 만트라는 마음을 안정시키고 의식을 변화시킨다. 만트라는 자주 반복해야 한다. 언제 어디서나 가능하다. 걸으면서도, 샤워를 하면서도, 설거지를 하면서도, 영화관 앞에 줄을 서서 기다리면서도 할 수 있다.

불교에서 '만트라'라는 단어는 '마음의 보호'를 의미한다. 만트라는 최상의 의식 상태가 아닌 일상적이고 기계적인 타성에 젖어 사는 것을 방지함으로써 마음을 보호한다. 만트라는 중심을 잡게 하고, 두려움, 불안, 분노 같은 강렬한 감정을 내려놓게 해주는 강력한 영적 수행이다. 만트라를 반복해서 연습할수록, 만트라는 우리 자신의 일부가 된다. 두려움을 느낄 때와 같이 심리적 차원에서 안정이 필요할 때마다, 지켜보는 자가 되어 두려움을 알아차리고, 두려움을 만트라로 대체한다. 만트라가 일상생활 속에 확고하게 자리를 잡으면, 이런 일은 자연스럽게 일어날 것이다. 만트라는 우리 자신과 우주 안에 있는 신의 현존을 날마다 상기시켜 준다.

마하트마 간디는 말했다. "만트라는 삶의 지팡이가 되어 모든 시련을 통과하게 해준다. 그것은 공허한 반복이 아니다. 반복할 때마다 새로운 의미가 생기고, 우리를 신께 점점 더 가까이 데려간다."

만트라를 반복하는 것이 습관으로 확실히 굳어질 때까지, 의식적으로 계속하라. 걸음 걸음마다 만트라를 외우라. 만트라를 반복하면서, 모든 것을 알아차리라. 신과 함께 있는 것은 우리가 집중해야 할 삶의 목표이자 보람이다. 사실, 우리가 보는 모든 것은 신의 부분들이다.

마하라지는 말했다. "신을 예배하기 위한 최상의 형상은 모든 형상들 안에 있다." 당신이 만나는 모든 사람은 당신에게 무언가를 가르쳐 주기 위해 찾아온 신이다. 만트라는 가슴속의 그 자리를 기억하고 있다. 람, 람, 람 하고 말하라. 입술을 달싹여 말하고, 생각하고, 가슴으로 느껴보라. 당신은 계속해서 사랑하는 이를 만나고, 완전함으로 합쳐지고 있다.

신성은 모든 생명체의 영혼과 우주 전체에 존재한다. 신은 시대와 나라와 종교에 따라 다른 이름으로 불려 왔다. 힌두교의 관점에 따르면, 아바타*는 인간의 형상을 한 신 의식의 화신으로, 깨달음을 위한 새로운 길을 확립하기 위해 영적 가르침이 필요할 때 태어난다. 힌두교의 관점에서 보면, 람, 크리슈나, 붓다, 예수는 모두 아바타이다. 그들의 이름은 신성한 힘을 불러일으키며, 만트라에 자주 사용된다.

만트라 수행을 하고자 한다면, 만트라를 너무 많이 바꾸지 않는 것이 좋다. 똑같은 만트라를 고수하면, 수행이 점점 더 깊어질 것이다. 이제 몇 가지 만트라를 제시하고자 한다. 자신에게 알맞다고 느껴지는 것이나 편안하게 느껴지는 것을 선택하면 된다. 신성과 연결될 수 있는 이름을 사용한다.

나의 구루이신 님 카롤리 바바는 종종 "람, 람, 람, 람, 람…"을 소리내어 반복하셨다. 라마야나에서 람은 위대한 빛, 사랑, 연민, 지혜, 힘의 존재로서, 다르마, 곧 '유일자'와 완벽한 조화를 이루며 사는 존재이다. 람은, 당신이 당신의 참자아인 아트만을 깨달을 때, 당신이라는 존재의 에센스이다.

스리 람, 자이 람, 자이, 자이, 람 ("사랑하는 람이시여, 당신을 기리고 존중합니다.")

명상을 할 때 '람'을 만트라로 사용한다면, 호흡에 맞추어 '람'을 말하고, 생각하고, 느낀다. 내쉬는 숨은 생명이 끝날 때에 경험하게

---

* 하늘에서 내려온 자, 지상에 내려온 신, 즉 화신(化身)이라는 뜻의 산스크리트어. 그리스도교의 예수는 인간과 똑같은 속성을 지녀서 십자가 위에서 인간들과 마찬가지로 고통을 받지만, 힌두교의 신들은 아바타를 통해 인간의 형상만 취한, 완벽하고 신비로운 존재이다.

될 숨이다. 람, 람, 람을 반복하면서 사랑, 자비, 연민, 지복, 내려놓음을 떠올린다.

또 다른 선택사항은, 크리슈나와 람을 함께 부르는 마하-만트라 great mantra이다.

하레 크리슈나, 하레 크리슈나,
크리슈나, 크리슈나, 하레, 하레.
하레 라마, 하레 라마,
라마, 라마, 하레, 하레.

크리슈나는 부모의 사랑, 낭만적인 사랑, 친구 사이의 사랑 등 인간의 사랑의 여러 측면을 나타낸다. 바가바드 기타에서, 크리슈나는 아르주나에게 영적 수행으로서의 삶을 사는 법에 대해 완전한 가르침을 준다.

옴Om은 앞에서 언급한 씨앗 음절 중 하나인 신성한 소리 만트라이며, '우주의 소리'라고도 한다. 태초의 소리, 우주의 모든 진동을 응축한 기본음으로, "태초에 말씀이 계시니, 이 말씀은 곧 신이시다."라고 해석할 수 있을 것이다.

옴 나마흐 시바야 Om Namah Shivaya ("나는 시바에게 경배합니다.")

불교에서는 다음의 만트라도 자주 쓰인다.

옴 마니 파드메 훔 Om mani padme hum ("오, 연꽃 속의 보석이여!")

옴 타레 투타레 투레 스바하 Om Tare Tuttare Ture Svaha ("타라 보살님, 타라 보살님.")

다음은 동방 정교회에서 자주 사용되는 만트라이다.

하나님의 아들이신 주 예수여, 죄인인 저에게 자비를 베푸소서.

만트라는 말라mala를 돌리면서 할 수 있다. '말라'는 그리스도교 전통에서는 '묵주', 불교 전통에서는 '염주'라고 불린다. 말라는 대개 108개의 구슬과 더 큰 구루 구슬을 꿰어 만들어진다. 손목용 말라에는 27, 36 또는 54개의 구슬에 구루 구슬이 더해진다. 이 모든 숫자(108, 54, 36, 27)는 수비학에서 신성한 숫자들이며, 어떤 숫자이든, 각각의 숫자를 더하면 9가 된다. 말라는 만트라를 수행하는 데 도움이 되는 도구이다. 구슬을 하나씩 손가락으로 돌리면서 만트라를 암송한다. 손가락으로 구슬을 하나씩 돌리는 느낌은 마음의 중심을 잡아주는 훌륭한 장치이다.

나는 말라를 사용하는 전통적인 방법을 배웠다. 오른손을 사용하여 엄지와 세 번째 손가락 사이에 각 구슬을 통과시키면서 구슬을 하나씩 이동시킨다. 구슬 하나를 굴릴 때마다 람의 이름이나 만트라를 반복한다. 구루 구슬에 이르게 되면 잠시 멈추고, 구루나 스승을 떠올린다. 그런 다음 구슬을 반대 방향으로 굴리기 시작한다. 원을 완성하지

말아야 한다. 그렇게 하면, 108번의 각 주기를 표시하는 데 도움이
된다.

인도의 성자인 스와미 람다스Swami Ramdas는 평생을 지고의 존재인
람의 뜻에 귀를 기울이며 헌신의 삶을 살았다. 그는 만트라와 키르탄(찬
가)에 대해 이렇게 말한다. "사람들은 신의 이름이 갖고 있는 힘을
알지 못합니다. 신의 이름을 끊임없이 반복하게 되면, 그 힘을 실감하게
됩니다. 신의 이름은 우리의 마음을 완전히 정화해 주고…, 우리를
영적인 체험의 절정으로 데려다줄 수 있습니다."

묵언

묵언 수행은 마음을 고요하고 명료하게 해주고, 더 많은 에너지를
가져다주며, 더 깊은 이해로 나아가게 해준다. 침묵이 깊어질수록,
다른 사람의 말을 경청할 수 있는 능력이 향상된다. 묵언 수행을 꾸준히
해 나가면, 지켜보는 자로서의 자질이 날이 갈수록 발현된다. 마음이
주변 세계를 어떻게 해석하는지, 깨어서 주목하라. 가능하다면, 매일
시간을 정해서 침묵 속에 있도록 하고, 여의치 않으면 주말에라도
꼭 따로 침묵 시간을 갖도록 한다. 가족과 친구들에게 묵언 수행의
의도를 설명하여, 그들의 지지와 응원을 받도록 한다. 그러나 이 모든
것은 그저 연습일 뿐이며, 그런 수행을 한다고 해서 대단한 무엇인가를
성취하는 것은 아님을 기억하도록 하자. 말을 하지 않는 외적 침묵보다
더 깊은 침묵은, 마음을 고요하게 유지하는 것이다.

음식 축복

나는 먹기 전에, 음식을 축복한다. 어린 시절에는 어른들이 이래라저 래라 간섭하고 통제하여 음식을 제대로 음미하고 감사하기가 어려웠지 만, 이제 나에게는 음식을 먹는 시간이 살아있는 진실을 다시 일깨우는 기회의 시간이다.

음식을 받으면, 음식을 들어 올리거나 자리에 앉아 접시에 손을 대고 축복의 말을 한다. 식당에서는 조용히 마음으로 음미하기만 할 때가 많다. 큰 소리로 축복의 말을 하여 요란을 떨 필요가 없다. 다른 사람들이 먹는 것을 멈추게 할 필요도 없다. 나는 잠시 동안 신에 대해 생각하는 것일 뿐이고, 음식을 놓고 기도하는 이 전체 의식은 형식을 갖추는 것뿐이다.

내가 기도하고 있는 대상인 오트밀 한 그릇은, 신의 일부이다. 그것을 재배한 농부가 신의 일부이고, 그것을 준비한 요리사가 신의 일부이고, 이 기도를 하고 그것을 바치고 있는 내가 신의 일부이듯이. 우리는 모두 신의 일부이다. 오트밀이 달래줄 배고픔, 위장의 쓰라림, 이 음식을 먹어치울 욕망의 불, 이것들 역시 신의 일부이다. 나는 모든 것이 하나임을 느끼기 시작한다. 조용한 깨달음의 시간이다. 음식과 배고픔 과 나의 배의 근원인 '하나'를 더 깊이 음미하고 감사할수록, 나는 그 모든 것과 더욱 더 하나가 된다.

인도에서 나는 이 '하나'를 상기시키는 기도를 배웠다. 다음의 기도문 은 음식과 함께 나를 집으로 돌아가게 해주곤 한다.

이 음식 주시는 분도 신이시요,
음식 자체도 신이시요,
음식을 제공하는 이도 신이시요,
음식을 만든 불도 신이시니,
신의 품안에 거하는 자는 신성의 꽃을 피우리라.

음식이 나오기를 기다리고 있을 때나 배가 고파서 참기 어려울 때에는, 신을 생각하는 시간으로 활용해 보라. 그런 다음 음식을 받으면, 축복의 말을 하고, 당신과 음식이 하나임을 기억하라. 그리고 나서 음미하면서 음식을 먹는다. 의식은 습관이 될 수 있겠지만, 의식으로 인해 삶의 깊이가 더해질 수 있다. 시간이 지남에 따라 이 의식은 나에게 신성과의 살아있는 연결 다리가 되었고, 만물과 함께하는 마음이 우주에 표현되는 순간이 되었다.

키르탄

인도에서 키르탄 kirtan은 신의 이름을 부르는 찬가로서, 마음을 고요히 하고 가슴을 여는 헌신의 수행이다. 앞서 만트라에 대해 말한 것들의 대부분은, 키르탄에 그대로 적용된다. 동일한 이름이나 문구를 사용할 수 있지만, 키르탄은 다른 사람들과 함께, 음악과 함께 할 수도 있다.

스와미 람다스는 『신의 비전을 일별하다 Glimpses of Divine Vision』에서 이렇게 말한다. "우리 모두의 가슴속에 자리하신 신께 바치는 헌신은,

고투하는 영혼을 온전한 평화와 기쁨의 안식처로 인도하는 길이다. …헌신은 삶을 감미롭게 해준다. …헌신은 신에 대한 사랑스런 기억을 의미한다. 주님을 경외하는 가슴과 그분의 꿀과 같은 이름을 말하는 입술은 복되도다."

마하라지의 헌신자인 크리슈나 다스는 여러 해 동안 서양에 키르탄을 퍼뜨려 왔다. 그는 말한다. "찬가를 부르는 것은 가슴을 열고 마음으로 헤아리는 생각들을 내려놓는 일이다. 그것은 은총의 채널을 열어주고 심화시켜 주며, 그 순간에 현존하는 방법이다."

그는 그 수행법을 이렇게 소개한다.

우리는 **신의 이름들**을 반복해서 부르며 노래한다. 당신이 누군가의 이름을 부를 때, 대개 당신은 당신이 이야기를 걸고 있는 상대방을 알고 있다. 우리가 어떤 대상에 이름을 붙일 때, 우리는 그 이름이 우리를 위한 사람이나 사물을 정의하고, 그 이름이 우리의 주의를 집중시킨다는 것을 알고 있다. 키르탄은 조금 다르다.

그들은, 이들 신의 이름들이 우리들 내면의 깊은 곳, 생각 이전의 자리, 감정 이전, 개념이나 개념적 생각과 관련된 사고 이전의 자리에서 나온다고 말한다. 그리고 이 이름들은 그들의 심오한 경험을 통해, 그들 자신의 내면에 있는 이름들을 알아차리게 된 존재들에 의해 우리에게 주어졌거나 계시되었다.

마하라지는 "람 신의 이름을 반복해서 외우면, 모든 일이 완성되고 성취될 것이다."라고 말씀하시곤 했다.

이 이름을 반복하면 카르마가 녹는다. 우리에게 도움이 되지 않는 것은 제거되고, 우리에게 도움이 되는 것은 우리 삶의 흐름 속으로 들어오게 된다. 그만큼 성숙하고, 익어간다.

이 이름들을 반복할수록, 우리들 내면 깊은 곳의 영적 중력의 중심이 더욱 견고해지고 밀도가 높아져서, 우리는 더욱 더 내면 깊은 곳으로 들어가게 된다. 그럼으로써 우리는 우리의 마음과 감정 안에서 우리를 사로잡는 모든 것들을 조금 더 빨리 방출할 수 있게 되고, 그런 환경을 조성하게 된다.

생각은 꼬리에 꼬리를 물고 이어지게 마련이고, 결국 생각은 우리의 에너지를 고갈시킨다. 하나의 생각이 떠오르면 그 생각은 머무는 법이 없이 다른 생각을 몰고 오고, 그렇게 우리는 생각들에 우리 자신을 팔아버린다. 우리는 그 과정을 멈춰 세워야 한다.

사실 우리는 여기, 우리의 진정한 본성 안에 있다. 그곳이 우리가 사는 곳이다. 외부 세계에 대한 우리의 생각과 끌림, 감각적이고 정신적인 모든 것들은 우리의 진정한 본성으로부터 우리를 잡아당겨 끌어낸다.

신의 이름들을 반복함으로써 우리는 우리 자신의 가슴에 더 깊이 자리하는 법을 배운다. 우리는 우리의 마음이 방황하고 있다는 것을 더 빨리 자각하게 된다. 조금씩 조금씩, 점차적으로, 그러나 필연적으로, 당신은 자신의 존재 속으로 더 깊이 들어가, 자신을 새로운 방식으로 인식하게 된다.

일단 기차를 탄 이상, 앞칸에 타든 뒤칸에 타든, 기차는 결국 역에 도착하게 되어 있다. 앞칸이든 뒤칸이든 그것은 중요하지 않다. 기차가 역에 도착하면, 기차에 탄 사람들은 모두 역에 도착할 것이기 때문이다. 누구나 역에 도착하고, 그것은 불가피한 일이다. 그것이 인생이다.

찬가를 부를 때에는, 어떤 것도 상상할 필요가 없다. 환상적인 경험을 할 필요도 없고, 어떤 것을 시각화할 필요도 없고, 어떤 일이 일어나기를 기대할 필요도 없다. 당신은 단순히 노래를 부르라는 요청을 받았을 뿐이고, 당신이 주의를 기울이고 있지 않는다는 것을 알아차리면 즉시 주의를 돌린다. 그것이 당신이 해야 할 일의 전부다. 어떤 기대도 하지 말아야 한다. 기대가 없으면, 실망할 일도 없다. 당신이 노래를 부를 때마다 불타는 전차가 하늘에서 내려와 당신을 데려갈 것이라고는 기대하지 말라. 그런 일은 일어나지 않을 것이다.

그냥 여기에 있으라. 당신이 여기에 없다는 것을 알아차리면, 당신은 이미 여기에 있는 것이다! 그런 다음에는 다시 노래를 부르는 일로 돌아가, 더 열심히 부르라. 너무 애쓰지 말고, 조금만 더 주의를 기울이도록 하자. 그러다가도 주의가 흩어지면, 즉시 알아차리고 다시 주의를 돌리자.

점차 외부 사물에 대한 끌림이 잦아들고, 생각과 감정에 예전만큼 강렬하게 끌리지 않을 것이다. 자기 이야기를 늘어놓는 일도 차츰 시들해질 것이다. 우리는 우리 자신에게로 더 깊이 자리를 잡고, 사랑의 현존을 알아차리기 시작한다.

순례

인도의 아쉬람에서, 우리는 우리가 수행하는 마하라지의 다섯 가지 필수 요가는 먹고, 자고, 차를 마시고, 수다를 떨고, 돌아다니는 것이라고 농담을 하곤 했다. 우리는 그저 어정거리며 놀고 있었던 것이 사실이지만, 히말라야의 아쉬람, 그곳 마하라지의 현존 안에서, 우리를 변화시키고 있는 그의 진동적 공간 안에서 놀고 있었다. 우리는 그곳에 있기 위해 지구 반대편에서 먼 길을 온 것이다. 우리 중 일부는 우리가 왜, 어디로 가는지 알지 못했지만, 모두들 내면에서 무언가를 찾고 있었다.

당시에 우리는 그렇게 부르지 않았지만, 그것은 순례였다. 우리들 자신의 가슴으로의 그 순례는, 어쨌든 최고의 멋진 순례였다. 나중에 우리는 인도에서 영적인 다른 많은 장소를 방문하고 경험했으며, 서부에서도 깊은 평화가 깃든 영적 에너지가 높은 멋진 장소들을 발견했다. 당신이 여행 중이거나 놀고 있다면, 성지 순례를 통해 내면의 작업을 강화하는 방법을 고려해 볼 수 있을 것이다.

수련회

수련회나 피정은 잠시나마 감각적이고 정신적인 과도한 압력에서 벗어나 내면의 삶에 집중할 수 있게 해준다. 당신이 해야 할 일은 방문을 닫고 전화기와 컴퓨터를 끄는 것뿐일 수도 있다. 그런가 하면, 순수한 음식을 먹고 안내에 따라 명상을 하거나 수련을 하면서, 다른 구도자들에 의해 깨달음에 대한 열망을 자극받을 수 있는 모임이나 피정을 고려해 볼 수도 있다. 침묵 명상, 그룹 찬가, 그리고 다른 여러 수행법 등, 어떤 형태의 수련 모임이나 피정이 지금 당신의 형편에 알맞은지, 내면의 소리에 귀 기울여 보자.

깨달은 존재들의 말

깨달은 존재나 성자들과 함께하면서 그분들의 말씀을 새기고 사진을 보고 명상을 함으로써, 우리는 자신이 나아가야 할 길에 대한 영감을 받을 수 있다. 깨달은 존재는 우리 자신의 거울에 먼지가 끼어 있는 곳을 보여주는 순수한 거울과 같다. 그런 존재는 집착이 없기 때문에 맑은 거울이지만, 우리는 우리의 거울 속에서 우리 자신의 커다란 집착심만 보게 된다. 수행에 영감을 주는 세계 여러 종교들의 위대한 성자와 현자의 말씀들을 찾아 읽으면서, 음미하고 가슴에 새겨 보자. 말씀들을 일기에 베껴 쓰고, 냉장고나 컴퓨터 옆에 붙여 두고, 가슴에 새긴다. 깨달은 존재들의 말씀은 여러 해 동안 나를 인도해 주었다. 그 말씀들은 내면의 길을 탐색하는 데 도움이 될 것이다. 몇 가지 예를 들어 본다.

신, 구루, 자아는 하나이다.
라마나 마하리쉬

참자아가 심장이며, 스스로 빛을 발한다. 깨달음은 가슴에서 생겨나 마음의 자리인 뇌에 도달한다. 사람들은 마음으로 세상을 본다. 우리는 참자아의 반사된 빛에 의해서 세상을 본다.
라마나 마하리쉬

신을 실현하고자 하는 강렬한 열망 자체가 그것에 이르는 길이다.
스리 아난다마이 마

사랑은 내면에서 저절로 솟아나야 한다. 그것은 어떤 형태의 내적, 외적 힘에도 굴복하지 않는다. 사랑과 강압은 결코 함께 갈 수 없다. 사랑은 누구에게도 강요될 수 없지만, 사랑 자체를 통해 깨어날 수 있다. 사랑은 본질적으로 자기 소통이다. 사랑을 갖지 않은 사람은 사랑을 가진 사람의 사랑에 전염된다. 다른 사람들로부터 사랑을 받는 사람들은, 거기에 응답을 하지 않고는 그 사랑의 대상이 될 수 없다. 사랑의 본질이 그렇기 때문이다. 진정한 사랑은 정복할 수 없고 저항할 수 없다. 사랑은 계속해서 힘을 모으고 스스로를 퍼뜨려 감으로써, 결국 접촉하는 모든 사람을 변화시킨다. 인류는 가슴에서 가슴으로 순수한 사랑의 자유롭고 방해받지 않는 상호 작용을 통해 존재와 삶의 새로운 방식을 획득하게 될 것이다.

메허 바바

신을 찾기가 왜 그렇게 어려운가? 한 번도 잃어버린 적이 없는 것을 찾고 있기 때문이다.

메허 바바

신에 대한 앎과 사랑은 궁극적으로 하나이며 동일하다. 순수한 앎과 순수한 사랑 사이에는 아무런 차이가 없다.

스리 라마크리슈나

물 속에 보관된 항아리는 안과 밖이 모두 물로 가득 차 있다. 마찬가지로 신의 품 안에 안긴 영혼은 안으로나 밖으로 퍼져 나가는 영을 본다.

스리 라마크리슈나

성자는 거울이다. 누구나 들여다볼 수 있는 거울이다. 왜곡된 것은 거울이 아니라, 우리의 얼굴이다.

팔투 사히브 Paltu Sahib

자기 자신에게 키 기울이기

내면의 작업은 미묘할 수 있다. 마음이 고요해지면, 내면의 소리에 더 귀를 기울이기 시작한다. 영적 수행에 대한 자기 자신의 직관적인 지혜를 신뢰하는 법을 배우라.

당신의 길에 대해서는 누구도 판단할 수 없고, 판단해서도 안 된다. 책을 산다고 판단력까지 살 수 있는 것도 아니다. 자신의 직관적인 판단을 통해 길을 찾아야 한다. "지금 나에게 정말 필요한 것은 조용한 명상 공간을 마련하여, 내 마음을 더 깊고 고요하게 하는 것이다."라는, 내면의 소리를 들을 수도 있다. 혹은 "지금 나에게 정말 필요한 것은 가슴을 여는 일이다." 혹은 "나에게 정말로 필요한 것은 열정적인 교사이다." 혹은 "나에게 정말로 필요한 것은 많은 사랑과 부드러운 지원이다." 혹은 "영적인 일을 계속하는 것보다 나에게 정말 더 필요한 일은, 심리적인 문제들을 조금 더 정리하는 것이다."

자기탐구를 계속 해나가다 보면 자신이 막힌 곳이 어디인지, 경로의 다음 차례가 어디인지, 느끼기 시작할 것이다. 그것을 신뢰하라. 내면의 안내자를 신뢰하는 법을 배우라.

나는 영적인 과업을 일종의 나선형 계단으로 보는, 나선형 길의 열렬한 옹호자이다. 당신은 아주 깊이 수행을 할 수 있지만, 그것이 더 이상 작동하지 않기 시작하면, 뒤로 물러난다. 잠시 수행을 하다가 다시 세상으로 돌아가거나 다른 것을 시도하기도 한다. 다음 라운드에서 그 수행을 다시 하게 되면, 완전히 새로운 눈으로 볼 수 있다. 의식의 다른 자리에서 자신과 수행법을 보게 된다. 당신이 진정 누구인지에 대해서도 새롭게 눈을 뜬다. 그래서 수행은 일종의 훈련이지만, 자신을 너무 밀어붙이지는 말아야 한다. 자신을 온화하고 다정하게 대하라. 자신의 소화 능력보다 앞서 나가거나 소진되기 시작하는 것 같으면, 잠시 멈추고 다른 형태를 시도하라.

어떤 사람들이 나에게 와서 "명상을 해야 할 것 같아요."라고 말하면 나는 "하지 마세요."라고 말한다. 그런가 하면, 어떤 이들은 "오, 신이시여, 제가 이렇게 명상을 할 수 있다니, 감사합니다."라고 말한다. 그런 사람들은 때가 된 것이다. 그것은 타이밍의 문제일 뿐이다.

우리는 우리의 삶이나 존재에 대해 직관이 아닌 머리로 사고하는 경우가 많다. 우리는 머리를 지나치게 사용하는 경향이 있다. 온갖 것에 대해 생각하고, 실제로 거기에 도달하기 전이나 아직 거기에 갈 준비도 되기 전에, 의식의 다음 단계를 마음에 품는다. 그 결과 우리는 생각으로 우리 자신보다 항상 조금 앞질러 간다. 우리는 자신의 존재 안에 충만하게 있을 만큼 충분히 느리지 않다. 우리는 대체로 무엇인가를 해야 한다는 생각에 사로잡혀 하루를 살아간다. 우리는 있는 그대로 충만하게 여기에 있기 이전에 우리 자신에 대한 새로운 모델들을 끊임없이 창조하고 있다. 속도를 조금만 늦추고, 지금 여기에 있을 수만 있다면….

만약 당신이 수행을 하고 있는데 그 수행이 효과가 없다면, 당신은 내면의 소리에 귀를 기울여, "그래, 다시 정신을 차려 새롭게 시작해 보아야지. 수행이 훨씬 참신해지고 맛있어질 거야."라거나, "잠시 다른 일을 하다가 나중에 다시 시작해야겠다."라고 들을 수 있을 것이다. 그 순간 당신의 직감이 어떻게 공명하든, 당신은 그것을 신뢰해야 한다.

나는 대개 천천히 가자는 쪽이다. 이미 깨달은 사람처럼 굴지 않도록 조심해야 한다. 느슨해져라. 그저 당신 자신을 내면의 영에 조율하기 시작하라. 길이 어떻게 펼쳐질지에 대해서는 가정하지 말라. 당신은 "드디어, 나의 길, 나에게 맞는 수행법을 찾았다."라고 말할 수 있지만, 그 수행을 남은 생애 동안 내내 하게 될 것이라고는 추측하지 말아야 한다. 왜냐하면 그 수행법을 발견한 당신 자신이 수행하는 과정에서 다른 사람으로 변할 것이기 때문이다. 처음에는 적절했던 수행법이 나중에는 더 이상 유용하지 않을 수 있다. 열린 상태를 유지하고, 당신의 내면에서 진행되는 미묘한 변화와 균형 감각에 귀를 기울이라.

수행을 심화시키는 일은 가치가 있다. 스와미 사치다난다는 '절충주의적 딜레탕트'라고 나를 비판한 적이 있다. 그는 말했다. "람 다스, 아무 데나 얕은 우물만 파고 돌아다니지 마. 한 우물을 깊이 파야

해. 그래야 신선한 물이 나와." 멋진 은유다. 그러나 나는, 이와 상반되는 견해인데도, 똑같이 괜찮은 또 다른 은유에 도달할 수 있었다.

시간을 두고 사람들을 지켜보니, 처음에는 매우 절충적이어서 다양한 수행을 시도하다가 결국 하나의 수행에 깊이 빠져드는 경우를 볼 수 있었다. 라마크리슈나*처럼, 이런저런 수행을 다 거치고 나서야 모든 수행이 다 동일한 것임을 알게 될 수도 있다. 그것은 깔때기나 모래시계와 같다. 모든 것이 좁은 구멍을 통해 한 방향으로 들어가지만, 결국에는 퍼져 나간다. 그러니 부드럽게 가라. 진정으로 더 깊은 과정에 빠져들게 될 때까지는, 계속해서 여러 방법을 시도해 보라.

구르지예프는, 알람 시계가 울려 한 순간 깨어날 수 있지만, 나중에는 알람 시계가 울리는 동안에도 잠에 빠져 있을 수 있다고 말했다. 자신을 깨워 줄 새로운 알람 시계를 계속해서 찾아야 한다. 우리는 한 순간 깨어 있다가도 다음 순간에는 그렇지 못할 때가 너무나 많다. 구르지예프는 살아 있으면서도 몽유병자처럼 살고 있는 자신을 깨워 줄 무엇인가를 저마다 가질 수 있다고 말했다. 우리는 책을 읽으면서도 한 순간 쇼핑 목록을 작성하느라 바쁘고, 다음 순간에는 완전히 잠들어 버리기도 한다. 마하라지는 언젠가 우리에게 말했다. "마음은 눈 깜박할 사이에 백만 마일을 여행할 수 있다. 부처님께서 그렇게 말씀하셨다."

수행은 수행일 뿐이다. 배를 타고 강을 건너 다른 편에 도착하고

---

* 힌두교 승려였지만 이슬람교 수행을 하며 무함마드를 영접했고, 그리스도교 수행을 하며 예수를 영접했다. 전 세계에서 힌두교, 불교 신자는 물론 이슬람교와 그리스도교 신자들까지 그의 제자가 되기 위해 몰려들었다.

나면, 배는 더 이상 소용이 없다. 순수한 존재 차원에서는 할 일이 없지만, 에고의 차원에서는 무엇인가를 하고 싶어 한다. 그러니, 하고 싶은 것은 하도록 하라. 할 일이 없는데도, 에고는 무엇인가를 해야 한다. 수행을 하기 위해서, 명상을 하기 위해서 애써야 하지만, 그렇게 애쓰는 사람은 어떤 식으로도 깨달음에 이르지 못한다는 사실 또한 이해해야 한다. "오, 나는 깨달을 수 있어."라고 말하는 당신의 에고는 깨어나는 과정에서 죽거나 사라지거나 용해될 에고임을 이해하라. 깨달은 자는 '자신이 생각하는 자신'이 아니라, '있는 그대로의 자기 자신'이다. 결국, 무엇인가를 하려고 애쓰는 그 마음조차 내려놓아야 한다.

언젠가 초감 트룽파 린포체와 함께 앉아 있는데, 그가 외부로 자기 존재를 확장해 가는 특별한 명상을 할 것이라고 말했다. 그래서 우리는 서로의 눈을 들여다보면서, 존재를 밖으로 확장하기 시작했다. 잠시 후 그가 나에게 말했다. "람 다스, 애쓰고 있는 거야?"

나는 "아, 예."라고 대답했다.

그가 말했다. "아니야, 람 다스. 애쓰지 말고, 그냥 확장해."

애쓰는 것과 그냥 자신이 존재하도록 허용하는 것 사이에는 역설처럼 보이는 것이 있는 것 같다. 이것은 사실, 의식의 두 가지 다른 차원이다. 당신이 에고로서 당신의 제한된 인식 너머에 무언가가 있음을 감지할 때, 당신은 A에서 B로 가려고 애쓴다. 길을 따라 가거나 여행을 떠나고 싶어 한다. 그래서 당신은 애쓰고 노력한다. 명상을 한다. 수련회에 간다. 처음에는 막혀 있는 것 같아서 좌절감을 느낄 수 있고, 그래서 자신에게 강요한다. 자기 자신을 훈련시킨다. 그래서 효과가 있어서 다른 차원의 의식을 맛보기 시작하면, 뭔가 다른 것에 대한 욕망으로 인해 경험한 노력과 좌절이 모두 원인과 결과의 구조 안에 있다는, 행위의 패턴을 보기 시작한다. 카르마의 펼쳐짐과 마음이 어떻게 작동하는지를 알아차리기 시작하는 것이다. 어떤 의미에서 보면, 그것은 예측 가능한 일들이다. 당신이 깨달으려고 하거나 신께 더 가까이 가려고 하는 것조차, 당신의 과거 행동들에 기인한 경향성이다. 과거의 당신이 지금 영적 수행을 하도록 당신을 준비시킨 것이다.

한 발은 세상에, 한 발은 영의 세계에 머물러 있는 우리의 곤경에는, 통렬한 아픔이 내재되어 있다. 당신이 너무 거룩해지거나 너무 고결해지면, 세상은 당신을 뒤로 잡아당긴다. 항상 그런 긴장을 갖고 춤을 춰야 한다. 당신은 당신의 세상적인 본성과 당신의 영적 자아를 점점 더 가깝게 정렬시켜 간다.

좋은 소식은, 깨어남이 시스템에 내장되어 있다는 것이다. 시간 문제일 뿐이다. 나는 깨어나는 순간을 경험하도록 사람들에게 바람을 불어넣는 법을 배웠다. 때로는 큰 구멍이 난 타이어를 달고 사는 것과도 같다. 바람을 잔뜩 넣고 돌아서면, 탐욕, 정욕, 두려움이 다시 돌아와 바람을 빼 버린다. 당신은 이게 웬일인가, 하고 궁금해한다. 그러다가 다른 누군가와 함께 있어서 당신이 그들을 만지면, 그들의 가슴이 열린다. 삶의 모든 것은 변화를 쉬지 않고, 어떤 것도 뒤로 돌릴 수가 없다. 나는 사람들이 진정 누구이며 그들이 저마다 영적 진화의 어느 지점에 서 있는지, 더 주의 깊게 듣는 법을 배우고 있다. 나는 그 순간 순간에 있는 우리의 참자아를 위하여, 사람들과 나 자신을 진심으로 존중하는 법을 배우고 있다. 하고 있는 수행의 적절성을 알고 싶어 하고, 우리의 카르마와 깨어남이 완벽하게 펼쳐지고 있음을 이해하고자 한다.

아버지와의 관계에서 일어난 가장 큰일 중 하나는, 아버지가 죽음에 가까워졌을 때 일어났다. 나는 그를 '내가 바라는 사람'으로 만들려고 애쓰는 대신, 마침내 그를 있는 그대로 허용했다. 그리고 그도 나를 '자신이 바라는 사람'으로 만들려고 애쓰는 노력을 그만두었고, 우리는 친구가 되었다.

우리는 모두 그렇게 이 길 위에 서 있는 영적 가족과 친구들이다. 아주 큰 대가족이다. 우리 모두 오직 하나, 사랑의 의식이 있을 뿐임을 깨달을 때까지, 우리는 모두 친척들이다.

그 사랑 안에서 우리 모두 하나이기를.